中国煤炭产业波动理论与实证研究

赵爱国 著

中国时代经济出版社

北京

图书在版编目（CIP）数据

中国煤炭产业波动理论与实证研究／赵爱国著．－－
北京：中国时代经济出版社，2015.4（2025.4重印）
　　ISBN 978-7-5119-2369-1

Ⅰ.①中⋯ Ⅱ.①赵⋯ Ⅲ.①煤炭工业－工业产业－
经济波动－研究－中国 Ⅳ.①F426.21

中国版本图书馆 CIP 数据核字（2015）第 076033 号

书　　名：	中国煤炭产业波动理论与实证研究
作　　者：	赵爱国
出版发行：	中国时代经济出版社
社　　址：	北京市丰台区右安门外玉林里 25 号楼
邮政编码：	100069
发行热线：	（010）83910203
传　　真：	（010）83910203
邮购热线：	（010）83910203
网　　址：	www.cmepub.com.cn
电子信箱：	zgsdjj@hotmail.com
经　　销：	各地新华书店
印　　刷：	北京市业和印务有限公司
开　　本：	787×1092　1/16
字　　数：	200 千字
印　　张：	13
版　　次：	2015 年 5 月第 1 版
印　　次：	2025 年 4 月第 3 次印刷
书　　号：	ISBN 978-7-5119-2369-1
定　　价：	38.00 元

本书如有破损、缺页、装订错误，请与本社发行部联系更换

版权所有　侵权必究

前　言

煤炭产业是我国重要的基础产业，煤炭产业的可持续发展关系到国民经济健康发展和国家能源安全。从发展历程来看，我国煤炭产业表现出了巨大的波动性，"供不应求"与"供过于求"的市场状况反复出现，并通过煤炭生产的周期运动模式显现出来。波动已经成为我国煤炭产业最主要的内涵特征，这不仅影响到煤炭产业的决策行为，也影响了煤炭资源的可持续开发利用，对国民经济的平稳发展也造成了不良影响。分析中国煤炭产业波动形成的原因，探寻波动规律和冲击影响因素，研究有效平抑产业波动的管理机制，对于实现煤炭产业与国民经济的协调可持续发展具有重要的现实意义。

本书在总结借鉴经济波动和有关产业波动理论研究成果的基础上，结合煤炭产业自有特征，搭建了中国煤炭产业波动的基本理论体系。应用计量经济和谱分析理论与方法，从内部和外部两方面对中国煤炭产业的波动特征、规律和波动成因进行了实证研究，尤其是对影响煤炭产业波动的主要因素，诸如内生的结构性因素和物质投入要素，外生的需求性要素和供给性要素进行了深入分析，同时基于国际视角对我国煤炭进口波动的成因和影响因素亦进行了实证分析。在理论与实证分析的基础上，本书解释了主要影响因素的政策内涵，为稳定我国煤炭产业发展提供了决策依据。

首先，在系统整理分析经济波动和相关产业波动理论研究进展的基础上，结合煤炭产业独有特征提出了煤炭产业波动的理论框架，界定了煤炭产业波动的定义和模型，从理论上诠释了煤炭产业波动成因及其运行机理。

其次，应用计量经济学模型和谱分析理论，系统研究了煤炭产业波动规律性特征，总结了煤炭产业波动的典型化事实、煤炭产量波动的非对称性效应，改进了哈伯特模型并预测了我国煤炭生产长期发展的峰值拐点。

再次，应用协整理论、可变参数模型、VAR模型和脉冲响应函数模型，从内生和外生两个角度，对影响中国煤炭产业波动的内在形成机制和外部冲击传导机制进行了实证研究，分别揭示了中国煤炭产业波动的内在根源、外生影响因素对煤炭产业波动的冲击和传导作用。

最后，在全面总结上述研究内容的基础上，提出平稳煤炭生产、降低煤炭生产波动的对策建议。

目 录

第 1 章 绪 论 ……………………………………………………………… 1
　1.1 问题的提出 ……………………………………………………… 1
　1.2 选题的意义 ……………………………………………………… 3
　1.3 研究内容 ………………………………………………………… 4
　1.4 技术路线 ………………………………………………………… 5

第 2 章 文献综述 …………………………………………………………… 7
　2.1 经济波动与产业部门波动 ……………………………………… 7
　2.2 煤炭产业经济研究 ……………………………………………… 13
　2.3 理论基础和研究方法 …………………………………………… 17
　2.4 本章小结 ………………………………………………………… 27

第 3 章 煤炭产业波动的理论框架 ……………………………………… 28
　3.1 煤炭产业的定义及特征 ………………………………………… 28
　3.2 煤炭产业对国民经济贡献的研究 ……………………………… 31
　3.3 煤炭产业波动理论诠释 ………………………………………… 37
　3.4 煤炭产业波动成因分析 ………………………………………… 46
　3.5 本章小结 ………………………………………………………… 52

第 4 章 中国煤炭产业波动规律分析 …………………………………… 53
　4.1 中国煤炭产出总量周期波动规律分析 ………………………… 53
　4.2 中国煤炭产业周期波动的表征 ………………………………… 60
　4.3 煤炭生产总量波动聚集性检验 ………………………………… 76

| | 4.4 中国煤炭生产总量上限机制研究 | 83 |
| | 4.5 本章小结 | 98 |

第5章　中国煤炭产业波动内在形成机制　99
5.1　生产结构对煤炭产出波动的影响　99
5.2　生产区域波动对煤炭产业波动的影响　109
5.3　投入要素对煤炭产业波动的影响　120
5.4　本章小结　132

第6章　中国煤炭产业波动外部冲击及传导分析　133
6.1　总需求对煤炭产出波动的冲击与传导　133
6.2　总供给对煤炭产出周期波动的冲击传导　149
6.3　中国煤炭生产波动的国际因素分析　160
6.4　本章小结　179

第7章　稳定我国煤炭产业发展对策　181
7.1　强化统计基础管理，建立煤炭产业波动预警系统　181
7.2　加强行业宏观管理，推进产业有序发展　182
7.3　强化需求侧管理，降低煤炭消费　183
7.4　优化能源供应侧结构，稳定煤炭供给能力　184
7.5　建立国家煤炭储备体系，充分利用国际煤炭资源　187

第8章　结论与展望　189
8.1　主要成果　189
8.2　主要创新　191
8.3　研究展望　192

参考文献　193
后　记　202

第1章 绪 论

煤炭产业是我国重要的基础产业,煤炭产业的可持续发展关系国民经济健康发展和国家能源安全[1]。作为上游基础产业,煤炭通过铁路、公路运输等方式供应给电力、冶金、化工等终端消费部门,产业链涉及交通运输、工业、建筑等产业,与国家宏观经济形势密切相关。因此,煤炭产业的平稳发展与否,直接影响着几百万产业工人的权益和国民经济的稳定发展。

1.1 问题的提出

煤炭产业是关系国家经济命脉和能源安全的重要基础产业[2]。中国富煤、缺油、少气的能源赋存特点决定了在未来相当长时期内,煤炭作为主体能源的地位不会改变。煤炭资源的有效供给影响着国民经济的发展和我国能源供应安全。改革开放以来,随着国民经济的快速增长,中国煤炭工业发生了深刻的变化:中国煤炭生产量从1978年的6.18亿吨上升到2012年的36.6亿吨,煤炭消费量从1978年的4.04亿吨增加到2011年的36.08亿吨,满足了国民经济发展对于能源的需求。同时,近年来煤炭清洁利用技术的进步和新型煤化工技术的日趋成熟,对于日趋严峻的我国能源供应安全问题起到了一定的缓解作用。从产业生命周期来看,煤炭产业在我国今后的经济发展中依然扮演着重要的角色,处于发展的成熟期。2012年我国进口原油2.85亿吨,对外依存度达到了58.7%,比2011年上升了2.2个百分点,能源供应安全形势非常严峻。煤炭产业的平稳可持续发展,对于今后国民经济发展的重要保障作用将更为突出。图1-1为2012年中国能源生产和消费结构。

中国煤炭产业的稳定有利于国际煤炭市场的稳定。中国煤炭市场在世界煤炭市场中占有举足轻重的作用,不仅是世界上最大的煤炭生产国,同时也是世界上最大的煤炭消费国。2012年中国煤炭产量占全世界煤炭产量的45.9%,

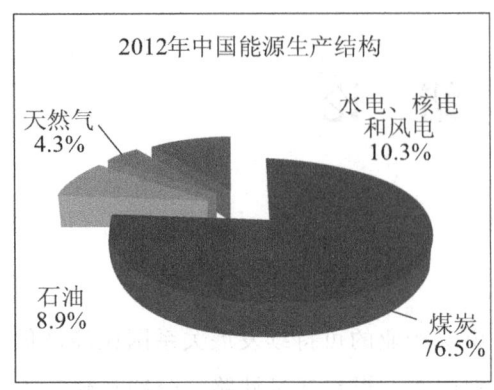
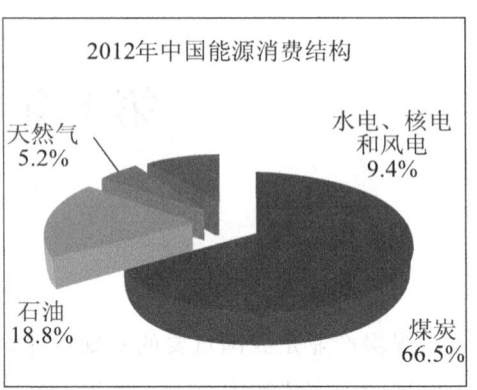

图 1-1 2012 年中国能源生产和消费结构

消费量占世界煤炭消费量的 45.7%。在中国煤炭产业的带动下,2012 年世界煤炭消费增长 5.4%,是除可再生能源之外增长最快的能源种类。2012 年煤炭占全球能源消费总量的 30.3%,为 1969 年来最高水平[3]。此外,中国还是煤炭进出口重要国家。2011 年,中国超过日本成为世界上最大的煤炭进口国,进口量占世界贸易量的 25%,对外依存度大幅增加。中国煤炭产业对于世界煤炭贸易的影响日趋扩大。一个稳定的中国煤炭产业,对于世界煤炭市场具有重要的平稳作用。

  波动是煤炭产业的主要特征。作为经济发展的物质基础和基本保障,煤炭的生产和消费是国民经济不可分割的组成部分,因而不可避免地受到经济发展波动的影响而产生波动。当国民经济处于稳定或高速增长期,工业产能大规模扩张,经济发展对煤炭处于过度需求状态;当国民经济处于缓慢增长或处于低谷时,煤炭需求量大幅下降,煤炭则处于供大于求的状态。在国民经济需求和煤炭产业政策的双重作用下,中国煤炭产业呈现出了巨大的波动性。尤其是改革开放以来,煤炭市场反复出现供不应求与供过于求的情况,"买煤难"与"卖煤难"现象交替发生,中国煤炭市场陷入"供不应求"与"供过于求"两种状态间剧烈交替的循环波动之中,从经济学角度来解释这种现象,主要是由于煤炭市场中供需双方相互作用而形成的特征,而这种不稳定性主要通过生产的周期运动模式显现出来。从产业特征来看,煤炭产业属于上游基础产业,主要呈前向关联效应,拉动煤炭消费的根本动因源自于经济增长的需要,宏观经济的波动必然引起煤炭产业波动。此外,煤炭作为一种资源性产品,产能建设和需求之间存在时滞效应,也在某种程度上推动了波动现象的产生。可以说,波动已经成为我国煤炭产业最主要的内涵特征,这不仅影响到煤炭产业的决策行为,也影响了煤炭资源的可持续开发利用,对国民经济的平稳发展造成了不良影响。1993—2000年间,煤炭产业产能过剩,供大于求,企业经营困难。20世纪末煤炭产能过剩导致了21世纪初期供给能力下降和安全投入不足,进而间接引发了2004—2010年间出现的"电荒""煤荒"以及一系列百人以上的重特大安全事故,成为制约我国经济快速发展的重要因素和引发国际国内舆论谴责的根源。因此,分析理解并把握中国煤炭产业波动的内涵特征与规律,对解决中国煤炭产业波动问题以及制定相应的政策与制度安排具有非常重要的理论与现实意义。

1.2 选题的意义

作为基础性产业,煤炭产业具有较强前向关联性,容易成为我国国民经济发展的"瓶颈"。煤炭资源的稀缺性和不可再生性,以及煤炭开发利用过程中的负外部性等产业特征说明了煤炭产业的发展不能够大起大落。历史证明,煤炭产业的大幅波动不但产生了资源浪费、安全生产事故频发和产业工人权益得不到保障的局面,同时对国民经济和区域经济的稳定发展产生较大的负面作用,容易出现"返工业化现象"[5]和锁定现象[6]。因此,研究中国煤炭产业波动规律性及其影响因素,寻求减缓波动的办法,对于煤炭产业和整个国民经济的稳定、健康、持续发展具有很现实的意义,对于丰富煤炭产业经济和管理也具有较强的学术价值。本书的研究意义主要体现在以下3个方面:

一是在理论上,将经济波动理论和方法学说拓展到煤炭产业经济领域进行研究,揭示煤炭产业波动现象的客观存在性,诠释煤炭产业波动的内涵、规律、运行机理和影响因素,全面揭示煤炭产业发展规律及发展趋势。

二是在方法上,结合协整理论和时间序列波动性分析的研究成果,研究分析煤炭产业与宏观经济变量之间复杂协动性,揭示煤炭产业波动的形成机理和影响因素,为煤炭产业和市场预警提供理论依据,有助于政府和行业监管部门准确地了解和掌握煤炭产业的长期发展规律和周期性波动特征,理性对待周期性波动。

三是在实践上,通过研究总结煤炭产业波动规律、影响因素及其政策含义,提出缓解和平抑煤炭产业波动的对策建议,为制定有效的市场监管政策和合理的产业发展规划提供决策依据。

1.3 研究内容

本书通过对国内外经济波动理论、相关产业波动研究成果的梳理和评述，构架煤炭产业波动理论基础和分析框架，界定煤炭产业波动的基本概念、内在属性和运行机制（包括内在形成机制、外部冲击机制和传导机制），借助协整理论与 ARCH 模型对煤炭产业波动的特征、波动成因、影响因素的变化和冲击、波动的杠杆效应等进行实证研究，深入解析煤炭产业波动的基础理论、运行规律和影响因素，探寻煤炭产业波动的规律。此外本书还将以国际视野，研究国际煤炭价格、需求波动对中国煤炭产业波动的冲击和传导机制，分析国内国际煤炭市场的整合程度。本书在系统研究新中国成立以来煤炭产业波动的规律、运行机理和影响程度的基础上，提出稳定煤炭产业发展的政策选择。主要研究内容包括以下 8 个部分：

第 1 章，绪论。在综合分析煤炭在国民经济中的地位、煤炭产业波动现象及后果、煤炭产业发展背景及趋势等内容基础上，提出本书主要研究目标、研究方、研究方法，研究的技术路线。

第 2 章，文献综述。系统整理和分析经济波动与产业波动理论、煤炭产业经济研究等领域国内外理论研究和研究方法的进展情况。

第 3 章，煤炭产业波动的理论框架。通过界定煤炭产业及其特征，应用投入产出理论模型定量分析评价煤炭产业对国民经济的贡献，指出煤炭产业对中国经济发展的重要性。在总结借鉴宏观经济波动的理论和研究框架基础上，提出煤炭产业波动模型、波动成因、影响因素和运行机理等基本理论。

第 4 章，中国煤炭产业波动的规律分析。借鉴典型化事实的研究方法和框架，应用 CF 滤波分解方法、谱分析方法、ARCH 计量经济学模型和哈伯特模型，系统研究煤炭产业波动的规律性，总结出煤炭产业波动的典型化事实、煤炭产量波动的非对称性效应、煤炭产业长期发展趋势的峰值特征和产量拐点。

第 5 章，中国煤炭产业波动的内在形成机制。从煤炭产业的结构、投入类影响因素着手，采用协整理论、VAR 模型和生产函数模型，系统研究分析煤炭产业生产结构、生产区域结构和人员、资金、技术进步等内生因素对产业波动的影响，揭示出中国煤炭产业波动的内在运行机理和动因。

第 6 章，中国煤炭产业的波动外部冲击及传导。根据煤炭产业波动的外部冲击机制原理，从总需求因素、总供给因素和国际煤炭市场等角度，采用协整理论、SVAR 模型分析外生变量对中国煤炭生产的冲击传导关系，研究主要外生变量波动对煤炭产出波动的影响和冲击路径。

第 7 章，稳定我国煤炭产业发展的对策。作为国民经济的基础产业，煤炭产业稳定发展受国民经济总体发展状况的影响，同时煤炭产业平稳发展又有利于促进国民经济的发展。为保障煤炭产业稳定发展，本书提出建立与宏观经济相适应、规则完善、运行规范的煤炭产业调控对策建议。

第 8 章，结论与展望。系统梳理得出本书主要研究结论和创新点，并提出下一步研究展望。

1.4 技术路线

本书首先通过对国内外经济波动理论、相关产业波动研究成果的梳理和评述，结合国内外经济波动及相关产业波动研究成果的梳理、总结和拓展，对中国煤炭产业波动进行了理论和实证方面的系统研究。在研究方法上，本书主要采用以理论分析为基础，定性与定量研究相结合的实证研究方法。实证研究更注重统计分析、计量分析的定量研究。

(1) 演绎归纳与类比方法。本书在充分吸收和借鉴经济波动理论研究和类比研究有关产业波动成果的基础上，推演出中国煤炭产业波动的理论框架和研究方法，界定煤炭产业波动的概念及构成、周期波动的典型化事实，将中国煤炭产业波动的动因确定为内部传导机制和外部冲击机制。

(2) 规范分析与实证分析相结合。对中国煤炭波动的研究在规范分析基础上更加注重实证分析，客观、真实地分析阐述了中国煤炭产业波动的形成机制、传导路径和内外部因素的冲击影响。

(3) 典型事实研究方法。本书充分借鉴经济周期典型化事实研究范式和方法，对于煤炭产业发展和波动的现象和特征进行归纳总结，从统计学的角度描述了煤炭产业波动的客观存在性，并总结提炼出煤炭产业波动变化的趋势和规律。

(4) 计量分析方法。本书采用了大量的经济计量模型以深入分析煤炭产业波动特征及影响因素，采用 CF 滤波法对煤炭产业波动的特征和规律进行了合理划分，运用广义自回归条件异方差模型分析了煤炭需求增长率和煤炭产量增长率的聚集效应，运用协整理、向量自回归模型（VAR）、自回归条件异方差模型分析中国煤炭产业内外因素的传导路径、影响力大小，并采用哈伯特模型对中国未来煤炭产量的峰值进行了预测研究。

本书的技术路线详见图1-2所示。

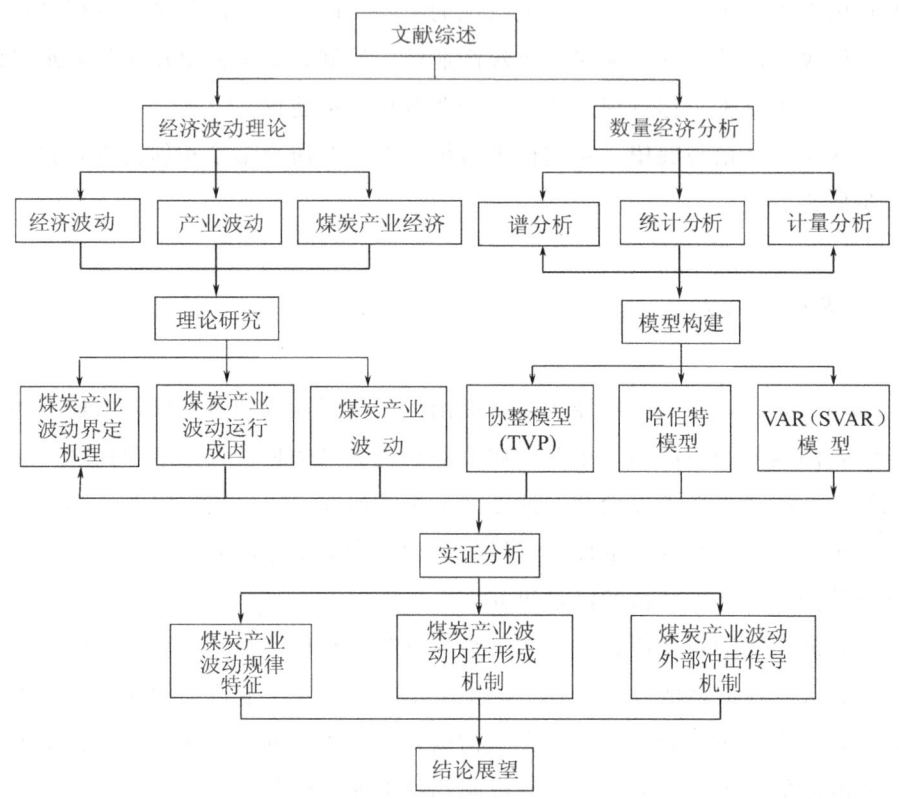

图 1-2　本书的技术路线

第 2 章 文献综述

国内外针对煤炭产业波动的研究成果虽不多见,但还是有一些相关文献,尤其是经济波动理论和相关产业部门波动、产业景气研究的文献对于本书具有重要的指导意义,同时在煤炭经济研究领域的相关进展对于本研究具有重要的借鉴意义。本书将分别进行归纳总结。

2.1 经济波动与产业部门波动

2.1.1 经济波动与经济周期理论

(1) 国外研究进展

1862 年,法国经济学家克莱门·朱格拉(C. Juglar)首次对经济波动进行了研究,揭示了国民经济运行波动是社会经济发展过程中的客观存在。此后经济波动成为经济学界重点研究领域之一。尽管不同流派对经济波动的界定和类型有不同见解,但是对于经济波动现象的存在和特征达成了共识,即经济波动的总体性,经济波动的扩张性和衰退性、一致性、循环性、持续性[7]。20 世纪 30 年代以前,出现了一些经济周期理论并逐渐形成理论体系。马克思指出,现代工业具有十年一次的周期,每次周期又有各个周期性的阶段,而且这些阶段在积累进程中被越来越频繁的不规则波动所打断[8]。哈勃勒在其著作《繁荣与萧条》[9]中总结了 20 世纪 40 年代以前出现的各类经济周期理论,梳理归纳为消费不足论、纯货币理论、投资过度论、成本改变论、心理理论和农业收获论。20 世纪 30 年代经济危机爆发前,当时主流的新古典主义否认现实生活中经济波动的客观存在[10]。20 世纪 30 年代爆发的席卷整个资本主义社会的经济危机，使得西方经济学家开始重新认识资本主义经济运行中的这种周而复始的波动现象。1933年，费里西正式把冲击机制和传导机制引入经济分析之中，并将外部冲击区分为两类：一类是随机因素造成的冲击，另一类是技术创新和企业家创新造成的冲击[11]。1936年，凯恩斯发表了《就业、利息和货币通论》，开创了经济波动研究的新纪元。凯恩斯宣扬"国家干预"理念为核心的宏观经济管理政策，提出了有效需求决定就业量的理论，直接影响了西方国家的经济政策制定与实施。凯恩斯认为经济波动是经济系统内部因素作用的结果，在没有外生变量影响的情况下，内部因素沿着一个很强的趋势作自身重复运动[12]。20世纪60年代中后期，世界经济处于稳定繁荣期，西方经济学界将研究重点转移到"滞胀"现象中去，经济波动和经济周期理论处于停滞期。在1974—1975年和1980—1982年爆发了世界经济危机后，西方经济学术界对于经济周期研究重视程度加大，货币学派、供应学派、理性预期学派以及实际经济周期学派相继涌现。其中影响力较大的是理性预期学派和实际经济周期学派，他们主要从外生因素的角度来研究经济周期，认为随机因素的冲击导致了经济的周期波动并反对政府干预。基德兰德和普雷斯科特1977年发表的《规则胜于相机抉择：最优选择的不一致性》[13]首次将两者统一在一个理论框架下，并在1982年发表的《构建时间与汇总波动》[14]中建立了实际周期理论的基础模型。近期经济波动理论研究主要集中在国际经济周期领域，包括国家间经济周期的同步性及影响因素[15]、国际经济周期的传导机制等[16~17]。

（2）国内研究进展

从新中国建立至今，我们国家的社会主义经济建设已经走过了60多年的历程。经济波动的特征事实促进中国学者对于经济波动问题进行了深入研究。20世纪50年代末和60年代初，我国学者开始研究社会主义经济的波动问题。刘国光认为，社会主义经济的高速度发展不是按直线前进的，而是一个波浪式发展过程。"波浪式前进、螺旋式上升"是社会主义扩大再生产的一个极其重要的特征[18]。改革开放后至80年代末期，国民经济运行出现波动。1988年，召开了两次全国性的"中国经济周期性波动问题研讨会"，由初期的一般性实证研究走向理论化、模型化阶段[19]。其后许多学者纷纷发表观点，就我国经济周期的性质、特点、原因、运行机制等方面进行了深入的研究和探讨。

在经济波动性质和特点研究方面，一部分学者主要借鉴西方经济周期理论划分周期时间。侯庆国认为社会主义经济运行中客观存在基钦、朱格拉、库兹涅茨及康德拉季耶夫四种经济周期,并测定了中国的四种周期[20]。李建伟通过对我国1953—2002年经济运行的短周期、中周期和中长周期的波动特征进行分析,认为2003年是我国经济处于短周期波动的扩张阶段、中周期波动从复苏阶段向扩张阶段转化的时期和中长周期的谷底[21]。厉以宁提出了社会主义经济周期的假设,指出我国社会主义经济运行也存在着中长短三类周期,并分析了影响短周期、中周期和长周期的主要因素[22]。崔友平认为由于我国经济周期波动的长度不规则,故不能用西方经济波动的模型来划分我国经济周期波动的时期,也不能照搬西方经济周期理论中的指标、公式进行分析推算。我们必须在经济连续不断地运行中从动态角度进行量化快速跟踪[23]。

在中国经济波动成因和运行轨迹研究方面,樊明太用内部传导与外部冲击的理论框架分析中国经济波动形成机制。他认为中国经济波动是由内部传导机制和外部冲击机制共同作用的结果。中国经济的强幅波动,主要是由外部冲击机制具有更大的不稳定性,特别是由财政、货币、投资政策的不规则性所引起[24]。胡鞍钢按照现代经济周期理论外部冲击的理论框架,分析了中国经济波动形成机制,他把经济波动视为经济系统对外部冲击的响应曲线和自我调节过程,并认为外部冲击是中国产生经济波动的根源。在传统计划经济时期,经济系统外部冲击主要来自政治运动和行政命令。改革开放以来,经济市场化日益增强经济系统的缓冲能力和自我调节能力,经济系统波动明显减小。非经济因素的外部冲击对形成经济波动具有决定性作用[25]。自20世纪80年代以来,刘树成对我国经济周期变化规律问题进行了系统研究。从早期的固定资产投资周期研究[26]到经济增长率波动研究[27],至21世纪重点强调经济周期与宏观调控相结合的调控机制研究。2009年10月14日,刘树成在经济参考报发表了中国经济增长率60年波动曲线回顾与展望[28],指出未来中国经济增长需要把握好适度增长率及相关因素,应尽可能地延长经济周期的上升阶段和尽可能平稳地对过快上升态势进行调整。胡安红[29]、邓春玲[30]在总结国内外经济波动研究成果的基础上,提出了在社会主义经济发展模式下经济周期波动理论的研究方向和新课题。

2.1.2 产业结构波动研究

经济周期波动与产业结构的发展变动存在着有机联系,经济总量的周期波动中伴随着产业结构变动,在产业结构变动中实现经济增长。

Schumpeter(1928)[31]、Kuznets(1971)[32]不仅指出结构变动是现代经济增长波动中的一个重要事实,而且强调部门相互依赖对于理解经济增长波动总模式的重要意义。1989 年,库兹涅茨进一步研究认为,产业结构变动、技术创新的不同影响和不同国内需求收入弹性是经济增长周期的主要驱动力[33]。H. 钱纳里、S. 鲁宾逊和 M. 赛尔奎因根据 1950—1970 年间多个国家的统计资料发现,在影响经济增长波动的诸要素中,产业结构变量是一个非常重要的慢变量[34]。菲舍尔和克拉克最先利用需求因素来解释增长周期波动中结构变动[35]。Peneder[36]利用动态面板估计检验了 28 个 OECD 国家特定结构变量对总增长周期波动的影响,重点研究了产业上的变量对总体发展的影响,其主要结论是某些特定产业的结构改变可能有助于总量的波动和增长。日本学者 Sonobe 和 Otsuka[37]通过分解劳动生产率,实证了战前日本的工业结构的变化对增长周期波动的重要影响。博恩斯[38]、艾格斯和安尼德斯[39]从产业结构调整的角度解释了经济波动的影响,认为金融和服务业的发展有助于缓解经济的波动。针对布兰查德和西蒙尼[40]提出的不认同结构变动对于经济周期平稳化的看法,艾格斯和安尼德斯[41]运用方差分解方法实证分析了美国产业结构演进对经济稳定贡献的比例高达 50%,其中起主要作用的是波动性较大的制造业比例显著下降,相对稳定的金融服务业比例有所上升。

我国对经济周期与产业结构变动关系的研究始于 20 世纪 80 年代。马建堂[42~44]进行了开创性研究,在产业层面研究了经济周期波动,分析了各类经济周期中产业结构变动的一般规律以及在我国的表现形式,以及周期波动引致结构的内在机制,实现了总量理论与结构理论、宏观理论与中观理论的有机结合。马建堂的研究表明,各个产业对经济周期的敏感程度存在着差异,第二产业的敏感度最高。原毅军提出并运用"产业结构失衡度"指标,将其与经济周期波动相联系,分析周期波动与产业结构变动的关系,指出产业结构严重失衡是导致各产业增长率和国民经济增长率由上升转为下降的一个直接原因[45]。郭克莎研究发现,影响我国经济增长的主要因素是结构问题而不是总量问题[46]。从 2003 年开始,用计量实证的方法来研究产业结构升级与经济增长波动关系的论文陆续涌现。朱慧明和韩玉启采用格兰杰因果关系检验方法对我国经济增长与产业结构之间的关系进行了实证检验,发现二者之间存在格兰杰因果关系[47]。宁晓青和陈柏福从实证角度探讨了我国经济周期波动与产业结构变动的关联性,认为经济周期波动与产业结构变动之间存在双向影响的格兰杰因果关系[48]。方福前和詹新宇基于时变参数模型研究表明,改革开放以来我国产业结构升级对经济波动平稳化趋势有着显著的熨平效应,并且随着产业结构的不断升级,这种熨平作用亦趋明显[49]。陈柏福认为我国经济周期波动与产业结构变动之间存在不同程度的相关性,对于我国不同历史时期总量经济周期波动与产业结构变动关系的把握,可以为当前推进产业结构调整、转变经济增长方式提供启示作用[50]。

2.1.3 产业景气波动研究

产业景气波动研究是通过选取与产业波动密切相关的一组重要经济指标,反映产业发展状态和趋势。产业景气变动是经济波动在中观经济层面的反映。经济周期波动与产业变动之间关系的研究主要集中在经济周期在产业层面的冲击和传导机制、产业之间的景气轮动现象等领域。

最早从产业层面寻求周期波动根源的是以 W. S. 杰文斯（1875）、H. S. 杰文斯（1909）、H. L. 穆尔（1914）等为代表的农业周期理论,用气候变化引起农业收成变动来解释经济周期的学说,认为农业生产中存在的周期性波动是由于气候等外生因素的冲击造成农业收成变动的结果。熊彼特的创新周期理论认为,集聚的创新活动引发的新兴产业群出现和产业投资浪潮是导致经济周期的源泉[51]。美国统计学家 Niemira（1998）提出了采用投入产出表研究产业间需求联动的初步思路,他认为并不是每一个产业必须是同时地或同等程度地受到经济周期的影响或对经济周期产生影响[52]。目前经济周期理论已经归纳的几大典型周期类型均根源于产业因素；短波的蛛网周期揭示的是农业对价格的生产反馈周期；短波的基钦周期揭示的是工商业部门的存货调整周期；中波的朱格拉周期揭示的是产业在生产设备和基础设施的循环投资活动；中长波的库兹涅茨周期主要是建筑业活动导致的；长波的创新周期（康德拉耶夫周期）是由创新活动的集聚发生所致[53]。

我国产业景气变动研究始于 1998 年,国务院发展研究中心开展了"中国产业发展跟踪研究",构建了我国产业增长景气指数和效益景气指数,反映我国产业发展动态[54]。随后,众多学者从不同角度对产业景气进行了研究。孙广生探讨了各产业波动与经济波动的相关性、经济波动过程中各产业波动的特点以及推动经济波动的产业来源,研究发现重工业景气波动主导我国宏观经济景气波动[55]。高铁梅等利用多维数据结构框架,建立了房地产业、汽车产业的先行、一致和滞后景气指数系统,监测行业运行中的各种波动状况[56]。李新对经济波动过程中的产业景气进行了研究，认为在不同的经济波动阶段会形成不同的产业热点，而且经济波动过程中产业热点演变具有一定的规律性，即产业景气波动与经济波动存在着内在关联性，产业景气波动决定经济波动，经济波动与主导行业景气波动虽然存在一定的时差，但在总体上是一致的[57]。孙海波从供给角度着眼，运用数理统计方法从产业层面研究中国经济波动，认为降低波动需要不断提升波动性较小的产业在整个产出中的比例[58]。周学认为，经济分析不能局限于总量分析，应该建立中观和微观基础，他在经济发展阶段理论、主导产业理论、主导消费需求理论和产业运行轨道理论的基础上，提出了中观分析方法和新的预测方法，阐述了基于中观视野的宏观调控新思路[59]。李猛认为经济波动不仅有产业份额的因素在里面，经济波动本身也可能导致相应的产业份额发生变化[60]。

2.1.4 产业部门波动研究

产业是国民经济的物质生产和服务提供的组成部门，经济波动即是各产业波动的综合结果，综合体现了各产业自身波动的特征和产业份额的影响。

国内外学者通过研究发现，农业部门、建筑业和房地产业周期性波动与宏观经济的周期性波动密切相关。库兹涅茨首次提出并验证了建筑活动过程中存在一种长度12~25年、平均20年的中长期循环现象，区分了建筑周期与建筑活动短期商务波动以及康德拉季耶夫长波的区别[61]。格瑞不勒和博恩斯使用1950—1978年的数据研究了第二次世界大战后美国的建设周期，分析了整个建设周期和建筑产业主要部门的关系，发现6个住宅周期和4个非住宅周期，揭示了建筑产业及其主要部门的周期运动的复杂性和不稳定性[62]。Harwood认为经济变化、人口迁移、基础设施建设、人口出生率和政策因素是导致房地产周期波动的主要因素[63]。布朗对1968—1983年美国相关住宅销售数据剔除季节影响和趋势影响后发现，房地产周期的确与国民经济周期具有很强的相关性[64]。Downs认为房地产周期存在差别是由于产业条件的基本差别造成的，如在某些产业中可能存在快速增长的公司或正经历人口的快速增长，房地产存在更频繁或更剧烈的周期波动[65]。Pyhrr和Born认为房地产周期主要受基本经济因素，如GDP增长率和通货膨胀的影响[66]。

我国对建筑业和房地产业波动的研究起步较晚。随着我国社会主义市场经济的推进，近十几年该领域的研究取得了较大进展，薛敬孝认为建筑周期是二重的,在 50 年左右的大周期中包含着较短的 20 年左右的中周期;引起建筑周期运动的原因总体来说是供求问题[67]。成立为提出了建筑业经济周期波动的定义,并采用建筑业净产值环比增长率划分了中国 1953—1992 年建筑业发生的九次波动,提出了中国建筑业的波动特征[68]。黄蓬通过定性和定量分析建筑业经济周期波动的影响因素,表明我国建筑业受固定资产投资和其上游产业的依赖程度高,且处在劳动密集型产业阶段[69]。彭频、李静以建筑业总产值和国内生产总值为变量,运用计量经济学方法对我国建筑业与国民经济增长之间的关系进行实证分析,表明我国国民经济增长是建筑业发展的重要因素,建筑业随国民经济周期波动而波动[70]。杨有志系统考察与分析了改革开放以来的中国建筑业经济波动状况和运行机理,建立了中国建筑业经济波动预警系统,阐明了中国建筑业稳定发展的政策选择[71]。在房地产波动研究方面,张元端分析了中国房地产周期波动现象,认为中国房地产业的周期与国民经济周期基本吻合[72]。梁桂从房地产供求的周期性波动定义了不动产经济的周期波动,采用商品房销售面积指标分析了 1986—1995 年中国不动产经济的周期性波动及其特征[73]。谭刚借鉴经济周期的"冲击—传导"理论对我国房地产周期波动进行了实证分析,把我国房地产周期自改革开放以来划分为 4 个周期[74]。时筠仑对房地产波动进行了系统性分析,分类探索了长期趋势波动和周期波动形成的原因、影响因素和波动机制,研究了两种波动的相互关系,揭示了房地产波动的规律[75]。

其他产业波动的研究多集中在农业领域,如谭砚文研究了中国棉花生产的波动问题[76];王玉斌针对中国粮食产量波动进行了研究[77];岳冬冬研究了中国生猪生产的波动[78];魏宏杰、刘锐金和杨琳研究了中国天然橡胶生产及增长趋势[79];陈伟和白福臣对中国水产品生产波动及成因进行了研究[80]。

2.2 煤炭产业经济研究

作为不可再生和稀缺的煤炭资源,煤炭经济问题一直是国内外学者研究的重点。围绕着煤炭消费、煤炭生产开发利用、煤炭价格等领域,国内外学者取得了众多研究成果。

2.2.1 煤炭消费与经济增长研究

自第一次石油危机以来,能源需求、支配及运用等相关的课题成为全球性议题，能源与经济增长关系的研究成为经济学理论[81~82]的研究重点。在思路上，能源与经济增长关系的研究主要围绕以下三条思路开展：一是从经济增长理论出发，研究能源对于经济增长的作用；二是利用能源生产函数或需求函数分析经济增长对能源的影响；三是运用计量经济理论模型，研究能源与经济增长的互动影响。在研究方法上，由相关性分析[83]、关联度[84]分析等统计理论逐步向协整理论迈进，理论研究方法和内容逐步深入。1978年，Kraft[85]首次在其研究中发现美国经济增长与能源消费之间存在因果关系，此后基于计量经济学的协整理论被广泛用于能源消费与经济增长关系研究领域[86~89]。

受国际煤炭在能源消费中地位的影响，国外学者对煤炭消费需求的研究不多。Hoon Yoo研究了韩国煤炭消费和经济增长之间的因果关系，发现煤炭消费与经济增长之间存在双向因果关系[90]。Kulshreshtha和Parikh利用向量自回归模型分析了印度四个主要耗煤行业煤炭的长期需求价格弹性和短期动态调整行为，并分析经济冲击对煤炭需求系统演化的影响[91]。Masth R.与Masih A. M. M. 采用动态最小二乘法（DOLS）和协整模型分析了中国煤炭消费的需求函数，并实证分析了中国煤炭消费量的短期弹性和长期弹性[92]。

近年来，国内学者利用协整理论对于煤炭需求及其影响因素进行了大量的实证研究。焦建玲研究了我国煤炭需求与收入、煤炭价格和石油价格之间的长期关系与短期调整效应，同时实证了煤炭需求、煤炭价格以及石油价格的长期与短期弹性[89]。林伯强采用协整理论研究了中国煤炭需求的长期均衡关系，估算出中国煤炭需求的长期收入弹性、价格弹性、结构弹性以及运输成本弹性；预测未来长期煤炭需求并分析其对环境、煤炭供给和煤炭价格的影响；模拟解释变量不同增长率下煤炭需求的演变并给出政策选择[93]。武晓明、王思薇和李永清运用协整理论，分析了1979—2005年煤炭消费政策与煤炭需求的关系。结果表明，煤炭需求受煤炭消费政策的影响，特别是产业结构变动、能源效率改进降低了煤炭消耗，而价格政策使煤炭需求与价格水平同向变化[94]。张兆响、廖先玲和王晓松利用变结构协整理论研究和建立了反映中国煤炭消费和经济增长长期均衡关系的突结构协整模型[95]。张意翔和胡飏在产业结构重型化条件下分析研究了我国煤炭消费与重工业发展的长期动态关系[96]。孔宪丽利用状态空间模型，对1978—2007年间我国煤炭消费与经济增长及其影响因素之间的相关关系进行了动态分析，揭示了我国煤炭消费与经济增长相关关系的时变规律[97]。李维明，何花和李维红采用经济周期理论，将1978—2011年划分为不同的经济周期，利用灰色关联序、煤炭消费弹性系数、能源结构影响能源效率计量模型等分析方法，对不同经济周期内中国煤炭消费与经济增长之间的互动关系进行了深入研究[98]。丛威和张志鹏应用协整模型和马尔科夫模型，以"十二五"期间二氧化碳减排及非石化能源消费比重为约束，预测了2015年高、中、低三种情境下的煤炭需求量[99]。

2.2.2 煤炭供给能力研究

煤炭供给能力涉及煤炭资源保障能力研究、资源开发负外部性和煤炭生产能力预测。与煤炭消费研究相比，煤炭供给方面的研究成果不多，且主要集中在国内学者的研究上。

中国煤炭资源可供开发的资源数量研究：根据中国煤田地质总局预测[100]，中国截至1992年年末已查证的煤炭资源为6769.85亿吨。田山岗以全新的视角，概略估算了煤炭资源有效供给的数量，明确提出中国煤炭资源总量丰富但有效供给能力不足的观点[101]。刘海滨、王立杰在分析了我国煤炭资源分布特点、煤炭生产与消费状况的基础上，按照从东到西3个开发区带，共7个规划区的开发格局，依据不同规划区煤炭资源保证能力和现有生产布局，提出了各规划区煤炭资源的开发思路和组建大型企业集团的设想[102]。程爱国、宁树正、袁同兴在研究我国煤炭资源分布规律的基础上，分析了煤炭资源分布与经济发展水平、经济区划、煤炭供需形势以及水资源、生态环境的关系，并结合我国行政区划，提出了全新的我国煤炭资源综合区划方案[103]。柴杨根据资源经济学、技术经济学、矿产资源经济评价、环境经济学、外部成本内部化理论和系统动力学的理论与方法，建立了煤炭资源有效供给能力评价的系统动力学模型，对中国煤炭资源的有效供给能力进行了深入研究[104]。王永等以全国第三次煤田预测数据为基础，通过对查明煤炭资源量和未查明煤炭资源量的分布、埋藏深度和煤类的系统分析，指出中国查明尚未占用的煤炭储量2282.97亿吨，经济可采储量仅684.89亿吨。未查明的预测煤炭资源量45521.04亿吨，潜力巨大，但近期可供找煤普查的埋深小于1000米的预测可靠级煤炭资源量只有9169.10亿吨[105]。

王志宏和赵爱国根据我国不同煤炭产量变化的特点，分别采用一元线性回归、自回归模型和干预分析模型对1986—2000年的煤炭产量进行了预测，干预分析体现出了国家当时的产业政策[106]。王火雷、蒋超、刘宇博根据中国年鉴1990—2007年的相关统计数据，从人均GDP、煤炭可供量、能源消费总量等方面来分析煤炭生产总量,并建立灰色系统 GM(1,N) 模型对 1990—2007 年的中国煤炭生产总量进行了分析和预测[107]。艾德春、程伟、韩可琦建立了系统动力学模型对我国煤炭生产总量和消费总量进行了研究和模拟[108]。刘寿兰、周新良、罗文柯、蒲宏桂将灰色系统理论与离散状态的马尔柯夫链理论相结合,对 1998—2008 年度我国历年来煤炭产量进行了预测[109]。邵汝军建立了煤炭产量的柯布道格拉斯生产函数,选择煤炭采选业职工人数、煤炭工业固定资产净值平均余额、国有重点煤矿采煤机械化程度等指标对全国煤矿产量进行了预测,采用分段线性回归函数对国有重点煤矿原煤产量进行预测;采用随机序列线性模型对国有地方煤矿产量进行了预测;采用温斯特线性和季节性指数平滑方法对乡镇煤矿产量进行了预测[110]。

近年来,考虑到煤炭资源的有限性,一些国外学者对于煤炭储量和未来供应开展了研究。2007 年,德国能源观察小组研究指出,全球煤炭可采储量远低于普遍认知,世界煤炭产量很可能在 10~15 年内达到峰值[111]。乌萨普拉油气损耗研究小组的胡克和齐特尔等人在"基于供应驱动的未来全球煤炭产量预测"中认为,全球煤炭产量将在未来的 10~15 年内增加 30% 左右,主要是由中国、印度、澳大利亚和南非等国家的需求所驱动。到 2020 年左右全球煤炭产量将趋于稳定,2050 年后产量将进入下降期[112]。

2.2.3 煤炭价格研究

早期煤炭价格波动作为石油价格波动的一个影响因素出现。Hamilton 在研究石油价格美国经济衰退和 OPEC 国家宏观经济影响时发现,煤炭价格可以用来预测石油价格变化[113]。Ellerman 研究了美国及世界煤炭市场上煤炭价格的变化趋势,认为生产率水平决定了煤炭价格的高低[114]。

段治平提出了煤炭价格放开后出现的主要问题,并对加强煤炭价格监管提出了建议[115]。曹海霞指出煤炭价格形成机制的改革对我国煤炭价格波动产生了影响,资源税费制度的完善会影响到煤炭价格[116]。姜智敏提出了建立煤炭价格形成机制的基本思路[117]。翁非从煤价纵向变化、替代能源品种比较、国内外市场价格比较三种维度分析了当前煤炭价格水平,认为煤炭价格存在长期上涨的趋势,并对深化我国煤炭价格形成机制提出了建议[118]。谭章禄、陈广山指出下游产品需求量、国际煤炭市场价格、煤炭年产量、铁路运力、煤炭储存量等因素是影响我国煤炭价格的主要原因[119]。2009 年以来,定量研究煤炭价格波动及其影响内容逐渐增多起来。邱丹和秦远建认为煤炭价格和经济增长之间存在长期稳定的均衡关系，经济增长是煤炭价格波动的原因[120]。段治平和郭志琼通过对煤炭价格传导机理及路径分析，在此基础上采用投入产出的价格影响模型，测算了煤炭价格变动对各相关产业的传导程度[212]。邹绍辉和张金锁研究了煤炭价格的变动，利用 Monte—Carlo 模拟以及几何布朗运动与风险中性跳动的模型对价格变化进行了模拟[122]。贺刚在构建 VAR 模型基础上，依据脉冲响应函数、方差与历史分解方法分析了中国石油、煤炭价格变动对经济影响的差异：煤炭价格波动对经济活动的冲击效应远大于石油，相同程度的波动，煤炭对 GDP 的紧缩效应是石油的 3 倍，对 CPI 波动的贡献度是石油的 4～5 倍[123]。赵康洁、景普秋和贾琳基于山西煤价实证分析了煤炭价格的剧烈波动特征及影响因素，指出煤炭价格波动导致山西经济波动，并出现了"反工业化"现象[124]。李晓明、万昆、柳瑞禹采用 GARCH 模型分析方法，实证检验了澳洲 BJ 动力煤价格和秦皇岛大同优混煤（>6000 大卡）价格具有显著的 GARCH 效应与波动聚集性，波动衰减缓慢，不具有显著的非对称性波动[125]。田为厚、王小东、段治平探讨了影响煤炭价格波动的内因和外因，提出了通过反价格周期调节以确保煤炭行业平稳发展的对策建议[126]。丁志华采用计量经济理论和投入产出模型深入研究了煤炭价格波动对实体经济的总量变量和结构变量的传导机制，从宏观和微观两个层面提出了降低煤炭价格波动的具体措施[127]。

2.2.4 煤炭产业波动研究

刘满芝等引入经济波动理论，采用小波分析等方法，测度煤炭需求的不同波动周期，揭示煤炭需求的波动规律[128]。张明慧和李永峰采用 1978—2009 年我国煤炭能源生产与 GDP 的时间序列数据，运用 HP 滤波方法分析我国煤炭生产的周期波动状况，进一步运用格兰杰检验等方法分析了我国煤炭生产和 GDP 周期波动的相互影响关系，结果显示，我国煤炭生产和 GDP 周期波动之间存在相互影响[129]。刘畅构建了煤炭行业景气指数，分析了煤炭行业景气与宏观经济景气的相关性和煤炭行业景气的周期性运行特征[130]。

2.3 理论基础和研究方法

煤炭产业作为国民经济的基础性产业，煤炭需求是宏观经济增长的派生需求，受宏观经济波动的影响较大。同时，煤炭产业作为一个独立的产业存在，又表现出一定的自身波动特征规律。宏观经济学中经济波动理论和经济周期理论及研究方法对于本书具有重大的指导意义。此外，经济波动的测度方法、协整理论和时间序列波动性模型将作为本书探索煤炭产业波动规律的实证工具。

2.3.1 经济波动与经济周期的区别与联系

波动与周期两个概念最初来自于物理学，最后被引入经济现象的研究，形成了经济波动与经济周期两个概念。长期以来，西方学者将这两个概念在理论研究与实践中进行通用，但从严格意义上讲，二者存在一定的差别。

萨缪尔森认为，经济增长和波动是宏观经济研究的两个重要方向[131]。经济波动一般指经济总量扩张与收缩变动的经济运行现象，它主要是通过经济总量（国民生产总值或国内生产总值）的变化表现出来。世界各国的经济发展进程表明，在经济总量增长过程中，不同时段的增长速度总是快慢有异、高低不同，导致经济总量在时间序列上呈现波浪式增长而不是平稳增长的现象。目前比较普遍的观点是，经济波动就是对经济均衡状态的偏离。衡量经济波动主要方法有两种，一种是用经济绝对水平上升或下降来度量经济的波动，另一种方法是用经济增长率水平的相对变化来度量经济波动。二战后，经济总量下降的现象几乎不存在了。因此，度量经济波动基本采用增长率的相对变化水平。经济波动过程是由长期趋势、循环波动、季节波动和不规则波动四个部分组成。经济周期是指国民经济上下波动的循环运行过程。米切尔和伯恩斯在1946年出版的《衡量经济周期》一书中，对经济周期是这样定义的："经济周期是在主要以工商企业形式组织其活动的波动形态。一个周期包含许多经济领域在差不多相同的时间所发生的扩张，跟随其后的是相似的总衰退、收缩和复苏，后者又与下一个周期的扩展阶段相结合；这种变化的序列是反复发生的，但不是定期的；经济周期的长度从1年以上到10年、12年不等；它们不能再分为性质相似的、振幅与其接近的更短的周期。"[132]这个定义得到了西方经济学界的公认。经济周期的描述更多是从经济运行所表现出来的一些现象来分析和论述的。一个标准的经济周期可以分为两个时期（扩张时期和收缩时期）和四个阶段（复苏、扩张、衰退和萧条）。波动周期量化主要表现为对周期长度和波动强度的度量。周期长度度量一般采用"峰—峰"法或"谷—谷"法。波动强度通常采用一个周期内"峰—谷"落差或"谷—峰"落差表示。

经济波动与经济周期概念的比较。从定义来看，经济波动与经济周期既有联系又有区别。经济波动概念比经济周期概念宽泛很多，经济波动可以是周期性波动，也可以是非周期性波动。经济波动包括经济周期，经济周期只是经济波动的一种表现形式。两者相比较而言，经济波动具有普遍性、绝对性，而经济周期具有特殊性、相对性。但就经济运行过程中扩张与收缩重复出现、波峰与波谷相继交替的本质特征而言，经济波动也就是重复出现扩张与收缩的周期波动，而经济周期则可以称为从波峰到波谷周期性运行的经济波动。一般而言，在使用"经济周期"这个术语时，隐含了所有瞬时偏离确定性趋势的产出波动[133]。现代的经济周期研究技术与方法是建立在滤波等技术的基础之上的，该技术通过滤波方法，将趋势等因素过滤出去后进行研究，该方法体现了经济周期的研究范围扩大了，由过去的古典型周期扩展为现代型周期。我们看出，理论界并未将经济周期与经济波动这两个概念严格加以区分，而是将它们统称为"经济周期"或者"经济周期波动"[134]。因此，在本书的研究中，未特别指定是"经济非周期性波动"时，"经济波动"与"经济周期"这两个词是通用的，对于煤炭产业波动周期的划分仍然采用传统上对经济周期的划分方法。

2.3.2　经济波动成因的理论解释

自19世纪以来，为了解释经济波动产生的根源，众多经济学家根据实际经济运行状况创立了各种经济周期波动理论，从各个角度阐述了经济波动产生并持续发生的原因。因而，关于经济波动的各种理论存在着大量不同的观点，不同的流派对经济波动有着不同的解释，但一般包括两部分：一是对影响宏观经济运行的重要因素的识别，如战争、政府政策等因素，引起总供给或总需求的外生变动，被称为经济冲击。二是对经济波动成因的解释，即应对各种冲击的模型，解释冲击赖以在整个经济中蔓延的传播机制，解释冲击如何形成波动[7]。根据产生经济波动的因素来源，经济波动形成理论可以划分为三大类：内生经济波动理论、外生经济波动理论和"冲击—传导"学说。

（1）经济波动内生理论

经济波动内生理论是指经济系统内部结构特性所导致的对冲击的反应。这是一种内部缓冲机制或自我调节机制，在数学上反映为分别滞后关系，反映了经济周期的"内生性"。内生经济波动理论在经济体系之内寻找经济周期自发运动的因素，强调经济波动是由内部因素引起的。代表观点有：消费不足（储蓄过度）理论、纯货币周期理论、货币投资过度理论、心理周期理论、固定资产更新理论、资本存量调整理论等。凯恩斯是较有影响的将资本主义经济危机发生的原因从外因论转向内因论的经济学家。在政策主张方面，由于自由放任的经济无法避免产量和就业的剧烈波动，凯恩斯强调政府应担负起调节有效需求的职责，强调政府干预尤其是财政手段的巨大作用。凯恩斯的经济周期波动理论否定了传统的"萨伊定律"及20世纪30年代前传统的资本主义市场经济会自动调节，达到充分就业的均衡观点，在客观上承认了资本主义市场经济会由于其本身的内在原因而产生周期性波动和经济危机。

（2）经济波动外生理论

经济波动外生理论是指系统外的冲击通过系统内部传导而发生的经济活动，对来源于外生变量的自发性变化，可以是随机的或是周期的。外在冲击主要包括：货币供给性冲击；以投资和消费、财政和货币需求性的实际需求冲击；由于农业重大自然灾害或石油供应等导致的实际供给冲击；体制变动冲击；国际政治和经济冲击等。代表观点有：太阳黑子论、技术创新理论、政治周期理论和实际经济周期理论。其中，实际经济周期理论认为，随机的实际因素的冲击导致了经济的周期波动，这些实际因素的冲击包括个人需求偏好的变化、政府需求的变化等来自需求方面的冲击，特别强调技术进步带来的生产率变动、生产要素供给的变动等来自供给方面的冲击是总产量产生波动的唯一源泉。

（3）"冲击—传导"学说

20世纪初以前，西方主要国家处于工业化的初期和中期，经济波动的表现具有一定的阶段性和规律性。因此，传统的经济周期波动理论认为经济周期波动完全或主要是内生因素对经济体系起作用的结果，而且是一个确定性的稳定过程，即经济周期波动的"决定性"。其后，随着经济危机的多次爆发，对经济周期波动的研究由"决定性"转向认为是由于外部冲击因素引起的，即"冲击"引起的学说。Frisch(1933)最早提出了分析经济周期波动的两个机制：一是经济波动如何生成的外部冲击机制；二是经济为什么不断波动的内部传导机制。之后，很多理论和研究对这两个问题给出过各自不同的回答。尽管存在诸多对经济周期成因的理论解释，但"冲击—传导"学说已经逐渐成为经济学家们研究经济周期的基本理论框架,其核心内容可表述为:经济的周期性是一系列独立的冲动对经济产生的结果,每一次冲动或冲击都以一种由经济基本结构决定的方式传导[135]。

煤炭产业的波动受诸多因素影响,既有产业内部的因素,也有外部的因素。因此,本书将在后续深入阐述"冲击—传导"理论对于煤炭产业波动运行机理的适用性,并借鉴该理论进一步分析煤炭产业波动的运行机理。

2.3.3 典型化事实研究方法

在经济学中,现象是以典型化事实的形式被总结出来的。Forex(2006)对经济学典型事实定义为"是从众多场合中获得的一种观察结果,这种观察结果被广泛理解为具有经验意义的真实性,并且理论一定与此相吻合。典型化事实被特别地应用于宏观经济理论"[136]。研究经济现象中的典型事实具有重要的意义。美国学者 MacLean(2005)认为经济学全部都是关于典型化事实的研究[137]。Heine、Meyer 和 Strangfeld(2005)则认为"典型化事实"是使人们从纷乱的经济现象中准确确定研究的问题之所在的"研究景象",是系统性地深入经济问题的方法论基础,是为了解释可观测的经济现象而对不同经济模型进行比较分析的参照点。中国学者王诚认为典型化事实就是一种能够反映经济运行的真实和基本特征具有代表性的关键性事实。经济学关于典型化事实的研究和发现,其重要性是不言而喻的,可以认为是经济学研究工作的主干部分。典型化事实的重要性在于,如果一个理论没有典型事实支持,这个看似成立的经济理论体系马上会变得摇摇欲坠[138]。自 1961 年,Kaldor 将典型事实概念引入到宏观经济学研究领域[139]以来,典型化事实在经济周期领域的研究取得了较大进展。国内学者开始针对在国内经济周期波动典型化事实进行了研究。吕光明和奇鹰飞[140]、杜婷[141]等人对中国经济周期波动的经验特征进行了检验和分析,在此基础上总结了中国经济周期波动中的一些典型化事实。

经济周期波动的典型化事实是在宏观时间序列经济特征分析的基础上,通过统计分析、推断和检验而确认的经济周期波中普遍存在的事实。本书将充分借鉴经济周期波动关于典型化事实研究的范式和方法,对于中国煤炭产业波动的统计特征,确认煤炭产业波动的客观存在性和普遍存在的典型化事实,为本书后续研究的理论、观点和模型的检验提供一个参考标准。

2.3.4 经济波动的测度方法

从统计分析的角度看,波动就是时间序列变量的实际观察值对其长期趋势的偏差。偏差的绝对值越大,表示波动强度越大,经济系统运行的稳定性越差。从时间序列中分离趋势成分和周期成分的方法有多种,不同方法揭示了不同数据方面的特性[142]。常用的对波动成分进行测度的方法有以下三种类型:

(1) 增长率法

增长率法是指以观测经济变量的年际环比增长率作为其波动的指标,考察一段时期内经济变量增长率的上下变动,寻找变量增长率的波峰和波谷位置来研究和判断经济波动的发展变化规律。该方法在国民经济周期波动分析时常被采用,但因其不能有效剔除长期趋势,容易受相邻年份数值波动影响。增长率也被称作波动指数,其计算公式可以表示为:

$$IF_t = \frac{Y_t - Y_{t-1}}{Y_{t-1}} \times 100\% \qquad (2-1)$$

在上式中:IF 表示波动指数(Index of Fluctuation);Y_t 表示 t 时刻考察变量的波动指数或增长率,Y_{t-1} 表示 $t-1$ 时刻经济变量的观察值。

(2) 滤波法

滤波法是将时间序列数据中的趋势成分、周期成分和不规则成分,分别对应成为谐波中的低频、中频和高频成分。其原理是将数据序列中不规则的波动部分滤去,将长期趋势部分抽去,剩余的就是周期波动部分,理想的滤波结果应该是能保留所需部分频段而消除其余部分频段。这类方法有 HP 滤波、BP 滤波以及 CF 滤波等。

① HP 滤波

HP 滤波法最先由 Hodrick 和 Prescott 提出[143]。HP 滤波法假定时序数据 Y_t 包含不可观测的趋势序列 Y_t^T 和波动序列 Y_t^C,即 $Y_t = Y_t^T + Y_t^C$。HP 滤波的思路是从 Y_t 中将 Y_t^T 和 Y_t^C 分离出来,即过滤掉低频的趋势成分,而保留高频的周期波动成分。找出趋势序列的过程,可转化为求损失函数最小化问题的解。

$$\text{Min}\Big\{\sum_{t=1}^{N}(y_t - y_t^T)^2 + \lambda \sum_{t=2}^{N-1}\big[(y_{t+1}^T - y_t^T)^2 - (y_t^T - y_{t-1}^T)^2\big]\Big\} \tag{2-2}$$

其中，N 为样本个数，正整数 λ 是对趋势序列 Y_t^T 波动的折算因子。$\lambda = \text{VAR}(Y_t^C) \div \text{VAR}(Y_t^T)$。$\lambda$ 的取值越大，趋势成分显得越平滑。当 $\lambda = 0$ 时，趋势成分表示的是数据本身，即没有发生过滤波；当 $\lambda \to \infty$ 时，趋势成分在极限上是线性时间趋势。在关于 HP 滤波器的使用中，很重要的一项就是参数 λ（称为平滑参数或惩罚因子，调节趋势项与波动项的权重）的取值。当使用季度数据时，经济学家已基本达成共识，取 $h=1600$；但是对于其他频率数据，尤其是年度数据，取值的分歧很大，Backus and Kehoe 认为应取 100，而 OECD 则提出取 25，但是 Ravn and Uhlig 研究发现 λ 的取值应该是数据频率的 4 次方，即年度数据取 6.25，季度数据取 1600，月度数据取 129600。

②BK 滤波

BK 滤波是由巴克斯特和金（Baxter&King）于 1995 年提出的[144]，该方法实际上是一种对称的固定移动加权平均。BK 滤波的原理是首先确定波动周期会维持多长时间，然后相应设置一种固定了最低频率和最高频率的滤波，使得时间序列处于这个时期之间的周期性波动成分能够通过，从而去除掉更高以及更低频率的波动成分。这种滤波的构造相对复杂，主要利用时间序列的时域（Time Domain）分析和频域（Frequency Domain）分析。其公式为：

$$y_t^T = \sum_{i=-k}^{k} \omega_j x_{t-j} \tag{2-3}$$

其中，权数 ω 通过密度反应函数的逆傅里叶变换约束条件得到；k 为截断长度，截断长度的选择是一个两难的事情，一方面，如果截断半径为 k，即意味着 $2k$ 个观测点将损失；另一方面，较大的 k 可以得到较好的滤波效果。一般而言，对于年度数据，周期范围区间值为 [2,8]，k 值取 3；对于季度数据，周期范围区间值 [6,32]，k 值取 12。

③CF 滤波

近年来，在考虑序列平稳特征的基础上，Christiano 和 Fitzgerald(2003) 对 BK 滤波进行改进而提出了一种新的滤波——Christiano—Fitzgerald 滤波，简称 CF 滤波[145]。与 BK 滤波相比，CF 滤波有两点突破。首先，Christiano 和 Fitzgerald 发现，在有限样本的情况下，对理想滤波器做最优近似要考虑被分解序列的时间序列性质。因此，在滤波之前，先要考察被滤波序列的时间序列表示。其次，CF 滤波虽然也是一种线性滤波，但是它放弃了 BK 滤波的平稳性和对称性假设。平稳性要求移动平均的权数不随时间变化，对称性保证滤波结果不发生相位变化。总的来说，与 HP 滤波和 BK 滤波相比，CF 滤波的最大特点是充分的灵活性。不但对不同性质的时间序列采用不同的滤波公式，而且在同一时间序列不同时点的估计上也选取不同的截断和权重，所采用的计量模型如下：

假设 Y_t 是一个从总量时间序列 x_t 在 $2\pi/\bar{\omega}_m$ 到 $2\pi/\bar{\omega}_n$ 频带之间分离出来的周期，即：

$$Y_t = B(L)x_t, t=1,2,3\cdots T \tag{2-4}$$

式中，L 是滞后算子，$B(L)$ 是理想带通滤波，可以写成：

$$B(L) = \sum_{j=-\infty}^{\infty} B_j L^j, L^j Y_t = Y_{t-j} \tag{2-5}$$

式中：$B_j = (\sin(j\bar{\omega}_m) - \sin(j\bar{\omega}_n))/\pi j$，$j \geqslant 1$；$B_0 = (\bar{\omega}_m - \bar{\omega}_n)/\pi$

但是，理想带通滤波只适合用于无穷数列，因此 Christiano 提出通过 $\hat{Y}_t$ 近似估计 $\hat{Y}_t = B(L)x_t$，并依据残差值平方和期望最小化原则使得 Y^* 在最大程度上接近 Y_t，即

$$\hat{Y}_t = B^{pf}(L)x_t \tag{2-6}$$

式中：$B^{pf}(L)x_t = \sum_{j=-f}^{p} B_j^{pf} L^j, L^j x_t = x_t$；$f = T - t$。滤波权重 $B^{pf}(L)$ 实际上是式优化问题的解：

$$B_j^{pf} = \min_{B_j^{pf}, j=-f,\cdots,p} \int_{-\pi}^{\pi} |B(e^{-i\bar{\omega}}) - B^{pf}(e^{-i\bar{\omega}})|^2 f_x(\bar{\omega}) d(\bar{\omega}) \tag{2-7}$$

其中，$f_x(\bar{\omega})$ 是时间序列 x_t 的谱密度。CF 滤波假设数据服从随机游走的过程方法求解。

(3) 剩余法

同滤波法一样，剩余分解法或者称为分量法也是将经济变量的波动分解为趋势分量（Trend Component）和循环分量（Cyclical Component）两部分，循环分量也称为波动分量（Fluctuant Component），其基本思想是按照某一方法将趋势剔除，剩余部分即为经济变量的周期波动。这种方法的实质是把时间序列变量周期波动的测定转化为对长期趋势和季节波动的分解上，要完成这样的分解过程，就需要借助统计技术或一些时间序列模型。由于不同方法对长期趋势和周期成分的假定不同，因此，分解的结果一般会有所差异。通常情况

下,在使用趋势分解法时,会自然地产生两个假定:①假定时间序列数据由两个部分组成,一部分为长期变化趋势,另一部分则为循环波动;②假定时间序列的长期趋势部分可以用确定性模型进行拟合。对于假定①的内容比较容易理解,即认为时间序列数据由长期趋势和循环波动组成,其中,循环波动部分可能包含有季节性波动成分、周期性波动成分以及随机波动成分三个方面。如果时间序列数据为年度数据的话,那么,在剔除长期趋势后剩余的波动部分,可能只包含周期性波动部分和随机波动部分两个方面。对于假定②的内容,研究者常采用的确定性模型有3种。

$$\hat{Y}_t = \alpha t + \varepsilon_t \tag{2-8}$$

$$\hat{Y}_t = \alpha e^t + \varepsilon_t \tag{2-9}$$

$$\hat{Y}_t = \alpha t^2 + \beta t + \varepsilon_t \tag{2-10}$$

$\hat{Y}_t$ 表示预测值,ε_t 为估计值与实际值的残差。如果时间趋势曲线回归残差是平稳变量的话,则可以进一步利用回归方程的有关统计量对原序列进行分析。Y_t 长期趋势,即时间序列的长期波动成分。$(Y_t - \hat{Y}_t)$ 则表示消除长期趋势后经济变量的绝对波动数值,即为短期波动分量。$(Y_t - \hat{Y}_t)$ 与 $\hat{Y}_t$ 的比值成为变异率,记为 RV。

$$RV = \frac{Y_t - \hat{Y}_t}{\hat{Y}_t} \times 100\% \tag{2-11}$$

进一步根据计量经济学的有关知识,我们用变异指数(Variation Index)来反映总体波动的强度,变异指数是回归方程中的残差平方和与总体平方和的比值,用公式表示为:

$$VI = \frac{\sum_{t=1}^{n}(Y_t - \hat{Y}_t)^2/(n-k-1)}{\sum_{t=1}^{n}(Y_t - \bar{Y}_t)^2/(n-1)} \tag{2-12}$$

公式(2-12)中 Y_t 表示所考察变量的实际观测值,$\hat{Y}_t$ 表示所考察变量的趋势值(预测值),$\bar{Y}_t$ 表示所考察变量的平均值,n 为考察期长度,k 为回归方程或模型中解释变量的个数。VI 中分与回归系数 R^2 之间的关系可以表示为:$VI = 1 - R^2$。变异系数表示样本实际观测值与预测值的标准差与样本均值之间的比值,公式为:

$$CV = \sqrt{\frac{\sum(Y_t - \hat{Y}_t)^2/(n-1)}{\hat{Y}}} \qquad (2\text{-}13)$$

（4）波动度量方法的选定

增长率法作为衡量波动强度的指标，基本上不能反映长期的波动内涵，因为增长率是一个年度概念，增长率本身含有长期趋势的成分。用它来度量具有长期变动趋势的经济变量的波动，其准确性会有一定的折扣，而且用增长率法进行测度容易放大波动水平，得出增长率高的年份波动幅度也大的结论。一般来讲，剩余法较适合于衡量无明显长期趋势的经济变量的波动强度。

汤铎铎研究了 3 种滤波的适用范围，认为在中国宏观年度数据 2～8 年频段的滤波中 CF 滤波和 HP($\lambda=6.25$) 更为准确[146]。

2.3.5 经济波动模型

ARCH[147]模型（自回归条件异方差模型）最早由恩格尔（Engle，R）1982 年提出，并将该方法成功地应用于英国通货膨胀指数的波动研究。自 ARCH 模型始创以来，经历了两次突破。一次是 Bollerslev T[148]提出的广义 ARCH(Generalized ARCH)，即 GARCH 模型，从此以后，几乎所有的 ARCH 模型新成果都是在 GARCH 模型的基础上得到的。第二次则是由于长记忆在经济学上的研究取得突破，分整研究被证明更有效地刻画了某些长记忆性经济现象，与 ARCH 模型相结合所诞生的一系列长记忆 ARCH 模型的研究从 1996 年至今方兴未艾。

GARCH 模型的一个重要应用就是通过对异方差的研究来研究波动的聚类问题。然而，更多观察到的现象显示，一个向下变化的市场比在相同量级的向上变化的市场具有更高的波动率，被称为"杠杆效应"。为了解释这一现象，Engle 和 Ng(1993) 绘制了好消息和坏消息的非对称信息曲线，认为某些特定市场中的冲击常常表现出一种非对称效应。在研究中，常常利用 TARCH 模型和 EGARCH 模型来描述这种非对称冲击。

本书将对煤炭生产总量的波动性作 ARCH 模型估计，分析波动产生的聚集效应和非对称效应。

2.4　本章小结

由于国内外针对煤炭产业波动的研究内容较少,本书对经济波动理论、煤炭产业经济、煤炭生产和消费波动的研究内容进行了系统梳理,总体有以下 4 个方面的特点。

第一,经济波动的理论研究对于本书具有重要的指导意义。从国内外已有文献来看,研究者对经济波动问题进行了较为全面的研究,理论框架和研究方法极大地开拓了本书的研究思路。

第二,产业波动研究成果为本书提供了借鉴思路。建筑业、房地产业、粮食产业等产业波动的研究成果,一方面说明了产业波动与国民经济之间的必然联系,在某种程度上证明了煤炭产业波动存在的客观性,为本书开创性的研究提供了佐证;另一方面,也为本书的研究在思路和方法上提供了借鉴。

第三,煤炭产业经济中定量方法的研究成果丰富了本书的研究方法。近年来,随着计量经济相关理论研究应用热潮的兴起,煤炭经济研究逐步走向定量化,协整理论、时间序列分析等研究成果不断涌现,为本书的定量研究方法的选取提供了学习借鉴的依据。

第四,煤炭产业波动的研究处于起步阶段。已有的少数几篇文献仅仅对煤炭需求和生产的波动进行了研究,而针对煤炭产业波动的研究尚处于空白,本书的研究内容具有一定的开创性。

第 3 章 煤炭产业波动的理论框架

作为资源型产业,煤炭产业具有不同于一般加工制造业的产业特征。本章在定量分析煤炭产业对经济发展贡献的基础上,结合煤炭产业的特殊属性,从理论层面定义煤炭产业波动的含义,分析煤炭产业波动的动因、运行机理和影响因素。

3.1 煤炭产业的定义及特征

要研究煤炭产业波动问题,首先要明确煤炭产业的定义和产业特征等基本概念,为本章的理论研究确定研究范围和研究重点。

3.1.1 煤炭产业的定义

(1) 行业与产业的区别与联系

行业和产业是两个既有联系又有区别的经济学概念。《国民经济行业分类》(GB/T4754—2011) 中将行业(或产业)定义为从事相同性质的经济活动的所有单位的集合。可见,在国家标准定义中也没有完全界定行业和产业的概念。

行业是指按生产同类产品或具有相同工艺过程或提供同类劳动服务划分的经济活动类别。因此,行业的划分着眼于生产力的技术特点,反映了以生产要素组合为特征的各类经济活动。

相比较而言,"产业"作为经济学概念,其内含与外延更加复杂。在英文中,产业 (Industry) 可泛指国民经济中的各个产业部门,如工业、农业、服务业等,也可指具体的行业部门。从产业的形成来看,产业是社会生产力和社会分工不断发展的产物。因此,产业是由社会分工形成的具有某类相同特征的企业集合。在产业经济理论中，一般定义产业是进行同类经济活动组织的综合，是具有统一属性组织的集合。这里的同类经济活动或同一属性一般是指使用同一或相似的原材料投入要素；主要的生产工艺流程或工艺基本相同；产品的基本用途基本相同或具有较强的可替代性。

在我国，行业是一个计划经济色彩很强的管理概念。百度百科将煤炭行业定义为从事煤田地质勘探、设计、基本建设、生产、设备制造、采购销售以及其他与煤炭相关的科研、教育、检测鉴定等活动的企事业单位的统称。可以说，这个概念基本上就是计划体制下煤炭工业部行使的行业管理职能范围。煤炭行业大而全，并不是专而精。相比较而言，产业的概念更加体现了市场化、专业化的特点。在欧美主流产业经济学者来看，"产业"和"市场"是同义词，是指一定区域内生产或提供具有相同功能和替代功能的产业和服务的企业集合。总体来讲，产业的概念具有很强的收缩性，行业的概念相对更为具体。随着我国改革开放进程的加快，社会主义市场经济体制的不断完善，行业的概念逐步回归于本质，行业管理计划色彩逐渐变淡，市场色彩逐渐浓厚，行业和产业的概念不存在本质区别。

（2）本书对煤炭产业的定义

全面、精确的产业活动统计对一国产业问题乃至国民经济研究是必不可少的。此外，国家在制定经济政策和对国民经济进行宏观管理时，也需要对产业进行分类。在我国，由国家统计局进行编制并由国家标准委以国标的形式颁布，从而确保了标准产业分类的权威性和统计数据的可信性。自1985年依据三次产业分类法编制了第一次产业标准分类后，我国先后三次进行了修订。目前实施的标准是2011年修订后的《国民经济行业分类》（GB/T4754—2011），将国民经济行业分为20个门类，96个大类，432个中类，1094个小类。

本书的统计研究数据源于《中国统计年鉴》，以及体现数据选取的权威性、实用性和可比性，本书所指煤炭产业以现行《国民经济行业分类》中煤炭开采和洗选业，指对各种煤炭的开采、洗选、分级等生产活动；不包括煤制品的生产和煤炭勘探活动。具体包括以下3个细分行业：

①烟煤和无烟煤开采洗选：是指对地下或露天烟煤、无烟煤的开采，以及对采出的烟煤、无烟煤及其他硬煤进行洗选、分级等提高质量的活动。

②煤开采洗选：指对褐煤——煤化程度较低的一种燃料的地下或露天开采，以及对采出的褐煤进行洗选、分级等提高质量的活动。

③其他煤炭采选：指对生长在古生代地层中的含碳量低、灰分高的煤炭资源（如石煤、泥炭）的开采。

3.1.2 煤炭产业特征

煤炭产业作为资源开采型产业，与制造业、建筑业等相比有其特殊性。煤炭产业的发展面临资源与环境的双重约束。

（1）煤炭资源的可耗竭性。煤炭产业作业的对象是赋存于地下的煤炭资源，是经过几千万甚至上亿年的各种地质作用而形成的。煤炭资源不像森林、鱼类等自然资源那样具有可再生性，采完后即不复存在。此外，煤炭资源的不可再生性也决定了企业存在一个有限的生命周期，不能像其他产业一样存在"百年老店"的品牌效应。

（2）煤炭产业退出壁垒高。不同于其他产业，煤炭产业要实现规模化生产需要投入大量专属的固定投入，产业资产通用性较差，很难转移到其他产业使用。从经济角度来看，沉没成本是煤炭产业退出难的主要因素。从社会角度来看，煤炭产业工人一般技能相对单一，企业退出后，工人的安置成本较高。

（3）煤炭生产地点由煤炭资源埋藏地理位置决定。煤炭资源的不可移动性，决定了企业生产地点为煤炭资源赋存的区域。从微观上，煤炭企业不能像其他企业可以进行生产地点选择，趋利避害；从宏观上，煤炭产业的科学布局受到资源分布的制约。而我国煤炭资源分布在西北偏远地区，交通不便，生活环境较差。为了煤炭开采，企业还要承担建设社会服务设施，一方面，延长了投资建设周期，降低了投资收益；另一方面，造成煤矿社会服务体系庞大，提高了退出壁垒。

（4）产业安全生产风险高。我国煤炭资源大多赋存条件较差，埋藏深，可供露天开采的资源比重低。绝大多数煤矿为井工矿井，地质条件复杂，开采难度大，灾害类型多、分布面广，多数矿井同时具有瓦斯、水、火、煤尘、顶板等灾害，是世界各主要产煤国家中开采条件最差、灾害最严重的。煤炭产业是安全生产风险极高的行业。

（5）产业效益受煤炭资源赋存条件影响大。煤炭开采和经营手段受煤炭资源埋藏深度、开采条件、自然品味和地理位置等因素影响。由于煤炭资源的赋存条件和分布的不同，等量的投入将得不到等量的产出。煤炭价格是以开采劣等资源企业的产品成本为基础形成的，因而开采优等煤炭资源的企业将获得超额利润。级差地租对煤炭企业生产经营影响很大。

（6）产品差异性小。对于煤炭产业来说，原煤是产业提供的主力产品。尽管受资源赋存条件的影响，原煤品质具有一定的差异化，但是对于同一区域、开采同一煤层的企业来讲，煤炭的质量是天然形成的，不会因为企业开采方式、生产规模而发生明显变化，煤炭产品之间的差异化不大。

（7）企业生产经营成本存在自然递增的规律。煤炭资源的生产开发一般都是由浅入深，由近及远，由易而难。因此，随着开采深度逐渐增加，运输、通风线路的延长，排水、供电等环节增多，企业在原材料消耗、安全生产方面投入的进一步增加导致生产成本自然递增。

（8）滞后效应显著。煤炭开发消耗资金多、风险大，建设周期一般都在 3~5 年甚至更长，回收资金慢，对于市场反应迟钝，容易造成总量供求失衡，进而影响国民经济的健康持续发展。

（9）开发利用受环境约束日益增强。主要表现在煤炭在中国能源生产消费中主体地位进一步加强的同时，煤炭资源的过度开发和消费带来的资源与环境问题日趋严峻。煤炭消费的高增长带来温室气体与大气污染物的大量排放，我国 SO_2、NO_X 和 CO_2 排放量高居全球首位，影响了我国城市的环境空气质量。2013 年年初，全国大面积的雾霾天气与煤炭过度消费存在着必然的联系。煤炭开采过程中的环境问题也不容忽视，对水资源和耕地资源的破坏程度逐年加重。"十八大"提出了"大力推进生态文明建设"，以及控制能源消费量等能源产业政策，指出了未来煤炭产业安全、高效、清洁、可持续发展的转型发展方向。

3.2 煤炭产业对国民经济贡献的研究

科学评价煤炭产业的国民经济效益，正确认识煤炭产业对国民经济中的贡献程度及影响方式，对于研究煤炭产业波动具有重要的指导意义。

3.2.1 煤炭产业的国民经济贡献分析

煤炭开采属于经济活动，煤炭产业是国民经济中一个重要的物质生产部门。在我国，煤炭产业在国民经济与社会发展中具有突出的地位。煤炭产业对国民经济的贡献主要表现为 3 个方面。

(1) 直接经济效益

主要是指煤炭开采、洗选和分级等生产活动创造的国民生产总值或增加的国民收入，对国民经济产生直接的贡献。

(2) 产业波及效果

在国民经济产业体系中，煤炭产业产值的变化会沿着不同的产业关联方式，引起与其直接相关的产业部门的产值变化，并且这些相关产业部门产值的变化又会导致与其直接相关的产业部门产值的变化，依次传递，影响力逐渐减弱，这一过程就是波及。这种波及对国民经济产业体系的影响，就是产业波及效果，包括后向波及效果、前向波及效果和消费波及效果。

后向波及效果，是指带动了煤炭产业生产所需产品的生产部门的发展而带来的经济效果。煤炭开采、洗选过程中需要消耗大量的能源和材料，因此煤炭产业自身生产规模的维持和扩大会加大中间投入的需求量，从而促进这些产品的生产部门扩大生产，对这些部门产生带动效果。同时，提供给煤炭产业中间投入的部门也需要中间投入，进而又促进另外一些部门扩大生产规模。通常把煤炭产业与提供煤炭生产所需的中间产品的部门之间的关系称为煤炭产业的后向波及，把煤炭产业这种需要其他部门的产品作为自己的中间投入而产生的波及效果总和称为后向波及效果。

前向波及效果指是，对使用了煤炭产品作为投入的其他产业所产生的带动效果。煤炭产品作为基础性产品，为电力、建材、化工、冶金等产业部门提供了发展所必需的工业燃料和原料，为这些产业部门的发展创造了条件。同时，电力、建材、化工、冶金等产业生产的扩大，又导致了他们对各自中间投入需求的增长。本书把煤炭产业与以煤炭产品为中间投入的产业之间的关系，称为煤炭产业的前向波及。把煤炭产业这种充当其他部门的中间投入而产生的波及效果的总和称为前向波及效果，可通过计算投入产出表来实现。

煤炭产业自身直接效果的作用，以及前向波及效果和后向波及效果使有关部门增加投资，扩大生产，提高效益，会使这些部门工作人员的收入增加。由于存在着边际消费倾向，人们的收入增加后，必然将自己的一部分增加的收入用于消费，于是就使社会的最终需求增加。社会的最终需求增加必然刺激各部门进一步扩大生产，从而导致消费的进一步增加，产生一系列连锁反应，即消费乘数作用。本书把煤炭产业的三项效果由于消费乘数的作用而产生的各生产部门所创造的国民生产总值增值称为煤炭产业的消费波及效果。

(3) 对劳动就业的贡献

发展煤炭产业会直接或间接地创造就业机会，从而使煤炭产业成为接纳社会劳动力的重要部门。

3.2.2 投入产出模型分析的基本系数

投入产出表可全面系统地反映国民经济各部门之间的投入产出关系，揭示生产过程中各部门之间相互依存和相互制约的经济技术联系。投入产出核算的功能不仅仅在于反映现各个部门在生产过程中直接的、较为明显的经济技术联系，更重要的是揭示出各部门之间间接的、较为隐蔽的、甚至被人忽视的经济技术联系。以投入产出模型为工具，可以建立煤炭产业直接经济效益、产业波及效果的数学模型，分析研究煤炭产业对国民生产总值的贡献。

(1) 国民生产总值增值系数

国民生产总值增值该系数，是指某部门 j 单位产值所引起的国民生产总值增值，$Z_j = \dfrac{g_j}{x_j}$。各部门国民生产总值增值系数所组成的向量可表示为 $Z = (Z_1, Z_2, \cdots, Z_{1n})^T$。

(2) 直接消耗系数

直接消耗系数，也称为投入系数，记为 a_{ij} ($i, j=1, 2, \cdots, n$)。它是指在生产经营过程中第 j 产品（或产业）部门的单位总产出所直接消耗的第 i 产品部门货物或服务的价值量，将各产品（或产业）部门的直接消耗系数用表的形式表现就是直接消耗系数表或直接消耗系数矩阵，通常用字母 A 表示。直接消耗系数的计算方法为：用第 j 产品（或产业）部门的总投入 X_j 去除该产品部门（或产业）生产经营中所直接消耗的第 i 产品部门的货物或服务的价值量 X_{ij}，用公式表示为：

$$a_{ij} = \frac{x_{ij}}{x_j} (i,j=1,2,\cdots,n) \tag{3-1}$$

(3) 完全消耗系数

完全消耗系数是指第 j 产品部门每提供一个单位最终使用时，对第 i 产品部门货物或服务的直接消耗和间接消耗之和。将各产品部门的完全消耗系数用表的形式表现出来，就是完全消耗系数表或完全消耗系数矩阵，通常用字母表示。完全消耗系数的计算公式为：

$$b_{ij} = a_{ij} + \sum_{k=1}^{n} a_{ik} b_{kj} + \sum_{s=1}^{n} \sum_{k=1}^{n} a_{is} a_{sk} a_{kj} + \cdots (i,j = 1,2,\cdots n) \quad (3-2)$$

完全消耗系数矩阵 $B = (I - A)^{-1} - I$

3.2.3 煤炭产业对国民经济的贡献模型

(1) 直接贡献

煤炭产业对国民生产总值的直接贡献是指煤炭产业自身对国民生产总值所做的净贡献，计算公式为：

$$d_e = Z^T \Delta x \quad (3-3)$$

其中 $\Delta x = (0, 0, \cdots, \Delta x_k, \cdots 0)^T$ 为产业部门产值增加值向量，本书仅考虑煤炭产业的直接效益，其他产业部门增值向量为零。

(2) 波及效果模型

煤炭产业对于国民生产总值的波及效果包括后向波及效果、前向波及效果和消费波及效果。

①后向波及效果

本书利用投入产出表，建立煤炭产业的后向波及效果模型。根据完全消费系数矩阵 B，可得出煤炭产业单位产值完全需要其他中间投入部门的产品价值，如果煤炭产业增加产值为 Δx，则引起其他中间投入部门的产值增值为

$$K = B \Delta x \quad (3-4)$$

式中：Δx 为煤炭产业产值增值向量，$\Delta x = (0, 0, \cdots, \Delta x_k, \cdots 0)^T$。根据国民生产总值增值系数 Z，可以求出煤炭产值增加 Δx 后，所引起的国民生产总值增值，即煤炭产业的后向波及效果为

$$b_e = Z^T K = Z^T B \Delta \quad (3-5)$$

②前向波及效果模型

如果煤炭产业增加产值为 Δx，它的部门产值就能作为中间投入在各产业间进行分配。假定每一个部门需要的煤炭产值的比例与以前相同，且煤炭产业部门中最终需求量所占比重不变，这样部门 j 需要的煤炭产值为：

$$u_j = \begin{cases} \dfrac{x_{kj}\Delta x_k}{x_k - x_{kk}} & j=1,\cdots n \quad j\neq k \\ 0 & j=k \end{cases} \tag{3-6}$$

这些部门得到煤炭产业产值的一部门增值后，即可扩大再生产，这时部门 j 所能增加的产值为：

$$\Delta x'_j = \begin{cases} \dfrac{u_j}{a_{kj}} & a_{kj}\neq 0 \\ 0 & a_{kj}=0 \end{cases} \tag{3-7}$$

式（3-7）中，a_{kj} 为部门 j 单位产值所需煤炭产业 k 的中间投入产值。由煤炭产业 k 前向导致的各部门产值增值相应为：$\Delta x' = (\Delta x'_1, \Delta x'_2, \cdots \Delta x'_n)^T$。根据国民生产总值增值系数 Z，可以得出各部门创造的国民生产总值和各部门后向波及效果。因此煤炭产业的前向波及效果 f_e 为：

$$f_e = Z^T \Delta x' + Z^T B \Delta x' = Z^T (I-A)^{-1} \Delta x' \tag{3-8}$$

③消费波及效果

根据凯恩斯乘数原理，如果消费或投资增加一个单位，将引起 GNP 增加 $(1-c)$ 单位，其中 c 为边际消费倾向，$1/(1-c)$ 为乘数，$0<c<1$。上述三项效果所引起的消费量为 $(d_e + b_e + f_e)c$，由于乘数的作用而引起的国民生产总值增值，即消费波及效果 c_e 为：

$$c_e = (d_e + b_e + f_e)\frac{c}{1-c} \tag{3-9}$$

④煤炭产业对国民生产总值的贡献

通过上述分析，煤炭产业对国民生产总值的直接效果和波及效果可以得出对国民生产总值的贡献，记为 g_e。

$$g_e = d_e + b_e + f_e + c \tag{3-10}$$

⑤煤炭产业对劳动就业的贡献

煤炭产业对劳动就业的贡献，主要表现为煤炭产业进行一个单位的生产，产业自身和其他部门直接和间接所需要的就业总人数，主要用综合就业系数来表示。

煤炭就业系数＝就业人数/煤炭产业总产值

综合就业系数＝煤炭产业就业系数×列昂捷夫逆阵中的相应系数

3.2.4 结果分析

根据上述模型，本书利用中国投入产出学会发布的1992—2007年投入产出表，分别计算出以下年份煤炭产业对国民生产总值的贡献值，见表3-1。

表3-1 煤炭产业对国民经济的贡献值

年份	d_e（直接效果）	波及效益				g_e（贡献值）
		b_e（后向波及效果）	f_e（前向波及效果）	c_e（消费波及效果）	合计	
1992	0.4387	0.3558	96.6931	160.8864	257.9353	258.3740
1995	0.5302	0.4023	119.9197	110.0804	230.4024	230.9326
1997	0.5136	0.4026	81.5660	117.6521	199.6207	200.1343
2002	0.5685	0.4181	69.9136	101.3186	171.6503	172.2189
2005	0.4396	0.4152	75.6887	85.8718	161.9757	162.4153
2007	0.4592	0.4246	81.5692	80.8727	162.8665	163.3257

利用国家统计局公布的统计数据，本书计算出煤炭产业对劳动就业的贡献值，见表3-2。

表3-2 煤炭产业就业的贡献值

年份	煤炭产业就业人数（万人）	煤炭产业总产值（亿元）	煤炭产业就业系数（人/亿元）	煤炭产业综合就业系数（人/亿元）
1992	555	684.66	8106.24	20238.72
1995	521	1308.11	3982.84	9026.97
1997	493	1557.35	3165.63	7326.43
2002	326	2026.41	1608.75	3394.07
2005	436	5722.77	761.54	2070.77
2007	470	9201.83	510.43	1356.99

从表3-1可以看出：

（1）2007年，我国煤炭产业每增加一个单位产值就创造163.3257个单位的国民生产总值，其中直接贡献为0.4592个单位，波及效益为162.8665个单位。这表明煤炭产业主要通过产业关联的方式，通过促进相关产业发展对国民经济产生巨大的推动作用。

（2）整体来看，煤炭产业对国民经济的贡献值呈下降的趋势。今后随着国家节能减排工作的持续推进和低碳经济战略的实施，煤炭产业对于国民经济的贡献值还将呈下降的趋势。

（3）在我国产业结构重型化发展带动下，煤炭产业的前向波及效果自 2002 年以来呈增长趋势，对于国民经济直接带动作用显著增强。

（4）煤炭产业的后向波及效果呈显著上升态势，表明煤炭产业对国民经济的推动作用较大，在经济快速增长时，需要承担较大的生产压力。

（5）1992 年煤炭产业每增加 1 亿元的产值能够直接和间接提供的就业机会约为 20238 人，2007 年煤炭产业每增加 1 亿元产值能够直接和间接提供大约 1357 人的就业机会，呈明显下降的趋势。这说明，随着我国经济的发展，煤炭产业劳动生产效率不断提高，煤炭产业的就业系数还将呈下降趋势。

3.3　煤炭产业波动理论诠释

作为以资源生产和开发为对象的产业，煤炭产业波动与一般工业产业波动还是存在不同的波动特征。在借鉴经济波动理论的同时，结合煤炭产业特征才能从理论上对煤炭产业波动进行诠释。

3.3.1　煤炭产业波动的含义界定

（1）经济波动与经济周期的定义

波动与周期原本都是物理学上的名词。"波动"是指振动传播的过程，是能量传递的一种形式。"周期"是指物体或物理量完成一次振动或振荡所需的时间，或物体再度回到某一相对位置或恢复同一状态所需的时间，又泛指在事物运动变化过程中某些特征重复出现时，其连续两次出现所经过的时间。可见周期主要是一个时间概念。很显然，波动是与周期内涵不同的概念。当波动与周期借用到经济学上，它们的含义同样也存在着差异。我们说经济波动是一种广泛的概念，它是指经济运行中的一种振荡行为，它不是一个时间意义上的概念，而经济周期则主要强调一个循环过程。因此，经济波动的概念要比经济周期广泛，波动可以呈现出周期性，也可以不呈现出周期性，经济波动包括经济周期，经济周期只是经济波动的一种表现形式而已。

如哈耶克（Hayek）[149]认为，经济波动是对均衡状态的偏离，而经济周期波动就是指这种偏离状态的反复出现。

Lucas(1977)[150]从现象角度出发，把经济周期波动界定为产出围绕其趋势的反复波动以及同其他总量时间序列间的协动运动，波动被定义为对一些缓慢变化的路径的偏离。

尽管对经济周期波动的定义表述存在着差异，但西方经济学界都认为经济周期波动具有以下几个特点：第一，经济周期波动是市场经济的必然产物和基本特征之一。这就是说，当经济由市场自发调节时，经济周期波动就不可避免。第二，经济周期波动是总体经济的波动。这就是说，这种波动不是局部的波动，不是发生在一个或几个经济部门，而是几乎覆盖所有的经济部门。其中心是实际国民生产总值的波动，并由此而引起就业、物价水平、利率和对外贸易等方面的波动。第三，经济周期波动的若干阶段在经济中反复出现，时间长短不一，具有随机性，在很大程度上难以预测[151]。如图3-1所示。

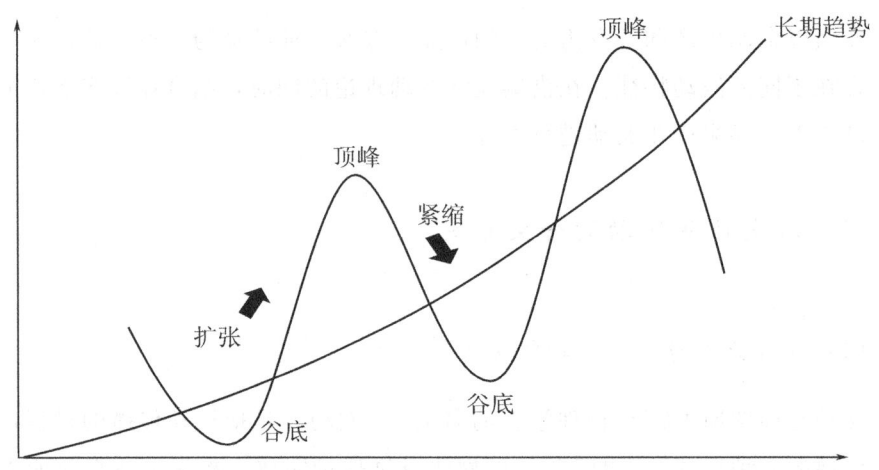

图 3-1 宏观经济周期波动示意

（2）煤炭产业波动的定义

从煤炭产业对国民经济发展的密切相关性和自身发展历程来看，煤炭产业的增长过程同国民经济一样也不是平稳的过程，而是呈现波浪式前进的特点。从长期来看，煤炭产业的发展有一个向上增长的长期趋势，长期趋势平滑地向前延展，而波动则围绕着长期趋势上下震荡。煤炭产业的波动就是煤炭产业产出总量围绕其长期趋势而上下波动，呈现出波浪式运行扩张与收缩的运行态势。正如前文所述，煤炭产业具有不同于一般产业的自身特点，主要是由于煤炭产的业工作对象是不可再生的煤炭资源。因而煤炭产业长期趋势受资源不可再生的限制，不可能长期保持向上增长的趋势，长期增长具有区间限制。该区间限制与煤炭资源的开采时间、资源存量具有密切关系，即表现为产业发展中的上限机制。当然，随着勘探开发技术和生产技术的进步，煤炭资源耗竭性会延迟，上限空间也会得到提升。但无论如何，煤炭资源是不可再生的，煤炭产业发展长期趋势一定存在一个峰值。1956年，美国著名石油地质学家哈伯特（King Hubbert）教授创造了一个石油枯竭的数学模型，预测石油储量的开发在长期内符合 Ioglstic（逻辑斯蒂）曲线。这样在给定时间的石油产量值将由 Ioglstic 曲线的变化值而确定，在形状上就成一条钟形曲线，被称为哈伯特曲线。他由此得出的结论是：美国不断增长的石油产量会在1966年达到峰值。或者，考虑更大的储量，会在1971年，然后伴随着储量的减少，产量会迅速下跌。这一预言最终成为现实。煤炭与石油一样，都是不可再生的化石能源，出产量由盛转衰是其必然规律。英国、德国等主要产煤国的发展历程也验证了煤炭产业发展存在的上限机制。本书将对煤炭产业长期趋势的上限机制进行量化研究。煤炭产业波动包含了煤炭产业经济的各个层面，包括煤炭产量增长率、产业经济增长率（国民生产总值、国民收入或社会总产值等宏观经济变量中煤炭产业经济产出水平的变动）、煤炭产业就业水平、煤炭产业企业进出状况、煤炭生产技术水平和煤炭生产结构方面的变动。本书在研究煤炭产业波动时，主要以煤炭产业生产总量反映的原煤产量波动为对象。

（3）煤炭产业周期波动的定义

与煤炭产业波动对应的是煤炭产业周期波动。煤炭产业周期波动，是指煤炭产业经济运行过程中出现的扩展与收缩交替出现、波峰波谷不断循环、复苏与衰退往返运行的过程。由于煤炭产业的发展受宏观经济发展、能源替代、产业结构、环境保护以及煤炭产业自身运行规律的影响，在其发展过程中，煤炭产业会出现周期波动的规律。它一方面同宏观经济总的发展态势密切相关，另一方面又同相关行业经济与宏观经济的协调程度紧密联系，比如煤炭产业过于超前发展，就会造成供大于求或暂时饱和，出现相应的停滞消化期。与煤炭产业经济周期密切相关的一个概念是煤炭市场周期，所谓煤炭市场周期是指受社会经济发展变化影响的煤炭市场扩张和收缩的波动交替状态，它是煤炭产业发展规律的客观反映。可以说煤炭产业经济周期是从煤炭产业的整体宏观角度来分析其循环变动的。煤炭产业经济周期一般可以用投资量的增减、生产总量的增长率、价格的涨落和煤炭需求的数量等经济指针来测度并可以据此来衡量当前煤炭产业所处的时期。相比之下，煤炭市场周期更侧重于从市场微观角度对煤炭产业的发展进行度量，因此对其测度常常只采用价格指针。

（4）煤炭产业波动与周期波动的关系

需要指出的是，煤炭产业波动与煤炭产业周期波动是既有区别又有联系的两个概念。从总体上看，煤炭产业周期波动是煤炭产业波动的基本形式，因而必然表现为煤炭产业波动，这种呈现周期特点的波动就是煤炭产业的周期波动。但煤炭产业波动并不是必然按周期波动，除了周期波动外，还存在其他波动形态，如长期趋势、季节波动、随机波动等。也就是说，经济周期波动是煤炭产业波动的一个主要形式，并不能代表煤炭产业波动。此外，由于煤炭资源的不可再生性，相比经济波动，煤炭产业波动更具有其特殊性——长期趋势受资源不可再生的影响，因此煤炭产业波动与煤炭产业周期波动存在较大的区别，煤炭产业周期波动很有可能不是煤炭产业波动的主要形态，这与周期波动是不同的，因此研究煤炭产业波动时不能完全照搬经济波动和经济周期理论。

3.3.2 煤炭产业波动理论模型的构建

（1）煤炭产业波动的构成

煤炭产业波动是煤炭供给与需求不均衡或在外部环境变化的影响下所产生的结果，由于煤炭产业产品本身具有许多不同于一般商品的特性，结合煤炭市场发展的动态性，如何将煤炭产业波动模型化，还处于研究的空白。

经济波动是经济增长过程中的重要现象，常常可以用一组由时间序列组成的经济变量来表示，用以反映因多种因素发展变化、共同作用的结果。从统计学意义上看，因影响因素的不同，任一经济现象的总波动可以分为长期趋势、季节波动、周期波动和不规则波动四类。根据前文对煤炭产业波动与煤炭产业周期波动的界定，同样可以将煤炭产业波动细分为这四类分量，即：

煤炭产业波动＝f(长期趋势、季节波动、周期波动、不规则波动)

①长期趋势。长期趋势是指客观现象按一定方向，以自动或被动的方式不断发展的长时期变动。一般来讲，长期趋势对波动的影响较为稳定而且容易掌握。宏观经济的发展对能源的需求，城镇化步伐的加快，人口的自然增长都促进了包括煤炭产业在内的各产业的增长，再加上技术和管理的进步和变革，形成了包括煤炭产业在内的经济发展的长期趋势。这种趋势，就整个经济而言，一般是上升的，但对于煤炭产业而言，这种上升的趋势可能有一个新生、成熟、发展以至饱和的各阶段上升速度不一的经历过程。受煤炭资源耗竭性和不可再生性影响，煤炭产业长期趋势存在一个峰值，超过峰值后，煤炭产业进入衰退期，完整的生命曲线具有"钟形"特征。

②周期波动。周期波动又称循环波动，是将时间序列变量剔除长期趋势后、规律性较强的季节性波动和不规则波动后的余量，表现为波动间隔、长度、波动度幅度和扩张度并不完全相同，波动模式基本相似的特点。煤炭产业周期波动形成的因素很多，有内在的影响因素，如生产结构的变化、技术进步、安全生产事故等，也有外在的冲击影响，如宏观经济波动、环境保护标准提高、国际煤炭市场的冲击等。

③季节波动。季节波动是在自然因素下随季节更替而出现的规律性波动。煤炭生产自身不受季节性波动影响，但是煤炭需求受季节性波动影响。中国煤炭主要需求行业是电力、冶金、建材和化工四大行业，占煤炭消费总量的90%。其中电力行业比重超过60%，是煤炭消费的最主要行业。电力需求受季节性因素影响很大，冬、夏两季是用电高峰期，导致发电所需煤炭需求量存在季节变动，进而影响煤炭生产在冬、夏两季进入生产高峰期，存在较为明显的季节波动特征。

④随机波动。随机波动是因各种重大或以外事故影响而产生的波动，即经济变量时间序列中无法确切解释、往往也无须解释的那些剩余部分引起的波动。与前三种因素对波动的正常影响不同，随机波动无法计算和预测，也难以消除或抗拒其影响，有可能导致煤炭产业经济波动的剧烈振荡，或者发生结构性变化。如，"大跃进"期间的煤炭产业超常规发展后导致的大幅波动，给煤炭产业发展带来了严重的后果；中国特大型煤田（神府东胜煤田）的发现和开工建设，使煤炭产业在一定时期内迅猛发展。

（2）煤炭组波动模型

根据上述分析，本书在研究中主要考虑长期趋势、周期波动和季节波动所引起的煤炭波动。建立煤炭产业波动的理论模型：

煤炭产业波动＝f(长期趋势波动,周期波动,季节性波动)

长期趋势波动与周期性波动相互交叉,在同一个时点或时期,它们相互叠加、相互影响,构成了整个煤炭产业波动的形态,如图 3-2 所示。

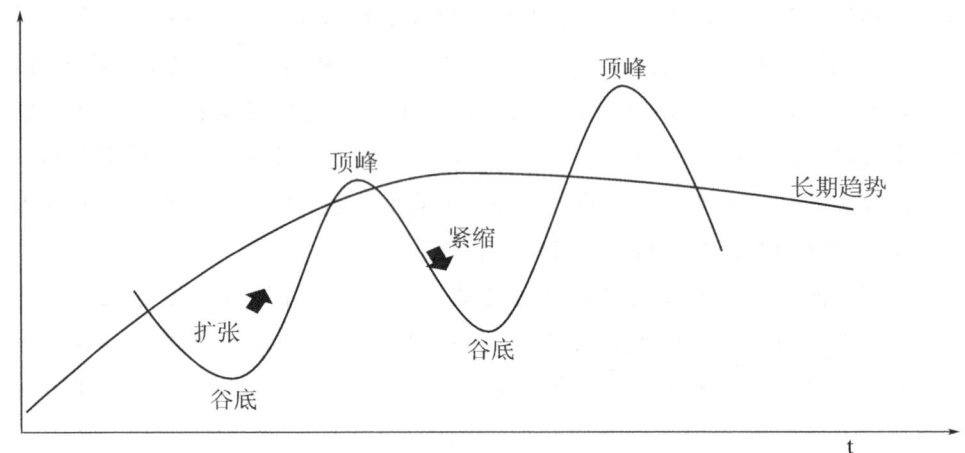

图 3-2　煤炭产业波动示意

3.3.3　煤炭产业周期波动的阶段划分

在煤炭产业波动过程中,随机波动是无规律的波动,而长期波动趋势表现为任何自然损耗性有限资源体系的完整生命周期曲线所具有的"钟形"特征,是一个长期的变化过程,其历程受资源的赋存数量和勘探技术进步的影响,是一个动态的过程,难以把握;季节性波动特征主要受天气冷暖变化对于能源需求产生的规律性波动,相对容易把握。而周期波动是煤炭生产过程中反复出现的现象,目前对于经济周期波动理论已经日趋成熟。本书将借鉴经济周期理论进一步阐述经济波动的阶段划分和周期界定的方法。

(1) 煤炭产业周期波动的阶段划分

虽然理论界对经济周期的定义有各种各样不同的表述,但对于经济周期波动的表现形式还是相同的。正如萨缪尔森[152]所说:"没有两个经济周期是完全一样的,但它们有很多相似之处。虽然不是一模一样的孪生兄弟,但是可以看出它们属于同一个家族。"一般认为一个完整的经济周期可以分为两个过程,即扩张过程和收缩过程。在这两个过程中又可分为 4 个阶段:复苏与增长阶段、繁荣阶段、危机与衰退阶段、萧条阶段。前两个阶段构成了经济扩张过程，后两个阶段构成了经济收缩过程。当扩张过程转化为收缩过程时，宏观经济达到繁荣阶段的最高点，即波峰；当收缩过程转化为扩张阶段过程时，宏观经济达到萧条阶段的最低点，即波谷，从而再进入新一轮的循环。因此，本书将煤炭产业周期波动划分为煤炭生产扩张期和煤炭生产收缩期，进一步也细分为复苏、繁荣、衰退和萧条 4 个阶段。如图 3-3 所示。

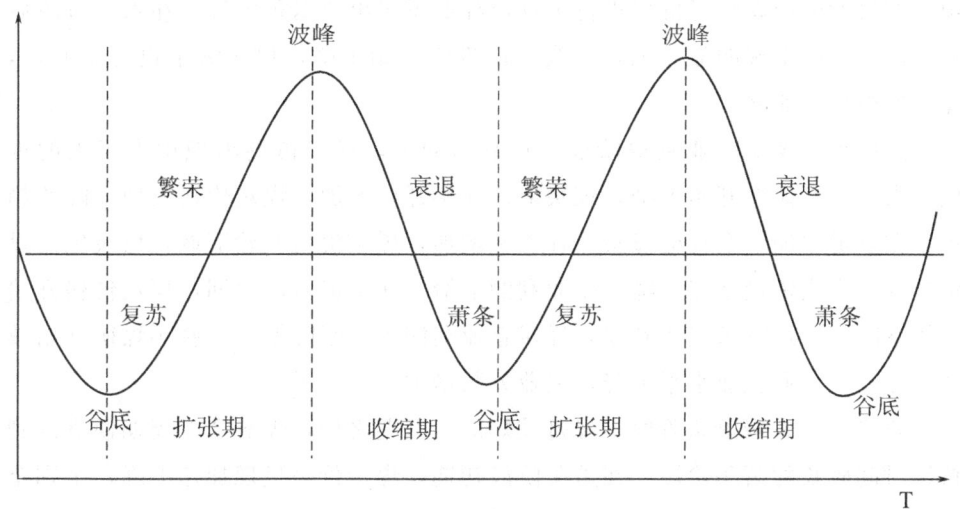

图 3-3　煤炭产业经济周期及阶段划分示意

在煤炭产业经济周期波动的连续运动中有波峰和波谷两类拐点。在煤炭产业经济繁荣阶段的最高点即为波峰，煤炭产业经济萧条阶段的最低点即为波谷。由波谷上升到下一个波峰为产业经济扩张期，由波峰回落到下一个波谷为产业经济收缩期。

(2) 煤炭产业周期波动各阶段的表现

阶段Ⅰ：煤炭产业复苏与上升阶段。在煤炭产业波动过程中，煤炭生产复苏与上升阶段是承接萧条（波谷）而出现的，该阶段所经历的时间相对较长，其发展变化可以描述为：在复苏阶段初期，煤炭供给仍然大于需求，价格仍然较低，但是煤炭价格已经止跌停稳并开始缓慢回升，这一时期的煤炭生产投资活动仍较少。在复苏阶段中期，煤炭需求上升，煤炭消费量增多，煤炭生产的投资活动增多。在复苏阶段后期，宏观经济加速复苏，煤炭市场进一步回暖，生产企业进一步加大投资增加产能，煤炭市场价格也开始快速反弹，煤炭需求快速上升。

阶段Ⅱ：煤炭产业繁荣阶段。复苏与增长阶段之后，煤炭产业进入了繁荣阶段，该阶段的持续时间相对较短，其发展变化趋势为：在繁荣阶段前期，宏观经济进一步扩张，对煤炭的需求进一步增加，企业效益提高，消费需求迅速增长，煤炭价格高位徘徊，煤炭市场进入繁荣高涨阶段，煤炭消费量明显增加，煤炭产能快速增长。在繁荣阶段中期，煤炭产业投资旺盛，产能迅速扩大，煤炭价格越来越为市场所注目，政府开始出台政策，对煤炭价格进行干预，如对发电用煤临时价格进行干预，降低煤炭出口退税率等。在繁荣阶段后期，煤炭产能出现明显过剩，煤炭生产投资开始下降，煤炭需求也开始回落，煤炭价格出现滞涨。

阶段Ⅲ：煤炭产业衰退阶段。在衰退初期，煤炭市场出现供大于求的现象，煤炭生产速度开始下降，煤炭港口库存开始增加，煤炭价格出现下降的趋势。在衰退中期，全社会煤炭库存大幅增加，煤炭价格开始下调，煤炭生产投资减少，煤炭销量增速下降，企业利润下滑。在衰退阶段后期，煤炭价格开始大幅下降，煤炭需求大幅减少，煤炭企业利润也大幅降低，一些小煤矿开始减产、停产，产业就业水平下降，失业人数增加。

阶段Ⅳ：煤炭萧条阶段。经过较短的衰退期之后，煤炭产业周期便进入到持续时间较长的萧条阶段。在萧条阶段初期，煤炭价格呈现加速下降，个别企业生产成本甚至高于市场价格，煤炭产销量减少，一些大中型煤矿也开始限产、停产。在萧条阶段中期，在价格持续下降、需求不足的影响下，一些小煤矿开始破产转让，大型煤炭企业也开始降薪、限产，甚至停产、破产。

（3）煤炭产业周期波动界定

借鉴阿瑟·刘易斯（W. Arthur Lewis）研究经济周期的说法，确定一次完整的煤炭产业周期波动，可以从一个波峰到另一个波峰，也可以从一个波谷到另一个波谷，或者按周期中同样状态（波峰、低潮或整个周期）一些年的平均值到另一些年的平均值来衡量，本书按照"谷—谷"法划分。另外，严格意义上的煤炭产业周期应包括复苏、高涨、衰退、萧条4个阶段，只有从一个高峰到相邻的另一个高峰，或从一个谷底到相邻的另一个谷底，波动时间在2年以上，才称为一个煤炭产业周期。否则，一定时期的煤炭生产波动只能被认为仅仅反映了一般煤炭生产暂时的和无关紧要的脱轨。结合国外经验和我国实际情况，将我国煤炭生产周期的划分标准确定为：扩张（谷到峰）或收缩（峰到谷）的局面至少为1年，一个循环周期的持续时间至少为2年，且波峰大于零，波谷小于零。

3.3.4 煤炭产业波动的动因

(1) 煤炭资源的刚需性

受中国能源资源赋存条件影响，煤炭资源在相当长一段时间内为国民经济发展提供必要的能源供应保障。煤炭产业是国民经济重要的组成部分（两者是总量与分量的关系），必然受宏观经济波动的决定和影响。因此，煤炭产业的长期趋势不是呈直线式增长，而是在波动中增长。首先，伴随社会总产值变化所决定的固定资产投资增长波动的特征，煤炭产业生产要素供给、要素结合程度以及煤炭产业关联产业群在生产能力、地区分布、产业政策等方面都呈现一定的变动，即煤炭产业具有与国民经济相同方向、相同频率的波动特征。其次，由于煤炭产品商品的消费替代性较差，随着经济发展水平的变化，煤炭的社会消费需求增长具有阶段性特征，受供求增长规律决定，煤炭产业经济运行的长期趋势必然会呈现一定幅度的波动态势。

(2) 煤炭供给的时滞性

本书研究的煤炭产业周期波动更确切地说是一种市场周期，其实质就是煤炭产品供求关系的周期性波动过程。由于煤炭项目建设周期长，供给有时滞性，供求的时间连续性被割裂，加之区位的固定性和分布的不均衡性容易打破煤炭市场供求在空间上的一致性，这正与西方经济预期学派关于产品价格与产量间的关系及均衡理论相吻合。据此，煤炭市场的特殊市场规律决定了煤炭产业运行具有明显的波动性特征，煤炭产业产出的实际运行态势并不只是按照其长期趋势较为平稳地向前发展，在市场供求变化的作用下，短时期内煤炭产出的波动较大，围绕长期趋势呈现上下震荡的态势，构成了煤炭生产的周期波动。

(3) 煤炭市场的不完全竞争性

煤炭市场属于一种不完全竞争市场模式。与经济学所假定的完全自由竞争市场模式相比，煤炭市场在商品特性、市场自由进出和交易过程等几个方面具有明显的区别，从而成为不完全竞争市场，主要表现为：①煤炭产品同质性较强并缺乏流动性，很难像一般商品那样进行挑选。②由于煤炭产业投资额大，回收期长，专业性强，并且存在较大的政策性和市场投资风险，因而行业门槛较高。加之煤炭生产开发时间较长，使得进入者不可能像一般商品那样可以充分自由地进入或者退出市场。③煤炭资源作为一种大宗商品，而且生产和需求地点的逆向分布导致交易环节多、时间长，商品交易和价格信息容易出现扭曲、变形，不一定能够反映成交物的真实价值。在商品缺乏流动性、交易环节复杂、交易双方难以自由进出的市场特征决定下，或者说在不完全竞争市场模式下，不但影响煤炭市场机制正常发挥作用，而且在不能正常反映市场运行的各种信号引导下，煤炭市场经济运行经常会出现偏离均衡点的现象，煤炭产品很难在竞争性均衡基础上展开，结果煤炭产业经济在波动中运行便成为一种必然现象，由此导致煤炭产业周期波动成为煤炭产业运行的内在趋势。

3.4 煤炭产业波动成因分析

在产业经济学中，目前还没有形成一定的理论对于某一个产业的产出波动成因做出诠释，我们只能借用宏观经济学中的经济波动理论进行分析。但是，由于煤炭产业具有不同于一般产业的特殊性，这里并不能完全照搬照抄经济波动理论解释煤炭产业波动的运行机理，必须结合煤炭产业的实际特征进行理论创新，提出符合煤炭产业特征的波动运行机理。

3.4.1 "冲击—传导"分析框架

依据引起经济波动的不同因素，周期理论将经济周期的生成原因分为外生理论和内生理论。按照这种划分，所有关于非经济的原因都属于外生原因，如自然条件、科技进步等；所有与经济运行本身相关的原因都属于内生原因，如供求对比、结构矛盾等。然而，这种划分又不是绝对的，很多因素是介于二者之间的，因而具有双重意义，如货币供给、信用扩张等，它们既可以作为外生变量影响经济过程，又可以作为经济运行的结果而表现为内生变量[153]。应该说，经济周期的形成是各种因素共同作用的结果，单纯地强调起源动力而忽略系统影响，强调冲击因素而忽略传导机制，是无助于正确理解经济周期波动的。因此，我们必须把经济周期波动的因素区分为内生和外生两种，从内在传导机制和外在冲击两方面进行系统分析。

外在冲击机制和内在传导机制相结合的分析框架为中国经济周期波动的研究

提供了一个新视角。通过分析，不仅可以找到经济波动主要来源于外在冲击还是内在传导，而且可以联系到经济政策，如财政政策、货币政策等的调控与实施。近十几年来，国内众多学者对我国经济周期波动的外部冲击与内部传导机制进行了研究，如樊明太（1992）、刘金全和王军（1999）、解三明（2001）、刘恒（2003）、崔友平、金玉国和张远超（2005）、吕光明（2008）等。主要观点归纳如下：

（1）中国经济周期波动的成因。中国经济周期波动是经济内在的传导机制和通过传导而作用于经济活动的外在冲击共同发生作用的结果。

（2）内在传导机制和外在冲击机制的诠释。内在传导机制是指经济系统内部结构特性所导致的对冲击的反应，是一种内部缓冲机制或自我调节机制。外在冲击机制，是指系统外的冲击通过系统内部传导而发生的经济活动，对来源于外生变量的自发性变化，可以是随机的或是周期的。

（3）内在传导机制和外在冲击机制的作用机理不同。外在冲击是经济周期波动的初始原因，内在传导则是系统内部对冲击的自我响应和调整。几乎所有的外在冲击都要通过内在机制而最终对经济过程产生影响，因此，引起经济周期的基本原因来自于经济体系内所特有的推动力和抑制力。内在传导机制决定着经济波动的周期性和持续性，决定着经济周期的基本形态，而外在冲击机制只是通过内在传导机制对其产生叠加影响，使基本波型发生变形。经济的周期波动是经济内在的传导机制和外在冲击机制共同作用的结果。

（4）经济周期波动的主要内在传导机制。中国经济波动的主要内在传导机制包括：①乘数—加速数机制，它反映构成总需求的投资和消费之间的作用和反作用过程，及其对总产出的影响。②产业关联机制，它反映国民经济各产业之间前向、后向的"连锁效应"。③"上限—下限"缓冲机制。"上限—下限"缓冲机制反映经济增长的制约机制，即经济扩张不可能是无限的，存在对经济扩张的上限约束；经济收缩也不可能是无限的，存在对经济收缩的下限约束。

（5）中国经济的主要外在冲击因素。①供给性冲击，主要表现形式为技术进步，重大自然灾害或能源物资供应波动等导致的价格波动冲击等；②实际需求冲击，主要包括投资和消费冲击、财政冲击和货币需求冲击等；③体制变动的冲击和国际政治、经济冲击等。

此外，"冲击—传导"理论不仅被众多学者借鉴应用到中国经济周期波动的形成机制，而且在房地产、建筑业等产业周期波动研究中也得到了应用，如谭刚、杨有志等学者从外部冲击和内部传导相结合的角度，分析了房地产业、建筑业周期波动的根源，并解释了周期波动的原理和波动过程。

3.4.2 "冲击—传导"理论的拓展性研究

作为国民经济的基础产业，煤炭产业在发展过程中呈现明显的"二重性"特点，一方面，产业的发展与宏观经济形势息息相关，属于经济发展的派生需求；另一方面，作为一个独立存在的产业部门，发展还具有一定的独立性。参照"冲击—传导"理论，本书将外部冲击、传导机制和内在因素结合起来分析中国煤炭产业波动的原因。

(1) 煤炭产业经济系统受外在冲击的影响

煤炭资源是我国经济发展的重要能源保障，煤炭产业发展与国民经济的发展密切相关。各种宏观经济因素（如 GDP），以及能源经济政策（如财政政策、货币政策、能源产业政策、环保政策）和国际煤炭市场的变化都会对我国煤炭产业产生不同程度的影响。此外，作为上游产业，电力、建材和化工等下游相关产业的变化以及各种非经济因素（如技术进步、自然灾害等）都会对煤炭产业造成冲击。在各种外在冲击因素的作用下，煤炭产业会改变原有的运行趋势而发生变动。因此，从外部冲击的角度研究煤炭产业波动十分重要。

(2) 煤炭产业周期波动的传导机制

与建筑业和房地产业等产业部门周期波动类似，煤炭产业受到外在冲击之后，在其内在机制作用下向外传播。煤炭产业周期波动的传导机制是由煤炭产业经济系统内部的结构所决定的，且以滞后方式传递或扩散而引发煤炭产业出现周期波动的运行过程。其主要传导机制包括：乘数加速数机制，产业关联机制，煤炭市场机制。

(3) 煤炭产业内在形成机制

煤炭产业的特征决定了其不同于一般的工业和建筑业。众多研究表明，中国煤炭产业供给缺乏弹性，同时在产业关联方面后向波及效果显著而前向波及效果不显著。这表明煤炭产业经济系统内部的结构具有特殊性，导致对外在冲击的反应并不灵敏。"冲击—传导"理论侧重研究宏观经济因素对煤炭产业经济系统外部冲击从而引起其波动的单向过程，以及煤炭产业经济系统受到外部冲击如何反应。冲击机制可以很好地解释煤炭产业经济系统以外的因素对其波动的作用，然而经济周期理论中的传导机制反映的是经济系统面对供给冲击或消费冲击后的滞后反应和自我调整，并不关注产业内生因素对于产业波动的作用效果。因此，本书在借鉴"冲击—传导"学说理论的基础上，结合煤炭产业的实际特点，将冲击和"传导"机制作为引起煤炭产业波动的外生因素来考虑，这里的"传导"机制本质上是一种反应机制，即反映出外部冲击因素对煤炭产业波动冲击路径、时滞和冲击的大小。把煤炭产业内生变量对煤炭产出波动的作用定义为内在形成机制。内生变量具体到煤炭产业来讲包括人力、资金等生产要素投入，以及煤炭产业生产结构、区域结构等结构性要素。

3.4.3 煤炭产业波动的运行机理分析

（1）煤炭产业波动的外部冲击机制

煤炭产业波动的外部冲击机制是指煤炭产业在其外部冲击源的作用下，改变初始运行趋势，从而导致煤炭产业发生波动的过程。

煤炭产业作为国民经济的重要物质生产部门和基础产业部门，其经济运行受诸多外部因素冲击源的影响。参考国内外有关产业经济波动的研究，将煤炭产业波动的外部冲击因素分为：总需求因素、总供给因素、政策影响、国外煤炭市场影响和其他相关因素。

①总需求因素的冲击。总需求因素是指影响煤炭需求的相关因素，包括引起需求增长因素和降低煤炭需求的因素。宏观经济发展是引发煤炭需求的根本动因，尤其对我国富煤的能源禀赋状态来讲，经济发展更加依赖于煤炭的供给；此外，我国产业结构、能源消费结构的调整以及能源利用效率的变动等因素，都对煤炭消费产生较大的影响。第三产业具有轻型化、节能化的特征，第三产业比重的提高有助于降低煤炭消费需求；能源消费结构中非煤比重的增加，通过替代效应减少煤炭消费；能源利用效率的提高同样也降低煤炭消费。

②总供给因素的冲击。煤炭供给是一个包含数量、时间和区域范围的概念。它是指在一定的价格水平上，一定时间和区域范围内所提供的可供消费的煤炭产量。价格是影响供给的一个重要因素。煤炭价格上涨，煤炭生产者会增加供给，反之则减少供给。中国煤炭生产和消费逆向分布，铁路运输能力是制约供给的重要因素，提高铁路运力可以增加煤炭供给。此外，能源供应结构中非煤比重的高低也影响着煤炭的供给意愿和供给能力。

③国家政策因素。主要包括相关宏观经济政策、经济体制改革、能源和煤炭产业政策调整对煤炭产业运行形成政策冲击。

④国际煤炭市场的冲击。随着国际经济和区域经济一体化进程的加快，国内外煤炭市场的融合度也在进一步加大，中国已经成为世界上最大的煤炭进口国。国际煤炭市场的变化，如国际煤炭价格的波动也会对中国煤炭产业的发展产生影响。

⑤其他因素。除上述冲击因素以外，影响煤炭产业发展的因素还有重大的能源开发技术进步、自然灾害的影响等。

（2）煤炭产业波动的内在形成机制

煤炭产业波动的内在形成机制是指，煤炭产业在其内生变量的综合作用下形成波动的过程。煤炭产业内生变量包括煤炭生产结构、区域结构、煤炭生产所需投入的资金、人力投入、技术装备等物质要素。

①结构因素。煤炭产业有其内在结构，如生产结构、区域结构等。煤炭产业的波动离不开其结构成分的波动。如果结构成分不发生波动，那么总体也不会出现波动。

②生产投入因素。煤炭的生产供应需要相应物质的投入作为保障。具体来讲主要包括人力投入、资金投入。煤炭产业是资金密集型产业，生产开发建设需要大量资金投入。煤炭投资是指煤炭生产开发所需的资金投入，一般用煤炭基本建设投资完成额表示。煤炭投资是煤炭产业为维持生产和扩大再生产的必要手段，是引起煤炭产出波动的重要因素。在经济学中，劳动力是影响产出的重要因素之一。劳动力的投入对于煤炭总产出具有一定的影响。生产投入不足或投入过多，都将对煤炭产出产生影响。反之，煤炭产出的波动也将影响煤炭生产物质的投入程度。

③技术进步因素。生产技术是影响煤炭产出的重要因素。美国、澳大利亚等发达国家的煤炭产业属于技术密集型产业，生产已经实现了全部机械化，信息技术、通信技术等新技术在煤炭产业得到了较大程度的应用，煤矿井下无人开采等技术领域已经取得了一定的进展。相比之下，尽管我国煤炭生产技术近年来取得了较大进步，但人力密集型产业的特征明显，国有重点煤矿的采煤机械化还没有达到100%，整个煤炭开采综合机械化不到60%。在煤炭生产开发利用过程中，技术进步是关键因素。

(3) 煤炭产业波动的传导机制

煤炭产业周期波动的传导机制是指由煤炭产业内部结构所决定、并且以滞后方式传递或扩散从而引发煤炭产业出现周期波动的运行过程。主要传导机制有：

①"乘数—加速数"机制："乘数—加速数"机制反映构成总需求的投资和消费之间的作用和反作用过程，以及对总产出的影响。投资支出是总需求的构成部分。为响应产出变化而增加投资，将会通过乘数来增加生产，这又回过头来在加速数的作用下引发进一步的投资。如此反复循环，产生连锁反应。相反，投资或产出的突然下跌会以类似方式产生负面效应。乘数和加速数的相互作用，会立即产生爆发性的产出反应。

②煤炭产业关联机制：产业关联机制反映了国民经济各产业之间前向、后向以及旁侧的关联效应。对于煤炭产业经济系统来说，与下游产业部门、投资部门、勘探开发服务部门间的利益关系、结构关系等关联机制，成为煤炭产业传导机制。

③煤炭市场机制：市场机制主要反映煤炭市场供给、需求与价格之间的相互作用，说明各种煤炭市场信号对煤炭产业经济运行的影响作用。

④上限制约机制：该机制主要表明煤炭产业发展的制约机制，包括对产业扩张上限与产业收缩下限两个方面的制约因素。煤炭产业扩张要受到很多的约束，例如煤炭资源、人力资源以及资金的约束。尤其是资源的不可再生性和不可移动性，对煤炭产业的发展造成了较大制约。

煤炭产业内部传导机制的具体解释是在外部给煤炭产业一个正向冲击导致煤炭需求增加，煤炭生产企业和部分投资机构对市场预期持乐观态度，在利益驱动下，增加投资，导致供给能力增加。增加的投资在乘数和加速数的作用下，进一步导致了煤炭产业经济的高涨，并且在产业关联机制下带动了相关部门的增长。随着产能的持续增加导致市场供给大于需求，收益下降。最终，煤炭产业的阶段性扩张会由于经济增长的制约机制、价格机制发生作用而停止，并开始进入衰退时期。在衰退过程中，这些内在机制同样起着传导的作用。

(4) 煤炭产业波动机制的作用过程

煤炭产业波动是外部冲击、传导和内部机制交互作用下的运行过程。当外部冲击发生时，煤炭产业经济系统便产生初始响应，并利用内在形成机制把外部冲击转化为煤炭产业运行的重要动力因素。外部因素通过需求、价格等传导路径，向煤炭产业系统的各领域进行全面传导并导致初始响应发生衰减，外部冲击对煤炭产业经济系统运行路径的影响程度会逐渐减弱。最后，煤炭产业经济又重新进入稳定的运行状态。因此，当煤炭产业受到外部冲击而改变运行轨迹，并逐步恢复稳定状态，这便又形成了一轮煤炭产出波动。但当外部冲击连续不断甚至重复叠加时，煤炭产业便在这种冲击—传导机制作用下进入连续不断的波动循环之中。如图 3-4 所示。

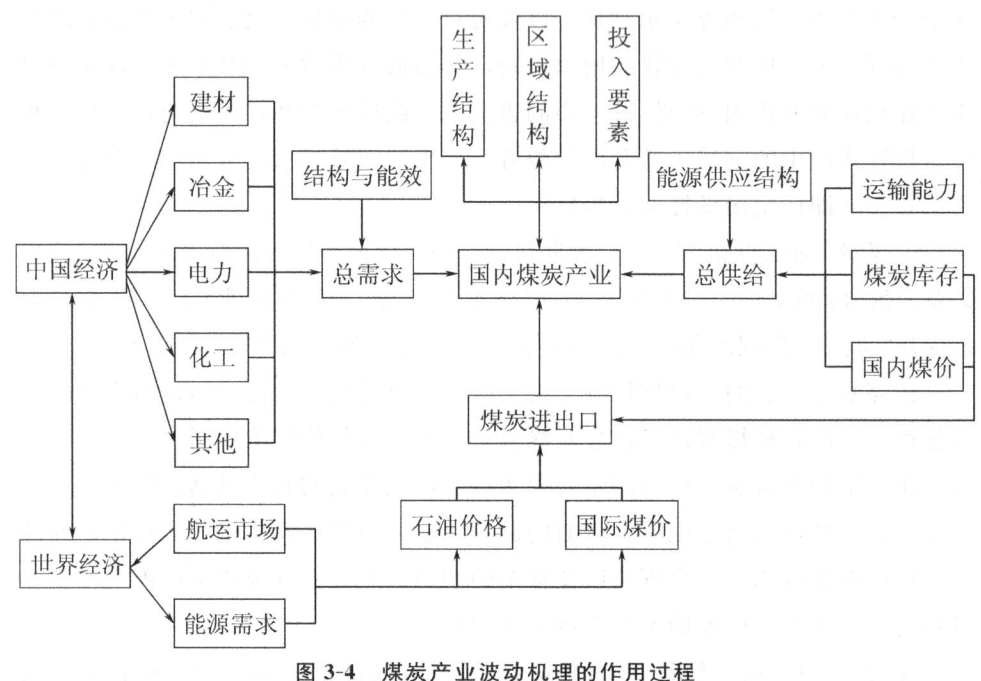

图 3-4　煤炭产业波动机理的作用过程

3.5　本章小结

本章从理论层面，研究煤炭产业波动的内在属性、特殊性及运行机理。

（1）用投入产出法建立了煤炭产业对国民经济影响的模型，深入研究煤炭产业特征及其对国民经济贡献的内容和大小，重新评价了煤炭产业对国民经济发展的重要性。投入产出理论表明，煤炭产业通过产业关联的方式对国民经济产生重要影响。

（2）系统定义了煤炭产业波动的含义，构建了煤炭产业波动的理论模型，指出了煤炭产业波动的内在动因。

（3）从理论上诠释了煤炭产业波动的成因，系统阐述了煤炭产业波动的运行机理和主要影响因素，分析了外部冲击传导机制和内在形成机制的作用过程。

第4章 中国煤炭产业波动规律分析

经济波动规律是在大量的典型化事实和研究实践经验的基础上总结出来的,对经济周期波动理论和模型的构建具有十分重要的意义。典型化事实不单是理论研究的基础,也是经济周期波动理论本身的重要组成部分。本章将借鉴典型化事实的研究方法和框架,分析煤炭产业波动规律,对煤炭产业波动理论框架进行验证,同时揭示其现实意义和政策含义。

4.1 中国煤炭产出总量周期波动规律分析

4.1.1 研究框架

(1) 研究方法

现代经济周期研究技术与方法是建立在滤波技术基础之上的,将长期趋势和随机扰动项过滤后研究周期成分的特征。本书采用CF(2,8)滤波法分离趋势成分和周期成分,对煤炭产出总量的时序值进行CF滤波分解,通过其相对长期趋势的偏离程度来确认周期波动。即对于时间序列 $\{Y_t\}$,定义其周期项为:

$$CY_t = 100 * Y_t^C / Y_t^T \qquad (4-1)$$

Y_t^C、Y_{Tt} 分别是 Y_t 的循环成分和趋势成分,CY_t 衡量变量对趋势的偏离程度,即周期波动项。在周期波动分析中,Y_t 为实际煤炭产量的时间序列值。CY_t 可以反映我国煤炭生产周期波动的变化轨迹,以及判断周期波动所处的阶段。当 $CY_t > 0$ 时,表明实际产出大于潜在产出,煤炭产业处于繁荣期;当 $CY_t < 0$ 时,表明实际产出小于潜在产出,煤炭产业处于萧条期。

(2) 描述周期波动的几个指标

本书参考描述经济周期波动的指标，借用经济周期波动的划分方法对煤炭生产波动特征进行分析和描述。

①波动高度：也就是峰位。它表明每个周期经济扩张的强度。峰位的高低，直接反映着经济增长力的强弱，但也隐含反映了经济增长的稳定性。

②波动深度：也就是波谷。它表明每个周期经济收缩的力度。谷位越低，说明经济增长越不稳定，波动深度也从一个方面反映了经济增长的稳定性。

③波动幅度：也叫振幅，是指每个周期内波峰与波谷的离差。它表明每个周期内经济增长高低起伏的剧烈程度。它是反映经济增长稳定性的一个重要指标。振幅越大，说明经济增长越不稳定。

④标准差：$\sigma = \sqrt{\dfrac{1}{n-1}\sum_{t=1}^{1}(y_t - y)^2}$，即实际产量对长期趋势的偏离度。$\sigma$ 为标准差，表示实际经济增长水平偏离长期趋势的波动幅度，用它可以衡量一个国家一定历史时期内经济增长稳定的程度。

⑤波动的扩张长度：是指每个周期内扩张期的时间长度。它表明每个周期经济扩张的持续性。一般来说，若扩张期的持续时间较长，收缩期的持续时间较短，经济增长就比较稳定。若将扩张长度与收缩长度的比值记为 L，则当 $L<1$ 时，即扩张期短于收缩期，称周期为"短扩张型"；当 $L \geqslant 1$ 时，即扩张期长于收缩期，称周期为"长扩张型"。波动的扩张长度从另一个角度反映了经济增长的稳定性。

(3) 指标选择和数据来源

对经济波动现象的统计描述，有一个指标选择的问题。Taylor 和 Woodford[154]提出，衡量一个国家宏观经济波动的方法就是看总产出和其他相应经济指标的时间序列对于它们长期趋势的偏离程度。

本书选取全国原煤总产量指标代表煤炭产业总产出。1949—2009 年数据来源于《中国煤炭工业统计资料汇编》（1949—2009），2010—2012 数据来源于国家统计局。其中，1998—2000 年原煤产量数据采用中国煤炭发展研究中心修正后的数据。为消除数据异方差性，数据经过取自然对数的处理。

表 4-1 1950—2012 中国煤炭原煤产量　　　　单位：万吨

时间	原煤产量	时间	原煤产量	时间	原煤产量	时间	原煤产量
1950	4292	1966	25147	1982	66632	1998	133600
1951	5308	1967	20570	1983	71453	1999	122200
1952	6649	1968	21959	1984	78923	2000	129900
1953	6968	1969	26595	1985	87228	2001	138100
1954	8366	1970	35399	1986	89404	2002	145500
1955	9830	1971	39230	1987	90632	2003	172200
1956	11036	1972	41047	1988	97987	2004	199200
1957	13073	1973	41697	1989	105415	2005	220500
1958	27000	1974	41317	1990	107930	2006	237300
1959	36879	1975	48224	1991	108428	2007	252600
1960	39721	1976	48345	1992	111455	2008	280200
1961	27762	1977	55068	1993	115137	2009	297300
1962	21955	1978	61786	1994	122953	2009	324000
1963	21797	1979	63554	1995	136163	2011	352000
1964	21457	1980	62013	1996	139700	2012	366000
1965	23180	1981	62163	1997	137300		

（4）单位根检验

采用 CF 滤波对时间序列数据分离趋势需要明确序列的时序特征，因此本书对采用的指标序列进行了单位根检验，结果见表 4-2。从表 4-2 可以看出，全国原煤总产量存在单位根，其一阶差分为平稳序列。

表 4-2 中国原煤产量数据单位根检验

变量	检验形势 (C,T,K)	ADF 检验		PP 检验	
		t 统计值	5% 临界值	t 统计值	5% 临界值
煤炭总产出	(C,T,1)	−3.786	−3.487	−3.401	−3.485
△煤炭总产出	(C,T,1)	−5.332	−3.489	−4.095	−3.486

注：(C, T, K) 分别表示所检验的方程含有截距项、趋势项和滞后阶数，ADF 和 PP 检验均采用 AIC 准则。

4.1.2 基于年度数据周期波动测度

(1) 中国煤炭生产产量的变化趋势

新中国成立以来,中国煤炭生产总量发生了很大变化。1950年,中国原煤产量仅为4292万吨,到2012年已经增长到36.6亿吨,年均增长率8.5%。从图4-1可以看出1950—2012年中国煤炭生产总体显著增长的趋势。从原煤生产增长率变化来看,在改革开放以前,增长率波动较大,1958年的增长率达到106%,而1960年的增长率降幅达到30%,煤炭生产呈"大起大落"的波动态势;1978年以来中国原煤增长率变化幅度明显变小,最大的两次波动分别发生在1999年和2003年,降幅和增幅分别为8.5%和18.3%。从2000年以后,中国原煤产量增长率尽管发生了波动,但始终保持平稳增长的态势。

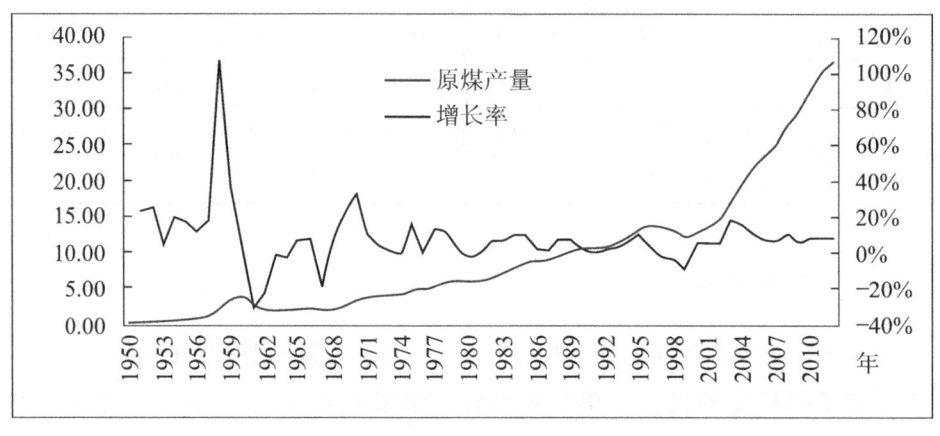

图4-1 1950—2012年中国原煤生产总量增长趋势

(2) 中国煤炭原煤生产总量的CF滤波测度

进行CF滤波分解之前,首先对中国原煤产量时间序列进行单位根检验。采用PP检验发现,中国原煤产量是I(1)序列。周期波动分量见表4-3。

(3) 中国煤炭生产总量波动阶段划分

本书主要运用CF滤波法并对照常用的HP滤波($\lambda=6.25$),对1950—

表 4-3　CF 滤波分解后的原煤生产总量周期波动分量

时间	周期波动分量	时间	周期波动分量	时间	周期波动分量	时间	周期波动分量
1950	−0.102	1966	0.227	1982	−0.001	1998	0.024
1951	0.002	1967	−0.073	1983	0.007	1999	−0.051
1952	0.122	1968	−0.153	1984	0.023	2000	−0.004
1953	0.047	1969	−0.113	1985	0.033	2001	0.003
1954	0.067	1970	0.049	1986	−0.021	2002	−0.035
1955	0.007	1971	0.064	1987	−0.063	2003	0.017
1956	−0.154	1972	0.050	1988	−0.016	2004	0.037
1957	−0.290	1973	0.016	1989	0.041	2005	0.019
1958	0.147	1974	−0.053	1990	0.045	2006	−0.011
1959	0.243	1975	0.025	1991	0.015	2007	−0.034
1960	0.212	1976	−0.059	1992	−0.011	2008	−0.003
1961	−0.130	1977	−0.011	1993	−0.045	2009	−0.009
1962	−0.253	1978	0.042	1994	−0.042	2009	0.012
1963	−0.105	1979	0.032	1995	0.018	2011	0.027
1964	0.017	1980	−0.014	1996	0.031	2012	−0.005
1965	0.165	1981	−0.033	1997	0.027		

2012 年中国煤炭生产总量进行趋势循环分解，计算得到煤炭生产总量的周期波动项。按照"谷—谷"法的标准，1950—2012 年，我国煤炭生产波动可划分为 12 个阶段，分别为 1950—1957、1958—1962、1963—1968、1969—1974、1975—1976、1977—1981、1982—1987、1988—1993、1994—1999、2000—2002、2003—2007、2008—2012 年详见图 4-2。由图 4-2 可见，我国煤炭生产目前正处于第 12 个周期。

从下表 4-4 可以看出，1950 年以来煤炭生产总量经历了 12 个周期波动，其中第 12 个周期非完整周期，并开始进入衰退阶段。

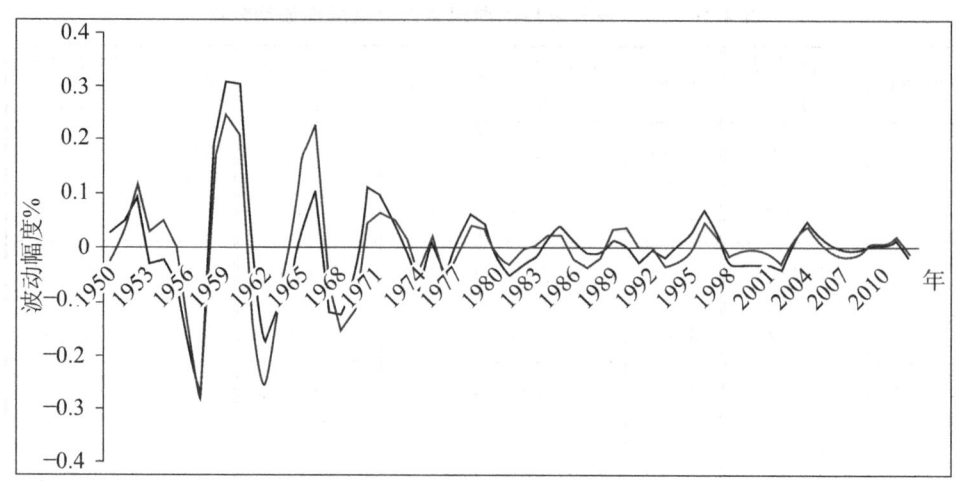

图 4-2 1950—2012 年中国煤炭生产周期划分

表 4-4 中国煤炭生产总体波动特征（1950—2012）

阶段划分	时间段	历时	波动高度	波动深度	波动幅度	标准差	扩张期	L
1	1950—1957	8	1.37	−2.88	4.25	1.33	5	>1
2	1958—1962	5	2.39	−2.50	4.89	2.23	3	>1
3	1963—1968	6	2.32	−1.54	3.86	1.59	3	=1
4	1969—1974	6	0.62	−1.31	1.93	0.68	4	>1
5	1975—1976	2	0.27	−0.57	0.84	0.59	1	=1
6	1977—1981	5	0.38	−0.29	0.67	0.25	2	<1
7	1982—1987	6	0.21	−0.32	0.53	0.26	3	1
8	1988—1993	6	0.32	−0.29	0.61	0.38	4	>1
9	1994—1999	6	0.40	−0.29	0.69	0.65	2	<1
10	2000—2002	3	0.03	−0.30	0.33	0.17	2	>1
11	2003—2007	5	0.34	−0.16	0.50	0.50	3	>1
12	2008—2012	5	0.16	−0.10	0.26	0.23	3	1

总体来看，中国煤炭周期波动呈现如下特点：

①煤炭生产周期波动的长度较为规则。自 1950 年以来，中国煤炭生产经历了 12 个周期，基本属于短周期和中周期之间。其中周期波动长度最长为 8 年，最短为 2 年，波动周期长度多数时间稳定在 5～6 年，周期波动长度表现

较为规则。改革开放以后，煤炭生产波动周期类型发生了重大变化，由古典型周期波动转变为增长型周期波动。

② 从波动的幅度来看，煤炭生产的波动强度在降低，煤炭生产的稳定性在逐步增强。从表 4-4 可以看出，波动的高度和深度呈下降的趋势，标准差也明显减小。尤其是改革开放以来，中国煤炭生产在快速增长的同时，峰位逐渐降低，谷位逐渐升高，波动性呈显著下降趋势，煤炭生产在"平缓"中增长，从"大起大落"波动态势逐步转变为"高位平缓"型。这说明我国煤炭生产在一定程度上减少了盲目性，煤炭生产总量趋于稳定。

③ 从煤炭生产周期波动的扩张长度来看，我国煤炭生产周期波动由短扩张型向长扩张型转变，波动形态总体呈"弱对称性"。在煤炭生产经历的 11 个周期中，$L>1$ 的扩张性周期为 6 个，呈长扩张型，煤炭生产总体趋势趋于增加；从波动的对称性来看，在 63 年的发展历程中，扩张期 33 年，占全部时间比重为 55%，略高于 50%。

4.1.3 季节波动周期测度

煤炭生产不仅存在年际周期性波动，而且在一年中的不同季节或月份，也存在一定的季节性波动。这种季节性波动将对煤炭市场供需平衡、煤炭应急储备决策和煤炭运输调度造成一定的影响。因此，研究煤炭生产的季节性波动规律具有重要的意义。

(1) CensusX12 季节调整方法介绍

CensusX12 季节调整程序是美国商务部人口普查局在 X11 方法的基础上发展而来的，将时间序列（Y_t）分解成趋势循环要素序列（T_{ct}）、季节要素序列（S_t）和不规则要素序列（I_t），以确保能够反映时间序列运动客观规律的趋势循环要素被分离出来。主要调整模型有 4 种形式：乘法、加法、伪加法和对数加法模型。本书主要应用乘法模型，其特点是可以避免计量单位的影响，增强不同经济变量之间的可比性，其一般形式为 $Y_t = T_{ct} S_t I_t$。

(2) 分析结果

本书采用 CensusX12 方法的乘法模型，并对比 TRAMO/SEATS 方法，对 2008 年 1 月至 2012 年 12 月的中国原煤生产总量数据进行季节调整，提取季节因子，结果如图4-3所示。用TRAMO/SEATS方法和CensusX12方法提取的季节因子形状基本相似，X12方法相对平滑。两种方法都显示了中国原煤生产总量具有显著的季节波动特征，其中6月份是一年中的生产最高峰，11月和12月是小波峰；2月份是一年中的最低谷，对应的9月和10月是小波谷。季节因子总体变化的趋势是波峰和波谷的差距在缩小，波幅变窄。

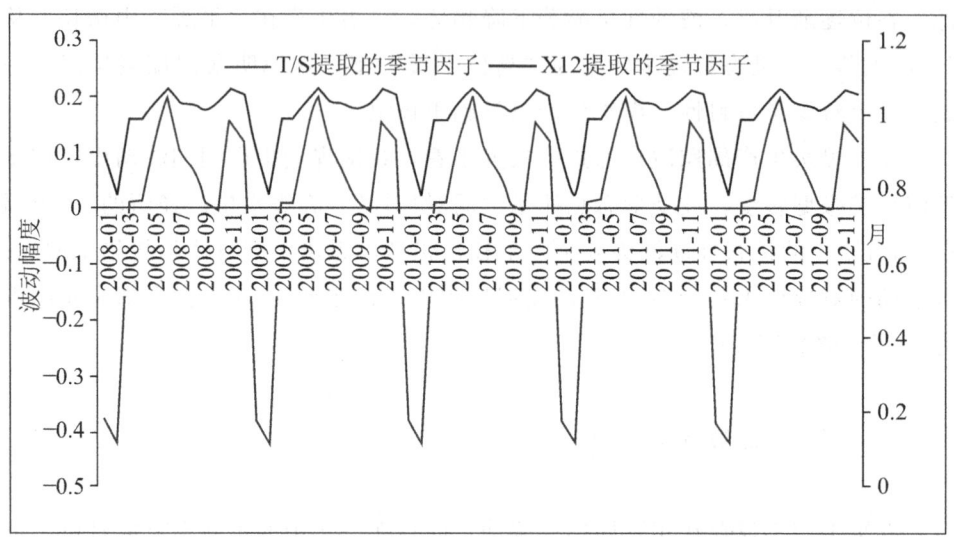

图4-3　中国煤炭生产总量的季节因子序列波动状况

4.2　中国煤炭产业周期波动的表征

目前，广泛认同的经济周期的典型化事实包括以下几个方面：一是以宏观经济序列的周期长度和标准差表示的波动性；二是以产出同其他宏观时间序列之间的交叉相关系数表示的联动性；三是以宏观时间序列的一阶相关自相关系数表示的持久性。

4.2.1　研究框架和数据说明

（1）研究框架

如本书前述，煤炭产业波动涉及产业各个层面的内容，煤炭产业产出总量的周期波动特征不能完全代表产业的周期波动特征。本节将借鉴经济周期波动的典型化事实研究的范式,选取一组有代表性的煤炭产业指标,从产业总体层面研究周期波动特征及其典型化事实。

①波动性

波动性是经济周期波动的本质属性,是指经济周期波动过程中宏观经济变量所呈现出的上下起伏不定的变化或不确定性。一般用标准差衡量经济变量序列周期成分波动性大小。标准差的大小和波动性成正比。

②协动性

协动性,是指经济周期波动中各主要宏观经济变量随着周期波动阶段变化而呈现出的几乎同步的上下起伏运动特征。按照 lucas 的观点,用实际 GDP 序列表示经济整体的波动状况,那么其他序列与实际 GDP 之间的交叉相关系数则反映了二者之间的协动性。

$$R_1 = \frac{\sum_{t=1}^{n}(x_{t+1}-\overline{x})(y_t-\overline{y})}{\sqrt{\sum_{t=1}^{n_1}(x_{t+1}-\overline{x})^2(y_t-\overline{y})^2}} \tag{4-2}$$

③持久性

经济周期波动一个重要的典型化事实就是产出波动的持久性。持久波动意味着产出波动将长期持续下去。更准确地讲,当一个对产出的冲击在未来一段时间内不会消失,且产出也不会表现出明显的回归到其以前趋势水平的趋势时,我们说产出的冲击是持久的。序列的自相关系数越大,波动的持久性就越强;序列的自相关系数越小,波动的持久性就越弱,回归趋势倾向明显。

$$r = \frac{\sum_{t=1}^{n}(y_t-\overline{y})^2(y_{t+1}-\overline{y})^2}{\sum_{t=1}^{n}(y_t-\overline{y})^2} \tag{4-3}$$

④格兰杰因果检验

为了分析煤炭产业周期成分波动性的变化原因,还需要揭示各主要产业经济变量周期成分与煤炭产出周期成分之间在时间上的因果关系。本书采用格兰杰因果检验,解释宏观经济与煤炭产出、煤炭产业内部相关指标的传导路线和相互影响关系。

(2) 数据说明

反映宏观经济最综合的指标是国民生产总值(GDP)。本书选取我国国民生产总值代表宏观经济状况，为消除价格因素对宏观经济数据的影响，本书以1952年不变价格对1952—2012年国民生产总值进行了平减。数据来源于中国统计年鉴。为减少异方差和数据量纲的影响，GDP指标的时间序列值取自然对数形式，记为lnGDP。

全国原煤总产量作为煤炭产业产出总量代表，同时选取煤炭就业人数、煤炭固定资产投资、煤炭库存和煤矿安全生产死亡人数四个指标代表煤炭产业经济、安全等层面的指标。为消除价格因素，本书采用GDP缩减指数（1952=100）对煤炭固定资产投资进行了平减。受部分指标统计时间的限制，本书选取1952—2012年的时间序列数据作为研究的期间。其中1952—2009年煤炭产业数据源于《煤炭工业统计资料汇编》（1949—2009），2010—2012年源于国家统计局。为减少异方差和数据量纲的影响，指标的时间序列值取自然对数形式，分别记为lnmtcl、lnmtjy、lnmttz、lnmtkc、lnmkaq。采用ADF和PP法对所选变量的平稳性进行检验，检验结果见表4-5。各指标均为I(1)序列，可以采用CF滤波法进行波动分解。

表4-5　主要指标时间序列的单位根检验

变量	检验形式	ADF			PP 检验		
		统计值	5%临界值	结论	统计值	5%临界值	结论
lnGDP	(C,N,10)	−1.495	−3.489	不平稳	−1.298	−3.487	不平稳
lnmtjy	(C,0,10)	−3.431	−2.913	平稳	−3.286	−2.911	平稳
lnmtkc	(C,N,10)	−1.947	−2.913	不平稳	−2.724	−3.487	不平稳
lnmttz	(C,N,10)	−2.455	−3.488	不平稳	−3.487	−3.487	不平稳
lnmkaq	(C,N,10)	−1.976	−3.489	不平稳	−1.651	−3.487	不平稳
△lnGDP	(C,N,10)	−5.642	−3.487	平稳	−6.348	−3.488	平稳
△lnmtkc	(C,0,10)	−1.947	0.309	平稳	−5.456	−3.488	平稳
△lnmttz	(C,N,10)	−5.474	−3.488	平稳	−5.354	−3.488	平稳
△lnmkaq	(C,N,10)	−4.389	−3.489	平稳	−4.962	−3.488	平稳

为反映改革开放前后我国经济体制改革对煤炭产业的影响，本书将分为3个样本区间进行研究，即1952—2012年全样本区间；1952—1977年子样本和1978—2012年子样本。其中选取1952年作为研究起始年份，主要是由于我国从1952年开始统计不变价格的GDP总量。

4.2.2 煤炭产出与宏观经济周期波动的关系

高速增长和周期性波动是中国当代经济增长的最重要的两大特点。作为国民经济发展的物质生产部门，煤炭产业与国民经济的发展密切相关。通过采用 CF 滤波法，本书分别对中国 1952—2012 年实际 GDP 和煤炭生产总量进行了波动分解，对比发现二者无论是在长期发展趋势还是短期周期波动，均存在显著的相关性，如图 4-4 和图 4-5 所示。

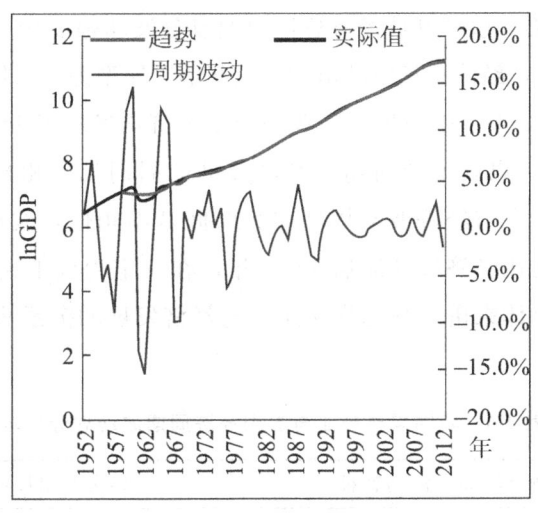

图 4-4　GDP 周期波动特征

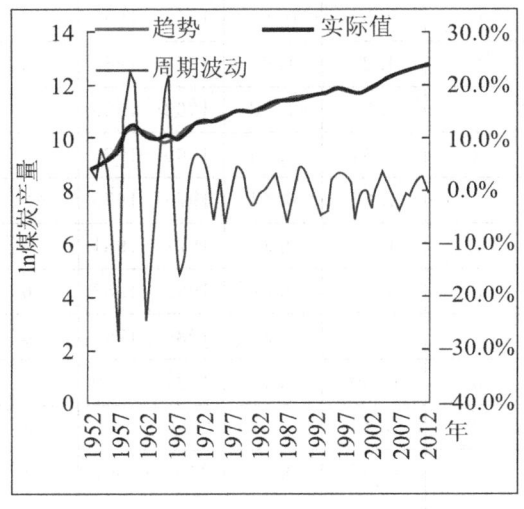

图 4-5　煤炭生产总量周期波动特征

(1) 波动周期分析

根据阿瑟·刘易斯的"谷—谷"划分法，我国经济总量从 1952—2012 年间共经历了 11.5 次的经济周期波动，其中 2009 年以后还没有经历一个完整的周期。以改革开放的 1978 年为界，1952—1977 年经历了 5 次，1978—2011 年经历了 5.5 次。改革后反映波动幅度的标准差为 0.0138，显著低于 1952—2011 年的 0.0531。通过比较可以看出，中国经济从改革开放前的古典周期（经济总量下降和上升交替）趋向于增长型周期（经济总量增加，但增速呈现周期波动）。总体来看，改革开放经济总量周期成分波动幅度变小并拉长，长期趋势实现了稳步增长，经济总量波动由"大幅起落"转型为"高位平滑"型。

从 1952—2012 年，中国煤炭产业和宏观经济均经历了 11.5 个周期，平均长度约为 5~6 年，煤炭生产周期与经济波动的周期长度相当。从表 4-6 可以看出，我国煤炭生产与经济波动周期起止时间基本相似，波动幅度同步变化，而且煤炭生产波动比经济波动滞后 1~2 年，在一定程度上说明经济波动引起煤炭生产波动。总体来讲，我国煤炭生产与经济发展的关系非常紧密，波动周期基本相似。

表 4-6 我国煤炭产业与宏观经济周期波动划分比较

周期	宏观经济周期波动特征				煤炭产出周期波动特征			
	时间	周期长度	波度幅度	标准差	时间	周期长度	波度幅度	标准差
1	1952—1957	6	2.32	0.83	1952—1957	6	4.25	1.33
2	1958—1962	5	4.24	1.69	1958—1962	5	4.89	2.23
3	1963—1967	5	3.06	1.38	1963—1968	6	3.86	1.59
4	1968—1970	3	1.51	0.79	1969—1974	6	1.93	0.68
5	1971—1976	6	1.27	0.44	1975—1976	2	0.84	0.59
6	1977—1983	7	1.04	0.38	1977—1981	5	0.67	0.25
7	1984—1986	3	0.53	0.09	1982—1987	6	0.53	0.26
8	1987—1991	5	0.86	0.36	1988—1993	6	0.61	0.38
9	1992—1999	8	0.30	0.11	1994—1999	6	0.69	0.65
10	2000—2005	6	0.18	0.07	2000—2002	3	0.33	0.17
11	2006—2009	4	0.17	0.08	2003—2007	5	0.5	0.51
12	2010—2012	3	0.41	0.21	2008—2012	5	0.26	0.23

(2) 相关性分析

为了详细考察煤炭产出与宏观经济波动的关系，本节从波动性、协动性和持久性研究煤炭产出和宏观经济周期波动的相关性特征，以及相互之间的传导关系，见表 4-7。

表 4-7 煤炭产出与宏观经济波动的相关性

时间	波动指标	波动性	持久性	协动性（与 GDP 的时差相关系数）				
				−2	−1	0	1	2
1952—2012	GDP 波动	0.05	0.35*	−0.43	0.33	1.00	0.33	−0.43
	煤炭产量波动	0.09	0.33*	−0.49	0.19	0.80	0.45	−0.20
1952—1977	GDP 波动	0.08	0.33*	−0.43	0.33	1.00	0.33	−0.43
	煤炭产量波动	0.13	0.35*	−0.52	0.22	0.86	0.48	−0.22
1978—2012	GDP 波动	0.02	0.39*	−0.27	0.39	1.00	0.39	−0.27
	煤炭产量波动	0.03	0.33*	−0.08	−0.34	−0.10	0.14	0.25

注：*表示在 0.05 显著水平下一阶自相关系数显著。

在波动性方面：中国煤炭产出周期波动性要大于宏观经济波动，三个样本区间内，煤炭产出波动的标准差均大于经济波动的标准差，但差距在缩小。1952—1978 年区间内，煤炭产出波动性是宏观经济波动性的 1.7 倍，1978—2012 年则变为 1.5 倍。

在波动的持久性方面：煤炭产出波动与宏观经济均显示了加强的持久性，在 3 个样本区间一阶自相关系数均在 0.05 水平下显著。这表明，宏观经济和煤炭产出受到一个冲击后，波动将长期持续下去。

在波动的协动性方面：全样本区间内，煤炭产出与宏观经济周期波动相关系数达到 0.8，说明煤炭产出是顺经济周期波动的。但改革开放前后，与宏观经济波动的同步性方面发生了较大变化，1952—1977 年煤炭产出与宏观经济呈顺周期正向波动，改革开放后煤炭产出与宏观经济呈逆周期波动，并且滞后于宏观经济周期波动一年。这说明，改革开放后煤炭产业发展缺少宏观计划性，缺少与经济发展需要的同步性的考虑。

波动传导方面：在 3 个样本区间内，格兰杰检验结果（见表 4-8）均显示宏观经济波动与煤炭产量波动之间存在单向传导关系，即宏观经济周期波动引起煤炭产量周期波动，而煤炭产量周期波动不会引起宏观经济周期波动。

表 4-8　煤炭产量波动与经济周期波动的格兰杰检验结果

样本区间	零假设	滞后阶数	F统计值	概率
1952—2012	煤炭产出波动不是GDP波动的格兰杰原因	2	1.90	0.16
	GDP波动不是煤炭产出波动的格兰杰原因		2.65	0.08
1978—2012	煤炭产出波动不是GDP波动的格兰杰原因	2	0.29	0.75
	GDP波动不是煤炭产出波动的格兰杰原因		2.70	0.08
1952—1977	煤炭产出波动不是GDP波动的格兰杰原因	1	0.47	0.50
	GDP波动不是煤炭产出波动的格兰杰原因		3.60	0.07

4.2.3　煤炭产业周期波动特征分析

如果一个产业存在周期波动特征，那么反映产业发展各层面的指标均应存在周期波动的现象。本节对煤炭就业人数、煤炭固定资产投资、煤炭库存和煤矿安全生产死亡人数4个指标，分析是否存在波动性、持久性，以及与煤炭产出之间的协动性，进一步验证煤炭产业层面周期波动特征。

（1）波动性分析

从图4-6和表4-9可以看出，煤炭就业人数、煤炭固定资产投资、煤炭库存和煤矿安全生产死亡人数均具有较强的波动性，且波动性大于煤炭产量。

煤炭投资的波动性最为显著。在3个样本区间内，煤炭投资的标准差均在0.2以上，而且改革开放后波动性还有所增强。1952—1977年煤炭投资经历了5个周期，改革开放后经历了6.5个周期，波动性由改革开放前的0.209增长到0.212，波动幅度并没有发生显著变化，但波动的频率多于改革开放前。总体来看，煤炭投资呈现"大起大落"的古典型波动特征。从最近一次周期波动的趋势来看，煤炭投资进入收缩状态。

煤炭库存的波动性在改革开放前后发生了较大变化。1952—1977年煤炭库存经历了5个波动周期，呈现大幅度、长周期波动的特征；改革开放后经历了7.5个周期，波动性变弱（标准差从0.223降低到0.118），但波动频率明显加快，呈现小幅度、高频次波动特点。从最近一次周期波动趋势来看，煤炭库存还处于扩张状态。

煤炭就业的波动性在改革开放前后的落差最大，改革开放后的波动幅度明显变弱，由0.18降低到0.028，降幅达到428%，但是波动的次数和频率则显

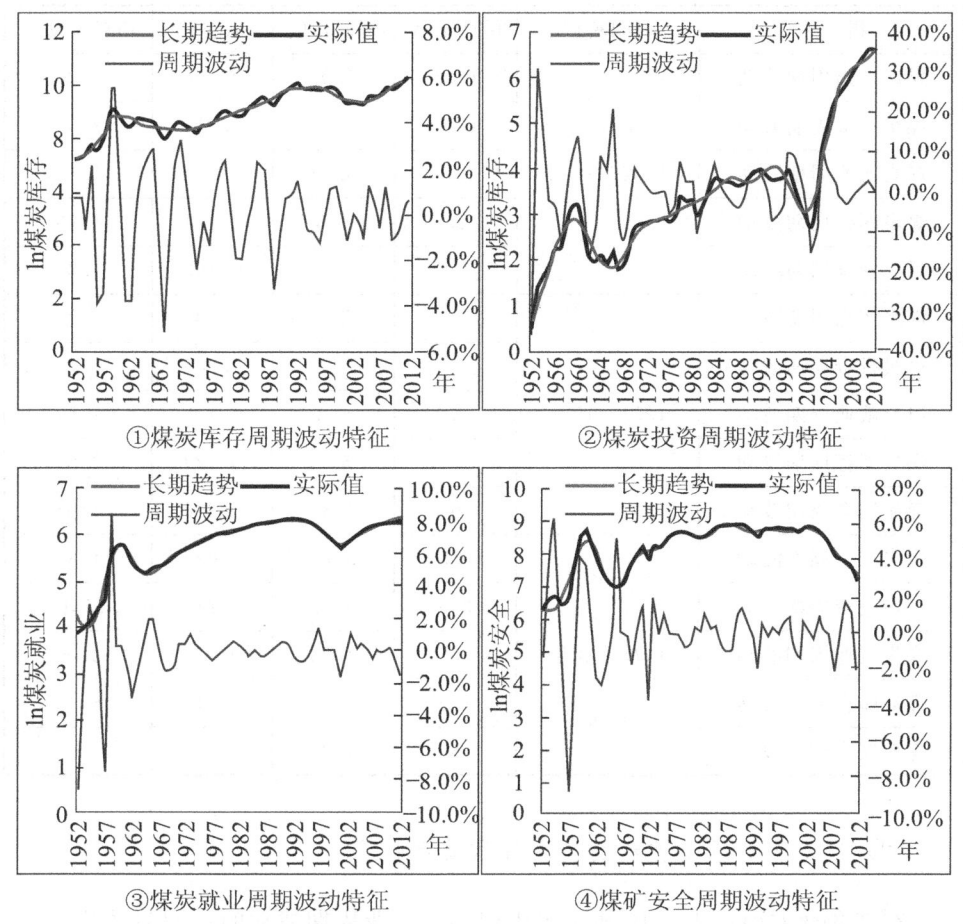

图 4-6　1952—2012 中国煤炭产业波动的 CF 滤波分解

著增加。总体来看，煤炭就业长期发展趋势趋于平稳，说明了人力资源对于煤炭生产增长的带动性在降低。从最近一次周期波动趋势来看，煤炭就业进入收缩状态。

煤炭安全生产的波动特征明显区别于上述时间序列变量，长期趋势呈现了下降的态势，尤其是 2001 年后下降的趋势十分明显。相比于改革开放前，煤矿安全生产的波动性明显减弱，波动幅度由 0.239 降低到 0.062。但波动频率没有下降，改革开放前后基本隔 4.3 年发生一次波动。煤矿安全周期波动长期趋势下降与煤矿安全生产工作得到重视、安全生产形势好转有关，但周期波动则说明还要进一步强化煤矿安全工作。从最近一次周期波动趋势来看，煤炭安全生产进入收缩状态，安全生产形势进一步好转。

表 4-9 我国煤炭产业变量周期波动划分

指标	时间跨度	周期个数	周期长度	标准差	相对波动率
煤炭产出周期波动	1952—2012	11.5	5.22	0.09	1.00
煤炭投资周期波动		10.5	5.71	0.212	2.36
煤炭就业周期波动		9.5	6.32	0.099	1.09
煤炭库存周期波动		12.5	4.8	0.174	1.93
煤矿安全周期波动		13.5	4.62	0.162	1.81
煤炭产出周期波动	1952—1977	5	5.2	0.133	1.00
煤炭投资周期波动		5	5.2	0.209	2.71
煤炭就业周期波动		4	6.5	0.148	1.91
煤炭库存周期波动		5	5.2	0.223	2.89
煤矿安全周期波动		6	4.33	0.236	3.06
煤炭产量周期波动	1978—2012	6.5	5.23	0.026	1.86
煤炭投资周期波动		6.5	5.23	0.212	15.14
煤炭就业周期波动		6.5	5.23	0.028	2.00
煤炭库存周期波动		7.5	4.53	0.118	8.43
煤矿安全周期波动		8	4.25	0.062	4.43

（2）煤炭产业周期波动的持久性和协动性

在持久性方面，表 4-10 显示了中国煤炭产业周期波动的自相关系数特征。煤炭产量和煤炭投资的周期成分表现出了很强的波动持久性，3 个样本的自相关系数通过了 0.05 的显著性检验；煤炭就业周期成分波动的持久性不高，"趋势回归"的特征明显；煤炭库存、煤炭产量和煤矿安全在改革开放后的波动持久性变弱，表现出了很强的"趋势回归"性。

表 4-10 中国煤炭产业时间序列周期成分自相关系数

变量	时间跨度	自相关系数					显著性
		1	2	3	4	5	
煤炭就业	1952—2012	−0.035	−0.154	−0.383	−0.312	0.078	0.784
	1978—2012	0.101	−0.318	−0.223	−0.581	−0.034	0.539
	1952—1977	0.832	0.609	0.363	0.135	−0.039	0.00

续 表

变　量	时间跨度	自相关系数					显著性
		1	2	3	4	5	
煤炭库存	1952—2012	0.324	−0.476	−0.61	−0.323	0.126	0.01
	1978—2012	0.273	−0.364	−0.451	−0.527	−0.036	0.096
	1952—1977	0.315	−0.529	−0.649	−0.198	0.239	0.089
煤炭投资	1952—2012	0.291	−0.395	−0.691	−0.379	0.25	0.02
	1978—2012	0.374	−0.345	−0.714	−0.536	0.079	0.023
	1952—1977	0.185	−0.438	−0.637	−0.205	0.418	0..317
煤炭产量	1952—2012	0.348	−0.464	−0.763	−0.296	0.331	0.006
	1978—2012	0.213	−0.45	−0.535	−0.146	0.144	0.194
	1952—1977	0.35	−0.462	−0.772	−0.293	0.35	0.059
煤矿安全	1952—2012	0.237	−0.349	−0.615	−0.273	0.224	0.059
	1978—2012	−0.102	−0.36	−0.244	0.081	0.092	0.536
	1952—1977	0.269	−0.345	−0.648	−0.3	0.243	0.146

表 4-11 显示了煤炭产业周期波动的协动性特征。可以看出，改革开放前后，煤炭产业内部的协动性也发生了较大变化，煤炭就业、煤炭投资、煤矿安全生产与煤炭产量的由强顺周期性变为弱顺周期性，煤炭库存的周期波动和产量周期波动的协动较差。在协动的同步性方面，煤炭投资和煤矿安全滞后于煤炭产量波动 3 年，煤炭就业滞后于煤炭产量波动 2 年。

表 4-11　煤炭产业内部变量周期波动的时差相关系数

变　量	样本区间	与煤炭产量的时差相关系数						
		−3	−2	−1	0	1	2	3
煤炭就业	1952—2012	−0.677	−0.202	0.272	0.684	0.091	−0.193	−0.299
	1978—2012	−0.363	−0.511	0.098	0.403	0.226	0.254	−0.162
	1952—1977	−0.686	−0.165	0.300	0.708	0.077	−0.236	−0.318
煤炭库存	1952—2012	−0.492	−0.206	0.448	0.696	0.104	−0.583	−0.538
	1978—2012	−0.186	−0.491	−0.428	0.029	0.467	0.495	−0.039
	1952—1977	−0.567	−0.182	0.596	0.834	0.048	−0.769	−0.630

续　表

变　量	样本区间	与煤炭产量的时差相关系数						
		−3	−2	−1	0	1	2	3
煤炭投资	1952—2012	−0.555	−0.373	0.124	0.603	0.358	−0.178	−0.491
	1978—2012	−0.468	−0.449	0.011	0.388	0.318	0.255	−0.096
	1952—1977	−0.729	−0.331	0.463	0.818	0.179	−0.457	−0.739
煤矿安全	1952—2012	−0.755	−0.573	0.045	0.692	0.427	−0.086	−0.361
	1978—2012	−0.491	−0.126	0.370	0.215	0.197	0.037	−0.397
	1952—1977	−0.787	−0.598	0.039	0.747	0.456	−0.101	−0.378

(3) 煤炭产业周期波动的因果关系检验

格兰杰因果关系检验能够有效地验证经济变量之间是否存在因果关系，有助于了解煤炭产业内部波动传导。机制改革开放前后，由于经济体制发生重大变化，研究1978年以来煤炭产业波动内部传导机制具有现实指导意义。

从表4-12(在10%显著水平下)可以发现，煤炭产业各变量周期波动之间存在以下传导关系：在3个样本区间内煤炭产量和煤矿安全之间存在传导关系，这说明煤炭产量增产客观上会引起煤矿安全生产波动；在1978—2012年样本区间，煤炭产量和煤炭库存之间存在双向影响关系，其他两个样本区间煤炭产量波动单向引起煤炭库存波动，这说明改革开放后煤炭市场进程在加快，反映市场供求平衡关系的煤炭库存正在发挥其调节作用；煤炭产量波动对煤炭就业的影响在改革开放前后发生了重大变化，改革开放前煤炭产量波动单向引起就业波动，改革开放后煤炭就业单向引起产量波动，全样本区间内煤炭产量波动引起煤炭就业波动，这说明随着煤炭产量的增加，煤炭就业人员对煤炭产量增长的影响逐步弱化；改革开放前后，煤炭投资波动对煤炭产量波动的影响也发生了改变，改革开放前，煤炭产量波动引起投资波动，改革开放后，煤炭产量和煤炭投资之间存在双向影响关系，这说明随着市场化的推进，煤炭投资自主性在增强。

4.2.4　基于谱分析的波动周期测度

(1) 谱分析原理

谱分析的基本思想是把时间序列看作互不相关的不同频率分量的叠加，利

表 4-12 煤炭产业各变量周期波动分量格兰杰因果关系检验

样本区间	零假设	滞后期	F 统计值	概率
1952—2012	煤矿安全波动不是煤炭产出波动的格兰杰原因	2	2.67	0.08
	煤炭产出波动不是煤矿安全波动的格兰杰原因		3.16	0.05
	煤炭库存波动不是煤炭产出波动的格兰杰原因	2	1.21	0.31
	煤炭产出波动不是煤炭库存波动的格兰杰原因		4.89	0.01
	煤炭就业波动不是煤炭产出波动的格兰杰原因	2	1.92	0.16
	煤炭产出波动不是煤炭就业波动的格兰杰原因		5.45	0.01
	煤炭投资波动不是煤炭产出波动的格兰杰原因	1	0.86	0.36
	煤炭产出波动不是煤炭投资波动的格兰杰原因		4.53	0.04
1952—1977	煤矿安全波动不是煤炭产出波动的格兰杰原因	1	3.67	0.07
	煤炭产出波动不是煤矿安全波动的格兰杰原因		4.40	0.05
	煤炭库存波动不是煤炭产出波动的格兰杰原因	2	2.32	0.13
	煤炭产出波动不是煤炭库存波动的格兰杰原因		6.77	0.01
	煤炭就业波动不是煤炭产出波动的格兰杰原因	2	1.13	0.34
	煤炭产出波动不是煤炭就业波动的格兰杰原因		3.38	0.06
	煤炭投资波动不是煤炭产出波动的格兰杰原因	2	0.03	0.97
	煤炭产出波动不是煤炭投资波动的格兰杰原因		5.11	0.02
1978—2012	煤矿安全波动不是煤炭产出波动的格兰杰原因	2	6.73	0.00
	煤炭产出波动不是煤矿安全波动的格兰杰原因		4.30	0.02
	煤炭库存波动不是煤炭产出波动的格兰杰原因	2	6.24	0.01
	煤炭产出波动不是煤炭库存波动的格兰杰原因		4.06	0.03
	煤炭就业波动不是煤炭产出波动的格兰杰原因	2	5.43	0.01
	煤炭产出波动不是煤炭就业波动的格兰杰原因		1.49	0.24
	煤炭投资波动不是煤炭产出波动的格兰杰原因	2	3.29	0.05
	煤炭产出波动不是煤炭投资波动的格兰杰原因		5.89	0.01

用傅利叶变换（Fourier Transfom）等手段将各频率分量加以分解，通过谱密度函数来衡量各分量的相对重要性以找出序列中存在的主要频率分量，从而把握序列的周期波动特征。由于谱分析方法从频域角度反映了时间序列周期波动特征的全部信息，有助于更深入地研究各种不同周期的特殊形态及其形成机

制。在谱分析技术中,单变量谱分析是根据估计出的谱密度函数来研究单个经济时间序列的周期波动特征。

将时间序列展开为 Fourier 级数,由式(4-4)表示:

$$x_t = A_0 + \sum_{k=1}^{\infty}(a_i\cos2\pi f_k t + b_i\sin2\pi f_k t) + \varepsilon_t \tag{4-4}$$

其中频率 $f_k = k/T$, $k = 1, 2, \cdots N$。经适当三角变换,式(4-16)也可以变换成:

$$x_t = A_0 + \sum_{k=1}^{\infty} A_k \cos(2\pi f_k t + \theta_k) \tag{4-5}$$

$$A_k = \sqrt{a_k^2 + b_k^2}\; \theta_k = \arctan\left(-\frac{b_k}{a_k}\right) \tag{4-6}$$

从而得到复数形式的傅氏级数展开:

$$x_t = \sum_{k=-\infty}^{\infty} A_k e^{i2\pi f_k t}\; A_k = \frac{1}{2\pi}\int_{-T}^{T} X_t e^{i2\pi f_k t} dt \tag{4-7}$$

式(4-7)表明:若抛开相位的差别,这类余弦函数的周期变化完全取决于各函数分量的频率 f_k 和振幅 $|A_k|$。即用以下函数来表示 x_t 的波动特征:

$$p(f) = \begin{cases} A_k^2 & f = f_k \\ 0 & f \neq f_k \end{cases} \quad k = 1, 2, \cdots N \tag{4-8}$$

函数 $p(f)$ 和 x_t 表达了同样的周期波动,两者实际上是等价的,只不过是从频域和时域两个不同的角度来描述而已。称 $p(f)$ 为煤炭生产周期波动时间序列 x_t 的功率谱密度函数,简称谱密度。它不仅反映了 x_t 中的各固有分量的周期情况,还同时显示出这些周期分量在整体 x_t 中各自的重要性。在 x_t 中各周期分量的对应频率处。谱密度函数图应出现较明显的突起,分量的振幅越大,则峰值越高,对 x_t 的整体影响越大。

(2) GDP 与煤炭产业周期波动时间序列的主周期

通过对 1950—2012 年间 CF 滤波后的 GDP 和煤炭产业周期成分(经检验为平稳时间序列 I(0))采用快速 Fourier 变换,计算除全部谱密度数值,绘制出频谱图,如图 4-7 所示。该谱密度图是依频率做出的,其中横坐标是频率,纵坐标是各个频率所对应的谱密度值。

从图 4-7 可以看出,煤炭产业和宏观经济周期波动时间序列的功率谱图存在两个较为明显的主峰值。其中,煤炭产业分别对应的周期长度是 6.4 年和 3.6 年,宏观经济分别对应的周期长度是 7.1 年和 3.2 年。为进一步判别主周

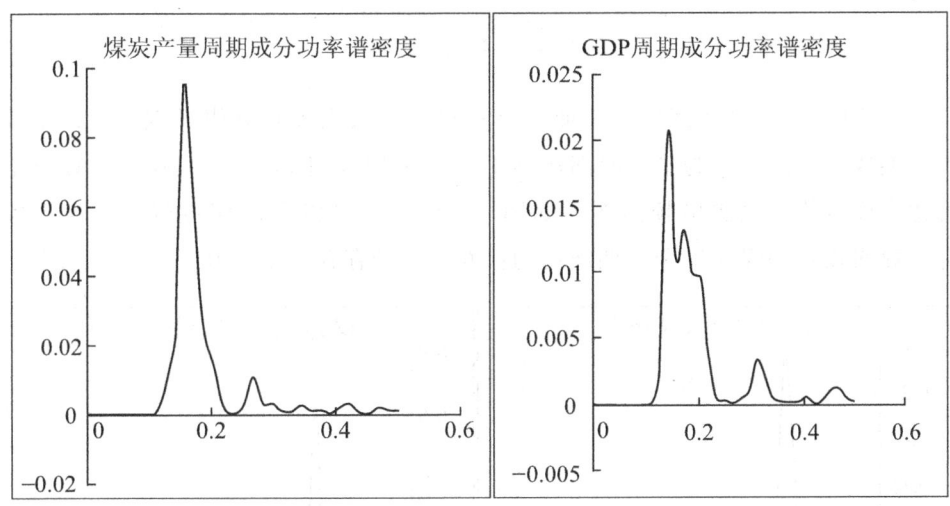

图 4-7 宏观经济和煤炭产量周期波动功率谱密度

期和次周期存在的显著性，采用 Fisher 统计法检验周期是否成立。在 FFT 过程中，序列长度 $S=64/2$，检验周期数目分别为 $r=1$，$r=2$。在显著水平 $\alpha=0.05$ 下，查得第一主峰值得到 Fisher 检验的统计量 $gc=Z0.05(32,1)=0.188$；第二主峰值 $gc=Z0.05(32,2)=0.122$。根据频谱分析结果，分别计算 Fisher 统计量得到：

煤炭产量周期波动第一主峰值：$g=\dfrac{\max p(f)}{\sum\limits_{f=0}^{0.5}p(f)}=0.362>0.188$。周期性显著。

煤炭产量周期第二主峰值：$g=\dfrac{p'(f)}{\sum\limits_{f=0}^{0.5}p(f)}=0.0413<0.122$。周期性不显著。

GDP 周期波动第一主峰值：$g=\dfrac{\max p(f)}{\sum\limits_{f=0}^{0.5}p(f)}=0.248>0.188$。周期性显著。

GDP 周期波动第二主峰值：$g=\dfrac{p'(f)}{\sum\limits_{f=0}^{0.5}p(f)}=0.0408<0.122$。周期性不显著。

煤炭产业每隔 6.4 年左右发生一次周期性波动，GDP 每隔 7.1 年左右发生一次周期波动。

(3) 煤炭产业其他指标周期波动的主周期

对 1950—2012 年间煤炭就业、煤炭投资、煤炭库存和煤矿安全 CF 滤波后周期成分（经检验为平稳时间序列 I(0)）采用快速 Fourier 变换，计算出全部谱密度数值，绘制出频谱图，如图 4-8 所示。可以看出煤炭就业、煤炭库存、煤炭投资和煤矿安全周期波动均在 6.4 年处存在一个主峰。

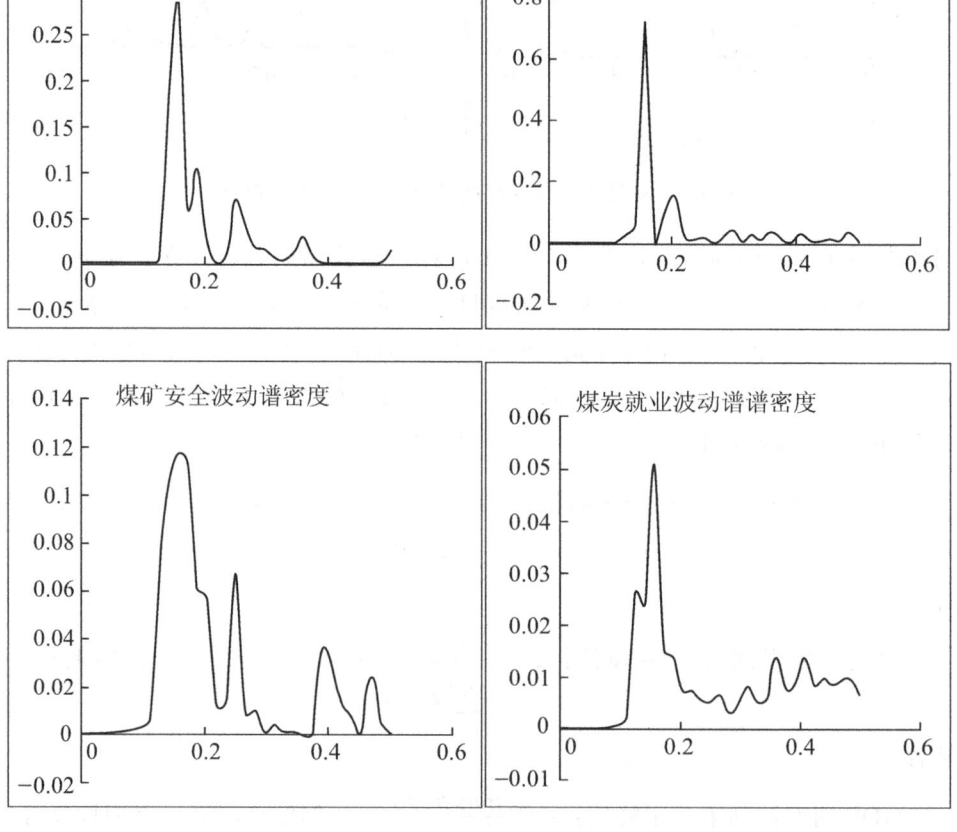

图 4-8　煤炭库存、投资、安全和就业周期波动谱密度

为进一步判别峰值周期存在的显著性，采用 Fisher 统计法检验周期是否成立，结果见表 4-13。Fisher 检验结果显示，我国的煤炭投资和煤炭库存的主峰值显著成立，为 6.4 年，与煤炭产量波动周期一致，进而也证明了煤炭产量是影响煤炭产业发展的主导因素。

表 4-13 Fisher 检验结果

序 列	周期长度(年)	$g_{0.05}$统计值	第一主峰统计值	显著性
煤炭投资	6.4	0.188	0.606	显著
煤炭就业	6.4	0.188	0.177	不显著
煤炭库存	6.4	0.188	0.326	显著
煤矿安全	6.4	0.188	0.154	不显著

4.2.5 煤炭产业周期波动的典型事实

(1) 煤炭产业波动典型事实一：中国宏观经济和煤炭产量的周期性波动的规律性是客观存在的，宏观经济波动的主周期长度约为 7 年，煤炭产量波动主周期约为 6 年。煤炭产量波动和宏观经济波动呈显著联动性、持久性，煤炭产量波动的幅度更大。

格兰杰因果检验显示实际 GDP 的波动引起了煤炭产量波动，而煤炭产量波动并未引起实际 GDP 波动。上述事实说明，作为经济发展的基础产业，煤炭产业与宏观经济发展密切相关，煤炭生产波动的根本动因来自于宏观经济波动。GDP 与煤炭产量周期波动的因果关系和波动持久性说明，平抑煤炭产量波动需要外部力量进行干预。

(2) 煤炭产业波动典型事实二：煤炭投资波动幅度大、持久性强，存在一个为期 6 年的波动主周期，与宏观经济波动和煤炭产量波动呈强正相关。

从经济学角度解释，煤炭投资是推动煤炭产量变动的重要因素。煤炭投资与煤炭产量波动呈较强的同步、正向波动，但格兰杰因果关系检验结果显示二者不存在相互影响关系。上述事实说明，中国煤炭投资具有一定的盲目性，煤炭投资政策的制定没有充分考虑到经济和煤炭产量变动的需要。

(3) 煤炭产业波动典型事实三：煤炭就业存在波动性但不存在周期性波动，持久性不强，趋势回归特征明显，煤炭就业总人数趋于平稳。

就业是促进产业发展的重要投入要素之一。上述典型事实说明，煤炭产业人力投入对于煤炭产量的产出弹性弱化。二者之间的格兰杰因果关系也证明了这一点，煤炭产量波动引起煤炭就业波动，煤炭就业波动不会引起煤炭产量波动。

(4) 煤炭产业波动典型事实四：煤炭库存存在一个约 6 年的周期性波动特

征，显示了较强的波动性、持久性，与煤炭产量波动的联动性呈弱正相关。

煤炭库存是煤炭经济运行的"晴雨表"，是煤炭市场的蓄水池和稳定器。从经济学角度来看，煤炭库存波动应与煤炭产量波动相互影响。但二者格兰杰因果关系显示，产量波动引起库存波动，但库存波动不引起产量波动。上述事实说明，煤炭库存没有起到平抑煤炭产量波动的作用。

（5）煤炭产业波动典型事实五：煤矿安全存在较强的波动性但不存在周期性，与煤炭产量波动的联动性呈弱正相关，滞后3年。煤矿安全波动的持久性不强，长期趋势显示了明显"下降"特征。

煤矿安全是影响煤炭产业平稳健康发展的重要因素。格兰杰检验显示二者存在双向因果关系，相关系数为0.2，呈弱正相关，但滞后三年的相关系数超过0.7，在煤炭产量增产三年后煤矿死亡人数存在上升的统计性规律。上述事实说明，煤矿安全受煤炭产量波动影响，但影响效果很小，但存在增产后三年死亡人数增加的可能，需要引起煤矿安全监管部门的重视。

4.3 煤炭生产总量波动聚集性检验

在事物的发展过程中，常表现出复杂的波动情况，即时而波动的幅度较缓，而又时常出现波动集聚性。在经济学上，这种现象常称为ARCH效应。本节将利用ARCH类模型，考察分析我国煤炭生产增长率的波动特征，以期深入了解煤炭生产增长规律，并揭示其中所蕴含的政策意义。

4.3.1 数据来源与检验

利用ARCH模型分析一般需要50个以上的样本数据。本书选取1951—2012年全国原煤生产总量（YMCL）62年的数据作为样本，数据来源同本章第一节表4-1。为消除数据异方差性，对原煤生产总量取对数。采用取对数后原煤生产总量的一阶差分来表示煤炭生产的增长率，即 $MTZS_t = LnYMCL_t - LnYMCL_{t-1}$，见表4-14。

从图4-9可以看出，煤炭生产增长率序列的偏度＝1.233＞0，峰度＝12.65＞3，序列分布呈现"左偏""瘦高"的分布形状；JB统计值＝250.17，其概率接近于零，表示序列不服从正态分布。总体来看，煤炭生产增长率波动

表 4-14　1951—2012 年中国原煤生产增长率

年 份	增长率	年 份	增长率	年 份	增长率	年 份	增长率
1951	0.212	1967	−0.201	1983	0.070	1999	0.008
1952	0.225	1968	0.065	1984	0.099	2000	0.031
1953	0.047	1969	0.192	1985	0.081	2001	0.060
1954	0.183	1970	0.286	1986	0.020	2002	0.070
1955	0.161	1971	0.103	1987	0.028	2003	0.155
1956	0.116	1972	0.045	1988	0.041	2004	0.145
1957	0.169	1973	0.016	1989	0.068	2005	0.074
1958	0.725	1974	−0.009	1990	0.030	2006	0.081
1959	0.312	1975	0.155	1991	0.009	2007	0.079
1960	0.074	1976	0.003	1992	0.066	2008	0.085
1961	−0.358	1977	0.130	1993	0.032	2009	0.092
1962	−0.235	1978	0.115	1994	0.064	2010	0.073
1963	−0.011	1979	0.028	1995	0.052	2011	0.083
1964	−0.012	1980	−0.025	1996	0.064	2012	0.039
1965	0.077	1981	0.002	1997	−0.036		
1966	0.081	1982	0.069	1998	−0.058		

分量呈现比较明显的"高峰厚尾"的分布特征。这种分布特征说明，煤炭生产增长率波动具有比较明显的"波动聚集"特征，适合用 ARCH 模型分析其波动特征。

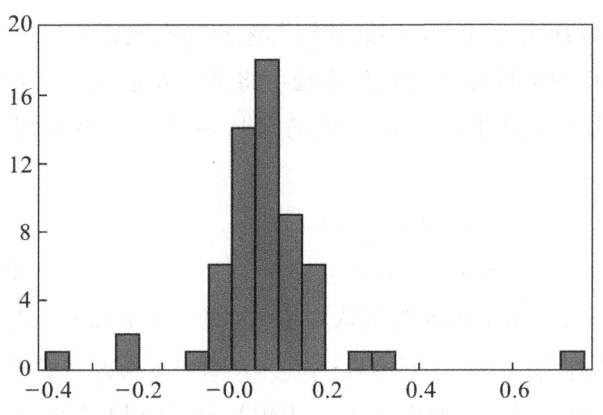

图 4-9　全国原煤生产增长率序列直方图

4.3.2 ARCH 类模型介绍

ARCH 模型在能源消费增长率波动[155]、煤炭价格波动[156]、经济波动和经济增长率波动[157]方面得到了广泛应用。ARCH 模型的核心思想是,误差项在时刻 T 的方差依赖于时刻($T-1$)的残差平方的大小。因此,在 ARCH(p)模型中,主要有两个核心的模型回归过程,均值方程和方差回归模型。

$$y_t = \varphi x + \mu_t, \mu_t \sim N(0, \delta_t^2)$$

$$\delta_t^2 = c + \sum_{i=1}^{p} \alpha_i \mu_{t-i}^2 \tag{4-9}$$

其中 y 和 x 分别表示因变量、自变量,μ 表示无序列相关的随机扰动项,δ_t^2 表示条件方差公式。由于 ARCH(p)模型在实际应用中为得到较好的拟合效果往往需要很大的阶数 p,不但增加了待估参数的个数,还有可能导致诸如解释变量多重共线性等问题,为了弥补 ARCH 模型上述这些缺陷,Bollerslev 于 1986 年拓展成为广义 ARCH 模型,即 GARCH(p,q)模型,它是在 ARCH(p)模型的方差方程中加入条件自身的滞后项所得到,即:

$$\sigma_t^2 = c + \sum_{i=1}^{p} \alpha_i \mu_{t-i}^2 + \sum_{j=1}^{q} \beta_i \sigma_{t-i}^2 \tag{4-10}$$

其中,称 μ_{t-1}^2 为 ARCH 项,σ_{t-1}^2 为 GARCH 项,p、q 分别为 ARCH 和 GARCH 项的滞后阶数。通常要求 $\alpha_i \geqslant 0(i=1,2,\cdots,p)$,$\beta_j \geqslant 0(j=1,2,q)$,$\sum \alpha_i + \sum \beta_j < 1$。但 Nelson 和 Cao(1992)指出这是保证模型有意义的充分而非必要条件。实际上,GARCH(p,q)模型等价于 ARCH(p)模型阶数趋于无穷大时的情况,但其待估参数却大为减少,因此使用起来更为有效方便。

GARCH-M 模型是在 GARCH 模型的均值方程中将条件方差(或者条件标准差)作为一个解释变量加入进来,方差方程仍保持不变。本书采用的 GARCH(1,1)-M 模型为:

$$y_t = \varphi x + \gamma \sigma_t^2 + \mu_t, \mu_t, \sim N(0, \delta_t^2)$$

$$\delta_t^2 = \alpha_0 + \alpha_1 \mu_{t-1}^2 + \beta_1 \sigma_{t-1}^2 \tag{4-11}$$

在 ARCH 和 GARCH 模型中,方差的影响被认为是对称的,而实际上,更多的观察是在股票市场上,坏消息($\mu_t < 0$)比好消息($\mu_t > 0$)会对市场波动造成更大的影响,即存在所谓的"杠杆"效应。而由 Nelson(1991)提出的 EGARCH[164]模型可以用来描述这种方差影响的非对称性。EGARCH 模型的方差方程为:

$$\ln(\delta_t^2) = \alpha + \alpha_1 \frac{|\mu_{t-1}|}{\sigma_t} + \theta \frac{\mu_{t-1}}{\sigma_t} + \beta \ln \sigma_{t-2} \qquad (4\text{-}12)$$

由于等式（4-25）左边是条件方差的对数，表现为杠杆影响是指数的，而不是二次的，所以条件方差的预测值一定是非负的，杠杆效应的存在能够通过 $\alpha<0$ 的假设得到检验。只要 $\alpha \neq 0$，冲击的影响就存在着非对称性。当 $\mu_{t-1}>0$ 时，影响因素冲击对条件方差的对数有一个（$\alpha_1 - |\theta|$）的冲击；当 $\mu_{t-1}<0$ 时，影响因素冲击给条件方差的对数带来的冲击大小为（$\alpha_1 + |\theta|$）倍，负面冲击影响因素的作用要比等量的正面影响因素产生更大的波动。

4.3.3 煤炭生产波动聚集性检验

（1）均值方程的建立和检验

经 ADF 检验，煤炭生产增长率是平稳变量。本书根据煤炭生产增长率的自相关函数和偏自相关函数，并依据 AIC 准则和 SC 准则确定自回归移动平均模型的滞后阶数，最终确定采用 AR(9) 模型，见表 4-15。剔除未通过 10% 显著水平的变量，均值方程见表 4-15。方程 F 统计量的相伴概率为零，通过检验，方程可决系数达到 0.50，极大似然值 = 68.61，同时 AR(1)、AR(3)、AR(9) 的系数均通过了 1% 的显著水平检验，均值方程具有很好的拟合性。

$$\text{MTZS} = 0.0519 + 0.254 \text{AR}(1) - 0.338 \text{AR}(3) - 0.235 \text{AR}(9) \qquad (4\text{-}13)$$

表 4-15 煤炭生产周期波动分量 AR（9）方程 OLS 估计

变量名称	系 数	标准误差	t 统计值	概 率
C	0.052	0.007	7.16	0.00
AR(1)	0.2542	0.094	2.69	0.01
AR(3)	−0.3382	0.067	−4.93	0.00
AR(9)	−0.235	0.068	−3.45	0.00
判定系数	0.53	被解释变量均值		0.043
调整后判定系数	0.50	被解释变量标准差		0.097
回归标准误差	0.07	赤迟信息准则		−2.44
残差平方和	0.23	施瓦茨准则		−2.29
对数似然值	68.61	汉南-奎因准则		−2.38
F 统计量	18.13	杜宾-瓦特森统计量		1.99
F 统计量概率	0.00			

对均值方程估计结果的残差序列如图 4-10 所示。从中可以发现：大波动集群部分中残差一个大的波动后面就是一个大的波动，显示出方差序列波动加大；小波动集群中开始的小波动后面紧跟的是一个小波动，显示出残差方差序列波动较小。因此，煤炭生产增长率波动序列很可能存在聚集效应。

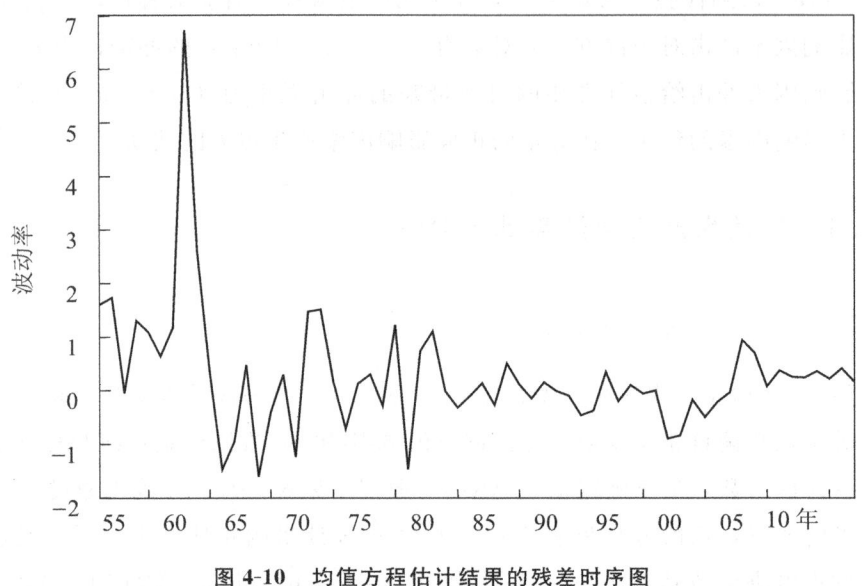

图 4-10　均值方程估计结果的残差时序图

进一步利用 ARCH－LM 方法，检验残差序列 μ_t 中 ARCH 效应是否存在。我们采用其中的 Engle'sLM 统计量，即 $T \times R^2$ 统计量进行检验，它是观测值个数 T 乘以回归检验的 R^2，在一般情况下该统计量服从 $\chi^2(p)$ 分布。从表 4-16 的检验结果可以发现，在滞后 3 阶的情况下，LM 统计量为 8.57，其伴随 P 值均小于 0.05，表明残差序列存在高阶 ARCH 效应，因此适宜于 GARCH 建模。

表 4-16　ARCH－LM 检验结果

F 统计值	3.148	概率值 $F(3,49)$	0.03
LM 统计量	8.566	卡方检验概率(3)	0.04

（2）聚集效应分析

在均值方程的基础上，本书采用 GARCH(1，1) 模型对煤炭生产增长率波动的聚集效应进行分析。利用 Eviews6.0 提供的极大似然法进行估算，结果

见式 (4-14) 和表 4-17。

$$MTZS = 0.06 + 0.469 AR(1) - 0.164 ar(3) - 0.221 ar \quad (4-14)$$
$$\delta_t^2 = -0.098\mu_{t-1}^2 + 1.04\sigma_{t-1}^2$$

表 4-17　GARCH (1, 1) 模型估计结果

变量	模型系数	标准误差	Z 统计量	概率
C	0.06	0.002	23.16	0.0000
AR(1)	0.47	0.086	5.47	0.0000
AR(3)	-0.16	0.091	-1.81	0.0709
AR(9)	-0.22	0.084	-2.61	0.0090
方差方程				
C	-9.78E-06	4.24E-05	-0.23	0.81
RESID(-1)^2	-0.10	0.06	-1.78	0.07
GARCH(-1)	1.04	0.06	16.29	0.00
判定系数	0.41	被解释变量均值		0.043
调整后判定系数	0.37	被解释变量标准差		0.097
回归标准误差	0.08	赤迟信息准则		-2.873
残差平方和	0.29	施瓦茨准则		-2.613
对数似然值	83.13	汉南-奎因准则		-2.772
F 统计量	5.64	杜宾-瓦特森统计量		2.051
F 统计量概率	0.00			

从表 4-17 可以看出，GARCH 项和 ARCH 项都是统计显著的。具体而言，GARCH 项在 1% 的显著性水平上通过高度显著，ARCH 项在 10% 的显著性水平上通过显著性检验。通过对 GARCH(1, 1) 模型的残差诊断可以发现在滞后 3 阶的情况下，LM 统计量为 4.93 和（见表 4-18），其伴随 p 值为 0.1。表明两个方程中的残差序列不再存在 ARCH 效应。根据表 4-18 的估计结果绘制了煤炭生产周期波动的条件标准差和条件方差，如图 4-11 所示。从图 4-11 中不难发现，就中国的煤炭生产增长波动态势而言，20 世纪 50 年代和 60 年代的波动性比较大，改革开放以来的波动性则明显减小。

表 4-18　GARCH 模型残差的 LM 检验

F 统计值	1.677	概率值 F(3,49)	0.18
LM 检验值	4.934	卡方检验概率(3)	0.18

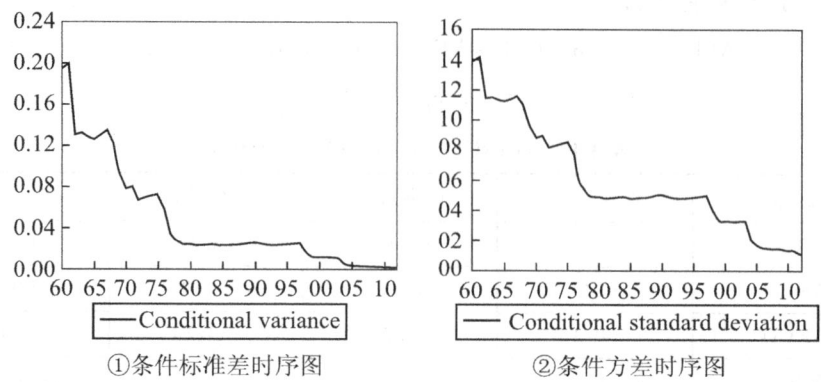

① 条件标准差时序图　　② 条件方差时序图

图 4-11　煤炭生产增长率波动的条件标准差和条件方差时序

应用 GARCH(1，1) 模型分析煤炭生产周期波动规律时，方差方程中的系数反映了外部冲击对煤炭生产增长波动的影响，越大说明外部冲击的影响越大；系数 β 衡量了系统波动的记忆性，其值越大表明系统波动的记忆性越强，本书中 $\beta=1.04>1$，表明煤炭生产增长会自身放大前期波动，从而不可能依靠自身的力量达到稳定状态，说明只有依靠外部力量的非经济手段的干预才能实现煤炭生产的稳定性；而 $\alpha=-0.098<0$，表明外部冲击的效果有助于降低煤炭生产增长率的波动，因此外部冲击的效果总体上具有稳定煤炭生产的功能。而两者之和 $\alpha+\beta$ 则刻画了波动持续性的强弱，其值越接近1，则波动持续性越强。对煤炭生产周期波动而言，两者之和为 $0.942<1$，说明我国煤炭生产年增长率是具有有限方差，属于弱平稳过程，其波动的不确定性最终会衰减，但非常接近1，说明煤炭生产增长率的波动有明显的持续性和聚集性，因此其波动可能有较长的持续性。

(3) 波动非对称性检验

为研究煤炭生产增长率时间序列是否存在非对称效应，本节利用 Eviews6.0 对 EGARCH 模型估计。结果如下式所示：

$$\ln(\delta_t^2) = -0.043 - 0.283 \frac{|\mu_{t-1}|}{\sigma_t} - 0.221 \frac{\mu_{t-1}}{\sigma_t} + 0.968 \ln\sigma_{t-1} \quad (4-15)$$

中国煤炭生产周期波动时间序列的 EGARCH 模型的均值方差和方差方程的估计见表 4-19。从表中可以看出，非对称项显著性 p 值为 0.12，在 10% 的显著水平不显著，表明我国煤炭生产周期波动不存在非对称现象。需要指出的是，非对称是在资本市场普遍存在的现象。我们经常可以发现资产的向下运动通常伴随着比之程度更强的向上运动。众多中外研究人员在研究中发现股票价格的非对称性：负的冲击似乎比正的冲击更容易增加波动，即"坏消息"要比"好消息"对价格的影响大。在 1993 年，Engle 和 Ng 绘制了"好消息"和"坏消息"的非对称信息曲线，认为资本市场中的冲击常常表现出一种非对称效应，即波动率对市场下跌的反应比市场上升的反应更加迅速，又被称为"杠杆效应"。中国煤炭生产的波动之所以不存在这种效应，主要有两方面原因：一是国民经济发展对煤炭的需求是刚性的，煤炭生产缺乏市场弹性；二是我国煤炭产业长期处于严格的计划经济管理体制下，煤炭企业更关注于生产和安全，对于市场的变动缺乏敏感性。

表 4-19　EGARCH(1, 1) 模型的估算结果

变量	模型系数	标准误差	Z 统计量	概率
C	0.054283	0.006138	8.843176	0.0000
AR(1)	0.349585	0.108929	3.209296	0.0013
AR(3)	−0.193524	0.088253	−2.192828	0.0283
AR(9)	−0.163502	0.067399	−2.425881	0.0153
方差方程				
C(5)	−0.043136	0.196057	−0.220017	0.8259
C(6)	−0.282745	0.189368	−1.493097	0.1354
C(7)	−0.221400	0.141977	−1.559405	0.1189
C(8)	0.968429	0.021028	46.05533	0.0000
判定系数	0.461224	被解释变量均值		0.043302
调整后判定系数	0.428238	被解释变量标准差		0.097243
回归标准误差	0.073530	赤池信息量准则		−2.888225
残差平方和	0.264926	施瓦茨准则		−2.590822
对数似然值	84.53795	汉南-奎因准则		−2.773858
F 统计量	5.992409	杜宾-瓦特森统计量		1.982720
F 统计量概率	0.000045			

4.4　中国煤炭生产总量上限机制研究

4.4.1　中国煤炭资源赋存现状

煤炭是我国储量最多、分布最广的不可再生战略资源。根据全国第三次煤炭资源预测与评估，中国煤炭资源总量约 5.57 万亿吨。

(1) 煤炭资源总量

"十一五"时期是我国煤炭资源勘查投入最多、查明资源成果最丰富的阶段，中央、地方和企业加大了煤炭地质勘查投入，在内蒙古、新疆、河南、贵州、山西、山东、辽宁、云南等地陆续发现了一大批大型煤田，全国煤炭保有查明资源储量增加，保障程度增强。根据国土资源部最新数据，截至 2010 年底，全国查明保有资源储量达到 13412 亿吨，比 2005 年增加 2982 亿吨，增长 28.6%。查明保有资源储量中，资源量 10616 亿吨，比 2005 年增加 3513 亿吨，其中西部地区占全国增量的 93.7%；基础储量 2796 亿吨，比 2005 年减少 530 亿吨，其中西部地区占 51%。见表 4-20。

(2) 煤炭资源区域分布

从区域分布上看，查明保有资源储量主要分布在中西部地区。2010 年，西部地区 9281 亿吨，占全国的 69.2%；中部地区查明保有储量 3308 亿吨，占全国的 24.7%；东部地区 822 亿吨，仅占全国的 6.1%。从查明资源储量增长来看，"十一五"期间查明保有资源储量增长主要是西部地区，西部地区比 2005 年增长 2914 亿吨，占同期全国资源增量的 97.7%；中部地区增长 74 亿吨，占同期全国资源增量的 2.5%；东部地区减少 5 亿吨。如图 4-12 和图 4-13 所示。

表 4-20　"十一五"期间煤炭资源变化情况　　　　单位：亿吨

地区	2005			2010			保有查明资源储量增减
	保有查明资源储量	资源量	基础储量	保有查明资源储量	资源量	基础储量	
全国	10429.57	7103.22	3326.35	13411.88	10616.05	2795.83	2982.31
一、东部	827.26	460.85	366.41	822.20	522.52	293.68	−5.06
北京	23.25	17.63	5.62	19.32	15.53	3.79	−3.93
天津	3.81	0.84	2.97	3.82	0.85	2.97	0.01
河北	147.09	75.32	71.77	167.45	106.86	60.59	20.36
辽宁	76.89	22.44	54.45	79.25	32.62	46.63	2.36
吉林	26.91	10.51	16.40	26.07	13.67	12.40	−0.84
黑龙江	220.43	143.10	77.33	217.83	149.66	68.17	−2.6

续 表

地 区	2005			2010			保有查明资源储量增减
	保有查明资源储量	资源量	基础储量	保有查明资源储量	资源量	基础储量	
江苏	40.38	18.29	22.09	36.01	21.78	14.23	−4.37
浙江	0.95	0.45	0.50	0.94	0.45	0.49	−0.01
福建	10.56	6.25	4.31	10.29	0.23	4.06	−0.27
山东	269.02	160.84	108.18	253.25	175.69	77.56	−15.77
广东	6.30	4.41	1.89	6.30	4.41	1.89	0
海南	1.67	0.77	0.90	1.67	0.77	0.90	0
二、中部	3234.57	1875.77	1358.80	3308.23	2240.00	1068.23	73.66
山西	2663.87	1609.05	1054.82	2673.79	1829.78	844.01	9.92
河南	260.00	132.90	127.10	279.74	166.25	113.49	19.74
湖北	7.23	3.98	3.25	7.91	4.61	3.30	0.68
湖南	30.61	10.24	20.37	32.19	13.43	18.76	1.58
安徽	259.42	113.94	145.48	299.58	217.65	81.93	40.16
江西	13.44	5.66	7.78	15.02	8.28	6.74	1.58
三、西部	6367.74	4766.60	1601.14	9281.45	7847.53	1433.92	2913.71
内蒙古	2329.69	1571.82	757.87	3577.45	2807.59	769.86	1247.76
广西	22.91	14.37	8.54	22.36	14.62	7.74	−0.55
重庆	29.09	10.86	18.23	40.05	17.56	22.49	10.96
四川	105.42	56.25	49.17	117.76	63.31	54.45	12.34
贵州	504.28	355.36	148.92	593.62	473.33	120.29	89.34
云南	263.60	189.57	74.03	295.33	232.86	62.47	31.73
陕西	1657.85	1373.80	284.05	1654.23	1534.34	119.89	−3.62
甘肃	88.96	39.59	49.37	150.68	92.63	58.05	61.72
青海	48.00	28.07	19.93	48.01	31.79	16.22	0.01
宁夏	309.20	240.68	68.52	348.09	294.06	54.03	38.89
新疆	1008.20	885.81	122.39	2433.31	2285.00	148.31	1425.11
西藏	0.54	0.42	0.12	0.56	0.44	0.12	0.02

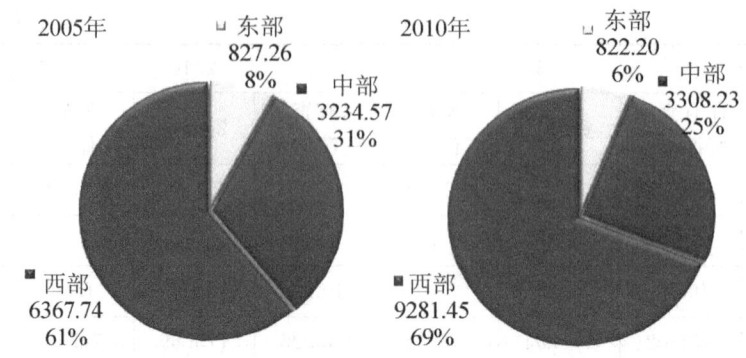

图 4-12 查明资源储量对比图 单位：亿吨

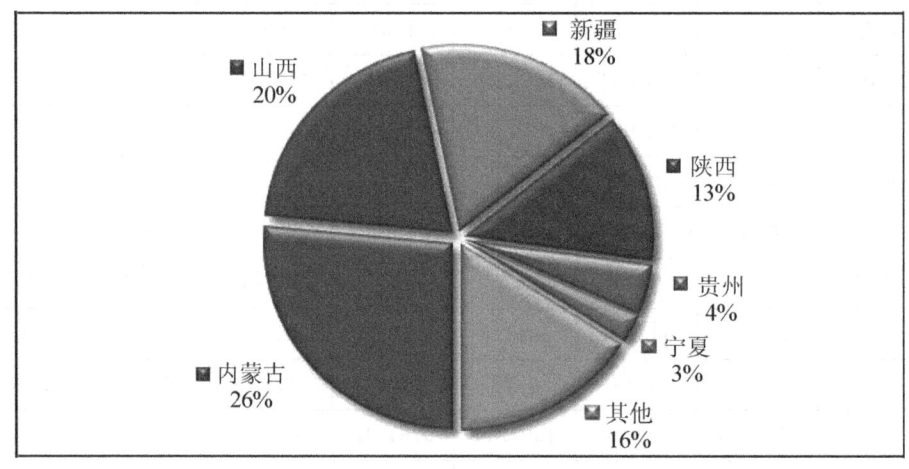

图 4-13 2010 年年底全国煤炭查明资源储量分布

从省（区、市）分布看，主要集中分布在西部的内蒙古、新疆、陕西和中部的山西，4 省区查明保有储量 10339 亿吨，合计占全国的 77.1％。中部地区绝大部分资源分布在山西，为 2674 亿吨，占中部的 80.8％；东部地区资源比较匮乏，除山东、黑龙江超过 200 亿吨、河北超过 150 亿吨外，其他省市较少。"十一五"期间，西部地区的内蒙古、新疆查明资源储量增幅最大，分别增加 1248 亿吨和 1425 亿吨，分别占同期全国增量的 41.8％和 47.8％。

4.4.2 峰值理论和哈伯特模型

（1）峰值理论介绍

任何事物有开始，就有结束；有上升，就有下降。生物生长，开始时由于细胞的分裂呈指数增长，但是由于某些限制（主要是空间限制和人为的计划），增长率下降，从而导致数量达到一个最大值，然后下降，走向死亡。基本上没有事物是线性化的，特别是在地质年代中形成的有限的自然资源。

经典的峰值理论模型是由德国数学家、生物学家 P. F. Verhust 于 1837 年在研究人口时发现的 logistic 曲线。Logistic 曲线被用来预测人口增长率从零增加到中点，然后再减少到零，即所谓的 S 曲线。在这种情况下，没有人口的负增长，最终总人口数趋向一条渐近线，是一个常量。

(2) 石油峰值理论

石油是一种有限的、不可再生的资源。一旦石油的开发和消耗量超过全部石油储量的一定比例，石油产量可能会开始下降。M. K. Hubbert 是美国著名的石油地质学家，他开创了石油峰值理论的模型研究。1949 年他在 Science 上发表了 *Energy From Fossil Fuels* 一文[158]，提出了矿物资源的"钟形曲线"问题。1956 年，Hubbert 与美国地质调查局（USGS）合作，分析并预测了美国的石油生产趋势。其预测结果显示，美国本土的石油生产将在 1966 年至 1971 年达到高峰期，然后将持续递减。Campbell 继承了 Hubbert 的理论并成立了石油峰值研究协会（ASPO）组织，研究宣传石油峰值理论。他在 1998 年发表了文章 *The End of Cheap Oil*[159]，在油价还十分低迷的时候得出了廉价石油时代必将终结的结论，近来的高油价验证了其结论。

在石油峰值理论研究方面，我国科学院院士翁文波先生做出了开创性的工作。翁文波院士[160]1984 年出版了专著《预测学基础》，提出任何事件都有"兴起—成长—鼎盛—衰亡"的自然过程。油气的发现也有类似的规律，基于此理论思想提出了泊松旋回（Poisson Cycle）模型。

(3) 哈伯特模型

哈伯特（Hubbert）作为一个地质学家，在他建立预测模型时，将油田产量的历史数据与对称的钟形曲线相拟合，并提出如下的两个假定：

①对于任何具有一定可采储量的油田，在投入开发之后，产量从零开始随开发时间的延长而上升；当其达到最高产量之后，产量随开发时间的延长而下降，当开发时间趋近无穷时（$t \to \infty$），产量趋近于零。

②当开发时间趋近于无穷时，在产量与时间关系曲线下面的面积，等于油田的最终可采储量。在上述假定的条件下，哈伯特为了建立预测模型，首次提

出了油田的产量与累积产量之间,可由这样的二次函数关系[161~162]表示:

$$Q = AN_p + BN_p^2 \tag{4-16}$$

哈伯特提出这样的经验关系,具有如下特性关系:当 $t=0$ 时,$Q=0$,$N_p=0$;当 $t \to \infty$ 时,$Q=0$,$N_p=N_R$。式中 Q 为年度产量;t 为时间,N_p 为累计产量,N_R 为最终采出资源量。

陈元迁教授和田建国教授[163]对哈伯特模型进行了二次推导,主要结果如下表示:

$$N_p = \frac{N_R}{1 + ae^{-bt}} \tag{4-17}$$

将 4-17 式对时间 t 求导得出预测产量的时间关系式为:

$$Q = \frac{abN_R e^{-bt}}{(1 + ae^{-bt})^2} \tag{4-18}$$

由式(4-18)可以进一步推导出:

$$\frac{Q}{N_p} = \frac{abN_R e^{-bt}}{N_R} \tag{4-19}$$

对式(4-19)等号右端同时加和减一项"bN_p",经整理后得:

$$\frac{Q}{N_p} = a - \frac{a}{N_R} N_p \tag{4-20}$$

设 $a=A$,$B=-\frac{a}{N_R}$,则由式(4-19)即可得到式(4-20)表示的哈伯特建模时所应用的二次经验函数(4-16)式。

4.4.3 中国煤炭产量上限分析

(1)哈伯特模型对于中国煤炭生产峰值预测的适应性

鉴于哈伯特模型在预测油气资源领域取得了大量的成果,近年来一些学者纷纷利用哈伯特模型对中国的煤炭产量峰值进行了预测分析,提出了自己认为的煤炭生产峰值时间表。陶再普和李明玉[164]推算出中国原煤产量的哈伯特峰值将在 2025—2032 年,产量峰值为 33.49 亿~44.52 亿吨。林伯强和刘江华[165]认为中国煤炭产量分别将在 2025 年(38.3 亿吨)、2027 年达到产量峰值(36.7 亿吨)。S. H. Mohr[166]对世界最终煤炭产出量进行了分析,预测了 2100 年前世界煤炭产量,其中认为中国煤炭生产峰值最迟发生在 2017 年。王建良等[167]推断中国最终煤炭产出总量为 2236 亿吨，认为中国煤炭峰值发生在 2024 年，峰值产量 41 亿吨。

上述研究基于哈伯特模型，对未来中国煤炭采出总量和峰值进行了预测。区别点在于，不同的学者基于不同的煤炭储量数据来源估算的中国未来产出量，因而预测出现的峰值时间和峰值产量也各不相同。造成这种局面的最主要原因是我国煤炭储量口径发生了几次变化，同时统计数据的连续性较差。BP 世界能源统计报告从 1992 年以后对中国煤炭资源可采储量一直停留在 1145 亿吨。2002 年，国土资源部公布我国已探明的可采储量为 1866 亿吨。煤炭储量的评估与预测是一项动态的工作，由于各国采用的评估标准和方法不尽相同导致最终评估数据差异较大。无论怎样，官方的统计数据在某种程度应该是可取的。此外，上述学者没有对中国煤炭生产变动可以采用哈伯特模型进行分析预测这个前提进行实证研究。截至 2012 年，我国已经有 3 个省市退出了煤炭产业或出现了明显的峰值产量，分别是：2005 年的广东和 2012 年的浙江已经退出煤炭生产，北京市在 2004 年达到了产量峰值。研究上述 3 省市煤炭生产峰值的规律，以及哈伯特模型拟合的实证结果，对于推断中国未来煤炭生产的上限即峰值具有重要的借鉴意义。本书将分析总结广东、浙江和北京煤炭生产的峰值规律，利用哈伯特模型进行实证研究。在此基础上，总结规律，对中国未来煤炭生产峰值进行预测。

(2) 广东省煤炭生产上限规律

广东省煤炭资源量少，而且大多数还是开采条件复杂、质量较次的无烟煤或褐煤，不但开发成本高，而且煤炭的综合利用价值不高。截至 2005 年，已查明保有资源量 6.3 亿吨，占全国总量的 0.06%。如图 4-14 所示。

纵观新中国成立后广东省煤炭生产趋势，历史上曾经出现过 3 个历史高峰，分别是 1959 年，产量为 571.9 万吨；1978 年，产量为 1053.5 万吨；1995 年，产量为 1069.4 万吨，其中，1995 年为煤炭产量峰值年。从 1995 年以后，广东省煤炭产量趋于下降，其中在 2002—2004 年煤炭生产出现反弹，到 2005 年最后生产出 304 万吨。至此，广东省彻底退出煤炭生产领域。从 1949—2005 年，广东省累计开采煤炭资源 3.125 亿吨，占保有查明资源量的 50%。从图 4-14 可以看出，广东省煤炭生产基本遵循了先升后降的发展规律，整体形状类似于"钟形"曲线。

哈伯特模型还可以用来预测资源最终产出量。哈伯特线性化的内在假设是

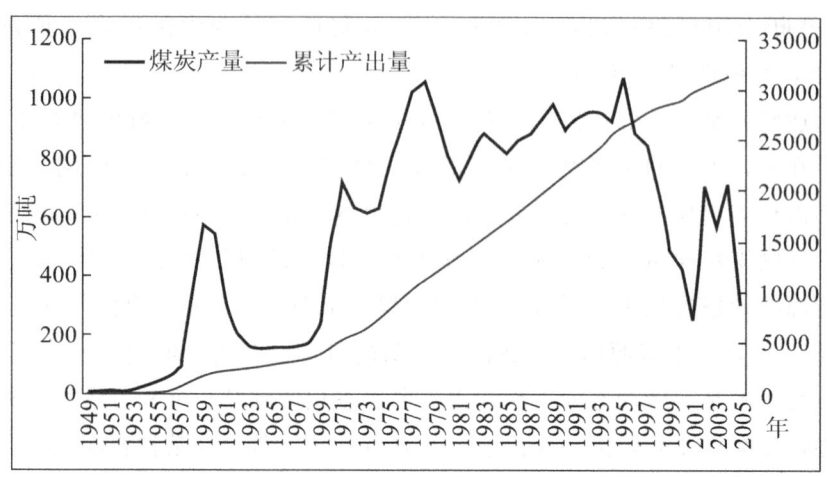

图 4-14　1949—2005 年广东省煤炭产量及累计年产量变化趋势

生产一种不可再生资源的能力完全地、线性地取决于任何时间点的剩余可采资源的数量。在资源开采过程中，生产开发者在经济利益的驱动下倾向于开采先发现和生产最容易的资源，因此随着时间的推移，生产付出的成本会逐步增加，生产难度也随着加大。从图 4-15 可以看出，随着煤炭生产累计产出量的增加，广东省年度煤炭产量占全部产出量的比例呈总体下降趋势，在累计产出超过 1 亿吨（占查明储量的 16%），下降呈显著的线性趋势。利用 4-20 式，预测出广东省煤炭产出总量为 3.69 亿吨，而实际产出总量为 3.125 亿吨。广东省退出煤炭生产时，全省还有 1.89 亿吨的基础储量。其中保守估算还有近 30% 经济可采，即 5760 万吨。这样算来，广东省可采出煤炭资源量约为 3.125+0.5760=3.692(亿吨)，与哈伯特模型预测出的可采总量拟合得很好。

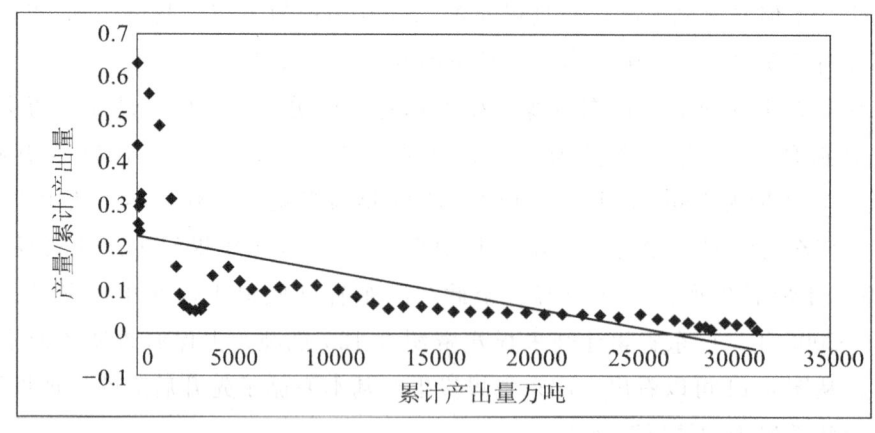

图 4-15　广东省煤炭产量与煤炭累计产出量的散点图

这说明哈伯特模型用来预测省区的煤炭最终资源可采储量是可行的。

通过式（4-18），对广东省煤炭生产进行了预测，如图 4-16 所示。哈伯特模型拟合的煤炭产量峰值发生时间为 1989 年，比实际发生的峰值时间提前 6 年；峰值产量为 1369 万吨，大于实际发生的峰值产量。

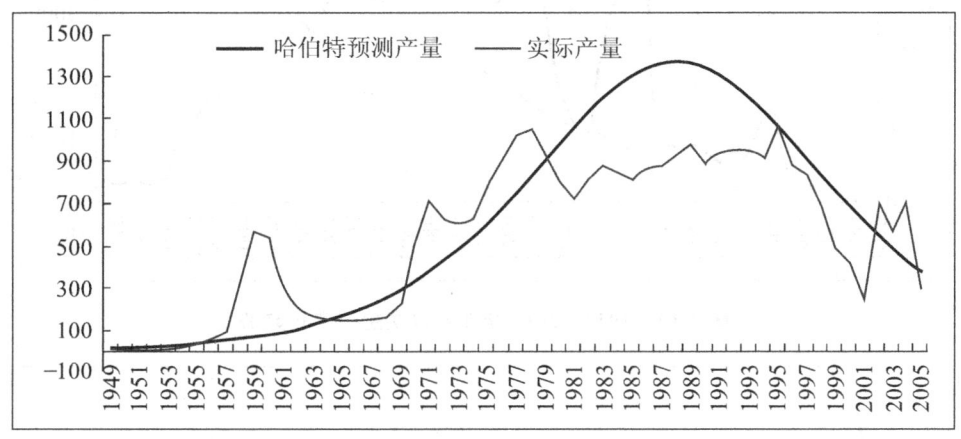

图 4-16　广东省煤炭产量哈伯特模型峰值分析

（3）浙江省煤炭生产上限规律

与广东省类似，浙江省也是经济发达但是煤炭资源有限的省份，而且更为匮乏。截至 2010 年，已查明保有资源量仅为 9500 万吨。浙江省在历史上曾经出现过 3 个煤炭产量峰值，分别是 1960 年，产量为 61 万吨；1970 年，产量为 222.7 万吨；1979 年，产量为 168.7 万吨。从 1970 年以后，浙江省煤炭产量趋于下降，1980—1998 年煤炭生产稳定在 100 万吨以上，1998 年以后煤炭产量降低 100 万吨以下。2006—2011 年，浙江省煤炭产量仅为 12 万吨左右，2013 年浙江省彻底退出煤炭生产领域。从 1952—2011 年，浙江省累计开采煤炭资源 4838 万吨。到 2010 年，浙江省保有查明资源量 9400 万吨，累计产出量占保有查明资源量的 51%。总体来看，浙江省的煤炭生产表现出更为明显的"钟形"特征，产量过了峰值后衰减相对广东要平缓得多。如图 4-17 所示。

从图 4-18 可以看出，随着煤炭生产累计产出量的增加，浙江省年度煤炭产量占全部产出量的比例呈总体下降趋势，在累计产出超过 1519 万吨（占查明保有储量的 16%），下降呈显著的线性趋势。利用式（4-20），预测出浙江省煤炭产出总量为 5067 万吨，而实际产出总量为 4838 万吨。哈伯特线性回归预测浙江省的煤炭最终资源采出量比较符合实际。

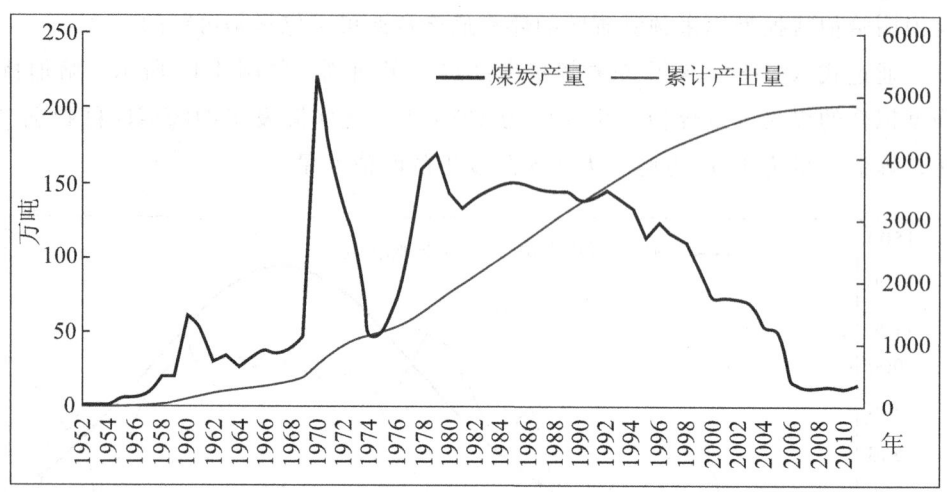

图 4-17　1952—2011 浙江省煤炭生产变化趋势

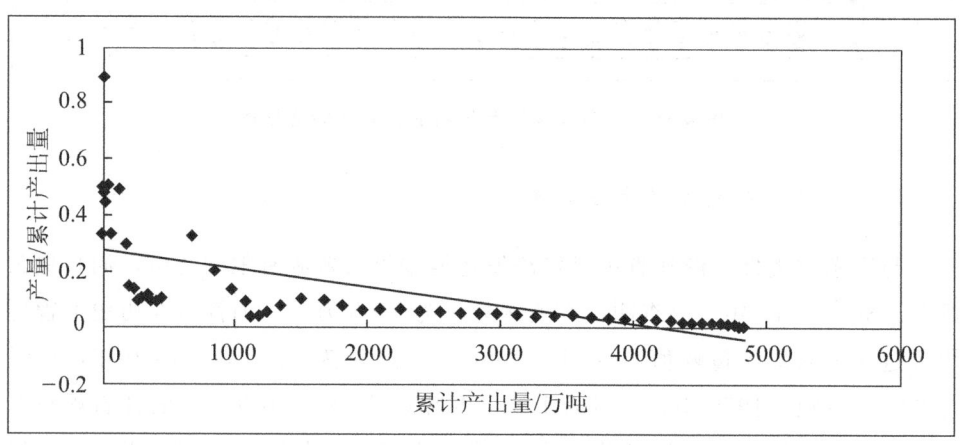

图 4-18　浙江省煤炭产量与煤炭累计产出量的散点

哈伯特模型拟合的浙江省煤炭产量高峰发生在 1984 年，峰值产量为 214 吨，滞后于实际发生情况，峰值产量略小于 1970 年的峰值产量。1997 年后哈伯特模型预测产量和实际产量比较吻合。如图 4-19 所示。

（4）北京煤炭生产上限机制分析

北京市的煤炭资源总量并不丰富，但煤质比较好，以无烟煤为主，具有一定的开发利用价值。2010 年保有查明煤炭资源量为 19.32 亿吨，仅占全国总量的 0.14%。从图 4-20 可以看出，历史上北京煤炭生产出现过两个明显的峰值，分别是 1960 年，产量为 839 万吨；2004 年，产量为 1108 万吨。2004 年

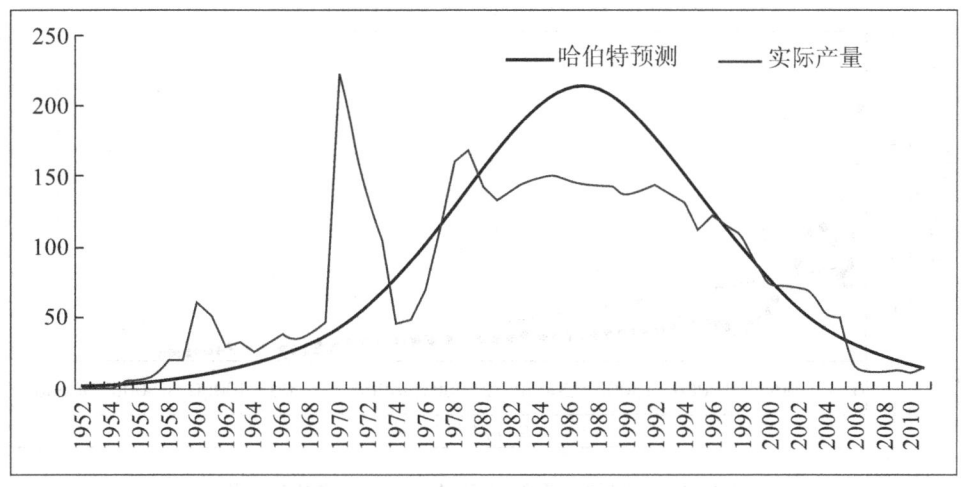

图 4-19 浙江省煤炭生产哈伯特模型分析

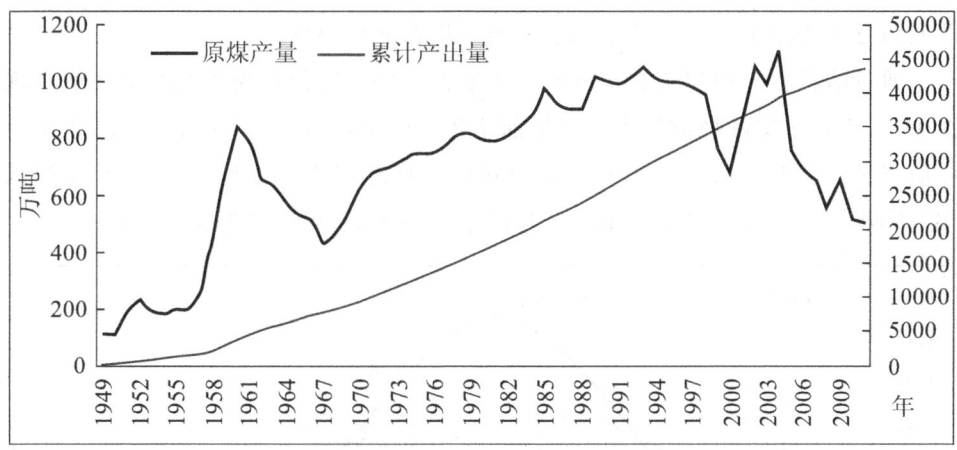

图 4-20 1949—2011 年北京煤炭生产变化趋势

以后,北京煤炭产量急剧下降,2011 年煤炭产量为 500 万吨,回到了 20 世纪 70 年代水平。1970—2007 年间,北京煤炭产量一直保持在较高的水平,年均产量超过 800 万吨。1949—2011 年,北京市累计生产煤炭为 4.36 亿吨,占查明保有资源储量的 24%。

从图 4-21 可以看出,随着煤炭生产累计产出量的增加,北京市年度煤炭产量占全部产出量的比例呈总体下降趋势。利用(4-33)式,采用哈伯特线性回归方程预测出北京市煤炭可采总量为 5.28 亿吨。2005 年和 2010 年年底,北京剩余基础储量分别为 5.62 亿吨和 3.79 亿吨,5 年间减少 1.83 亿吨基础储量。期间,北京煤炭产出总量为 3800 万吨,基础储量采出率为 0.2。由此

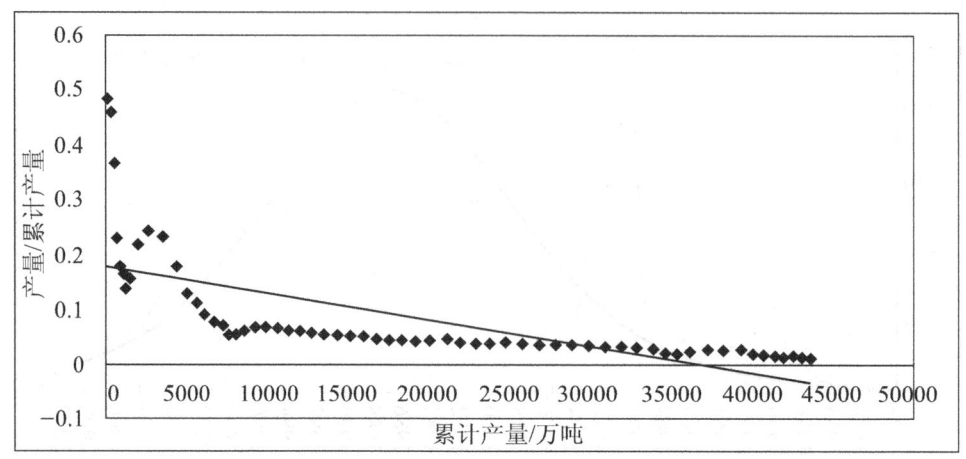

图 4-21 北京煤炭产量与煤炭累计产出量的散点图

可推算出北京市煤炭产出总量约为 4.36+0.758=5.118（亿吨）。与哈伯特线性回归方程推测出的采出总量几乎相当，拟合效果很好。

通过哈伯特模型拟合北京煤炭生产数据发现，哈伯特模型的产量峰值出现在 1991 年，比实际峰值发生时间提前 7 年；峰值产量为 1281 万吨，高于实际峰值产量。模型显示，2015 年北京煤炭产量将降到 400 万吨，到 2020 年降到 265 万吨，2030 年产量降到 100 万吨以下，到 2039 年产量为 41 万吨。

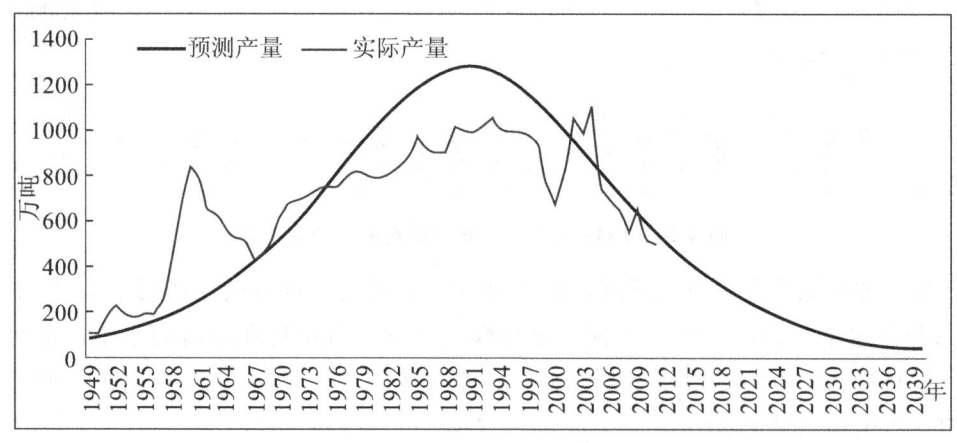

图 4-22 北京市煤炭产量哈伯特模型分析

(5) 结论

①哈伯特模型预测煤炭资源未来供应趋势时，最重要的影响因素是可采出的煤炭资源量。不同的学者估算出的不同最终可采资源量的大小影响了峰值出

现的时间和峰值产量的高低,因而估计值是动态、不固定、有争议的。但结论都是一致的,不可再生的煤炭资源的开发利用生命周期符合"钟形"曲线这一规律。

②哈伯特线性回归趋势预测需要一定储量保障预测的精度。广东、浙江和北京的实证研究说明,哈伯特线性预测最终煤炭产出量的结果是可行的。

③基于中国广东省、浙江省和北京市煤炭产量峰值规律表明,煤炭产量峰值存在多峰值的现象,而且在峰值前后都存在较长一段时间的高峰产量。

4.4.4 中国煤炭生产的峰值拐点预测

(1) 中国煤炭生产变化规律分析

从图4-23可以看出,1949年以来中国煤炭产量总体呈现快速增长的趋势,无论是年度煤炭产量还是累计产出量并没有出现明显的峰值拐点。截至2012年年底,中国已经累计产出煤炭596.8亿吨,占全部查明保有煤炭资源量的5%。1959年,中国煤炭产量出现了一个小峰值,在1998年煤炭产量出现了负增长,2001年以后煤炭生产进入长达十年的高速增长期。

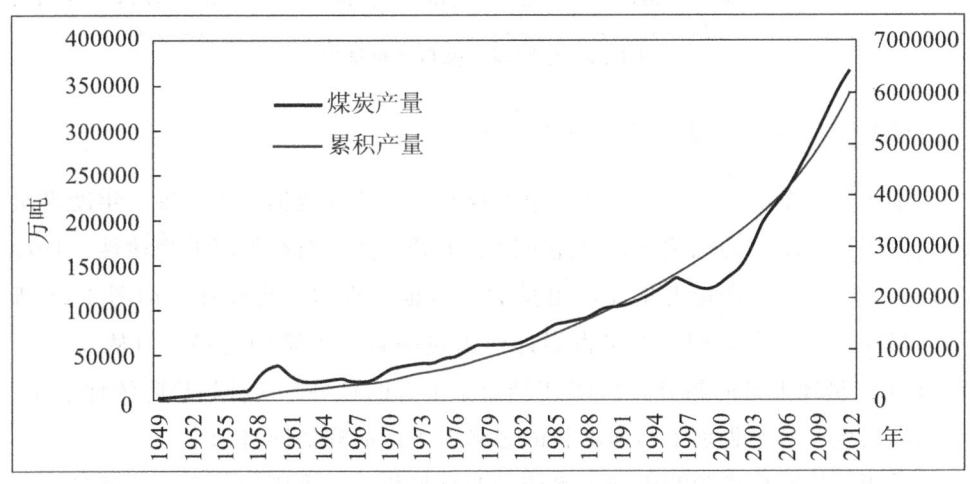

图4-23　1949—2012中国煤炭产量增长趋势

(2) 中国煤炭资源的保障程度分析

中国煤炭资源尽管总量比较丰富,但是可供开采的煤炭资源并不多。由于多方面原因,中国煤炭资源储量统计基础比较薄弱,统计口径也发生了较大变化。2002年以前，国家统计局每年公布的是煤炭资源保有储量，2002年以后公布的是基础资源量，2012年公布的全国煤炭资源基础储量为2298亿吨。总体来看，我国煤炭供应形势并不乐观。2013年《BP世界能源统计年鉴》报告显示，截至2012年年底世界煤炭储采比112年；美国为257年；俄罗斯不443年；中国为31年。尽管国内众多专家和机构对BP的统计数据均持不同意见，但是没有人能够提供公认的准确储采比数据。2002年，国土资源部公布，我国探明可直接利用的煤炭资源量为1866亿吨。

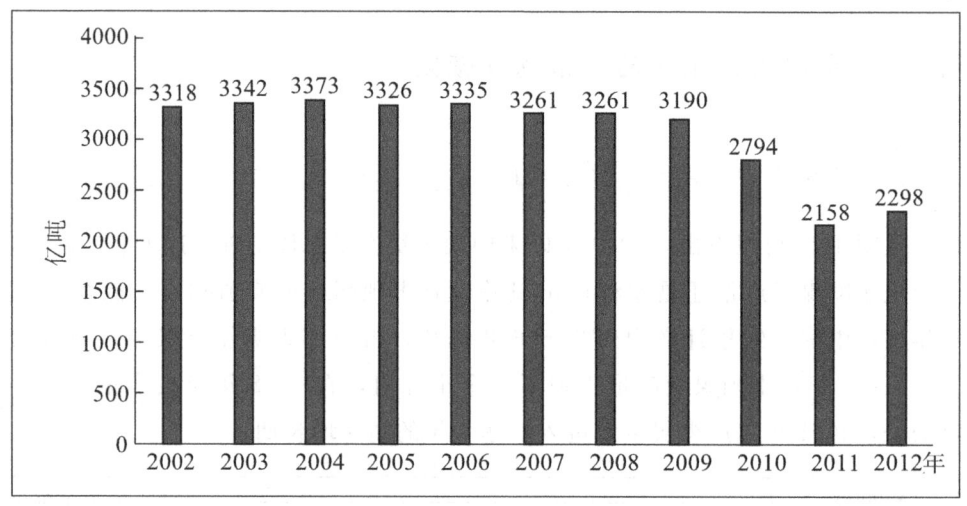

图 4-24 中国煤炭储量变化情况

（3）中国煤炭产量峰值的哈伯特模型分析

基于对广东省、浙江省和北京市的煤炭生产开发数据分析发现，年度煤炭产量占累计产出量的比重变化呈先下降、上升、然后持续下降的规律性。1970年以来，中国煤炭产量占累计产出量的比重也呈现这一规律性，如图4-25所示。1970—2000年，煤炭产量占累计产出量一直呈下降的趋势。但从2001—2011年，呈现上升的趋势，2012年结束了上升的趋势。这种趋势隐约地表明，中国煤炭生产基本告别了高速增长的态势，生产的峰值即将到来。

采用哈伯特模型预测中国未来产量变化趋势，最重要的一个因素就是到底有多少煤炭可供开采。国土资源部2002年公布的中国可供开采的煤炭资源为1866亿吨，1949—2002年中国累计开采煤炭总量为328亿吨。这样算来，中国最终采出的煤炭资源总量为2194亿吨。徐水师等人根据煤炭技术政策和60多对生产矿井的统计，矿井回采率平均为50%。2012年中国煤炭基础储量为

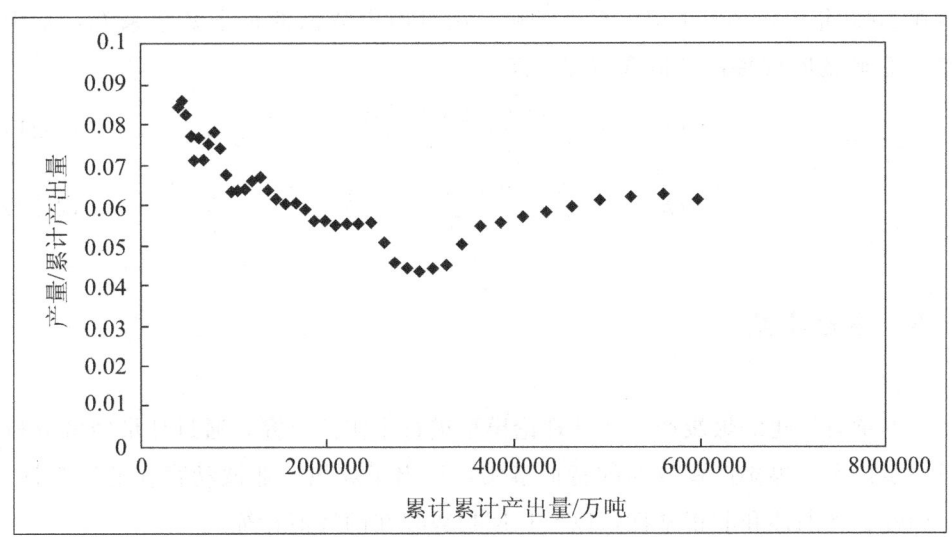

图 4-25 1970—2012 煤炭产量占累计产出量比重的趋势特征

2298 亿吨，推断出可采煤炭资源量为 1149 亿吨，加上 2012 年以前累计产出的 597 亿吨，最终煤炭采出量为 1746 亿吨。

我们分别采用 2194 亿吨和 1746 亿吨作为最终采出量，带入哈伯特模型对中国未来煤炭生产进行预测，结果如图 4-26 所示。基于 1746 亿吨的最终采出量预测，见式（4-21）：中国煤炭生产峰值发生在 2016 年，峰值产量为 41.8 亿吨；基于 2194 亿吨的最终采出量预测，如式（4-22）。中国煤炭生产峰值发

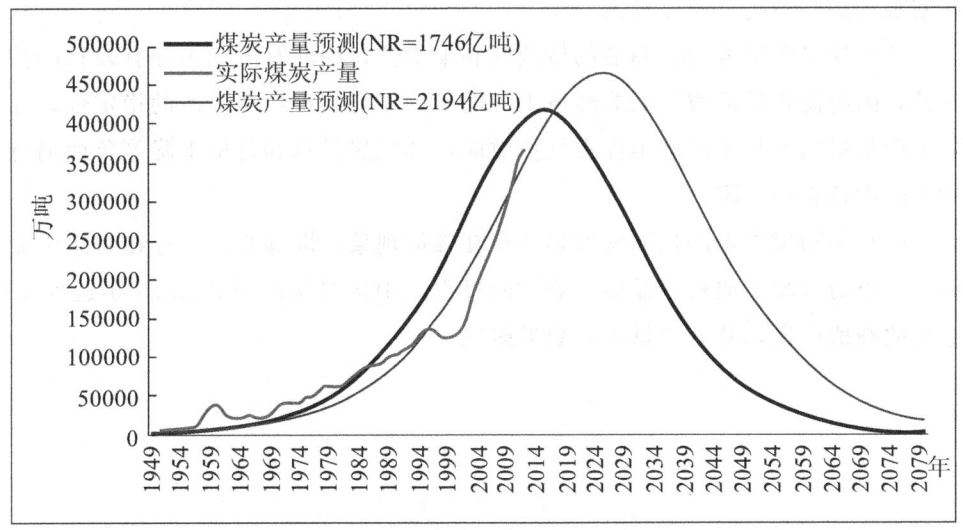

图 4-26 中国煤炭产量哈伯特曲线拟合

生在 2025 年，峰值产量为 46.5 亿吨。从对历史数据的拟合效果来看，基于 2194 亿吨的哈伯特模型拟合精度更高。

$$Q_1 = \frac{645.56 \times 0.098 \times 1746 e^{-0.098t}}{(1+645.56 e^{-0.098t})^2} \qquad (4\text{-}21)$$

$$Q_2 = \frac{645.56 \times 0.084 \times 2194 e^{-0.084t}}{(1+645.56 e^{-0.084t})^2} \qquad (4\text{-}22)$$

4.5 本章小结

本章对构建的煤炭产业波动理论模型进行了实证研究，通过计量经济分析进一步证实了煤炭产业波动的特征事实，指出了煤炭产业波动存在的客观性、长期性、周期性和非正常性，以及长期趋势存在的峰值特征。

（1）煤炭产出总量具有显著的周期性，煤炭产业每 6 年发生一次周期波动，煤炭产出总量具有显著的周期性波动规律，煤炭产业每 6.4 年发生一次周期波动，每年的 6 月处于波峰、2 月进入波谷。目前煤炭产业进入新一轮周期的收缩阶段。

（2）国民经济与煤炭产业、煤炭产业内部主要变量间存在波动性、协动性和持久性，说明了煤炭产业周期波动与宏观经济波动的密切关系，是客观存在的基本事实。煤炭产业周期波动具有显著的持久性，说明煤炭产业发展受到外部宏观经济波动的持续性冲击。

（3）煤炭产量波动有明显的持续性和聚集性，因此其波动可能有较长的持续性，因此需要外部力量的非经济手段的干预才能实现煤炭生产的稳定性；煤炭生产总量的增长率波动不存在杠杆效应，即煤炭需求和价格下降等负面消息对生产增长影响有限。

（4）中国煤炭生产长期发展趋势存在峰值现象，即煤炭生产存在有限生命周期，经历兴起—成长—鼎盛—衰亡的过程。中国煤炭产量在 2025 年达到 46 亿吨的峰值产量，其后产量进入衰退阶段。

第5章　中国煤炭产业波动内在形成机制

煤炭产业周期波动的内在形成机制,是指煤炭产业在其各内在结构成分和投入要素的综合作用下形成周期波动的过程,反映了煤炭产业周期波动的"内生性"。内在形成机制是指煤炭产业内部对外在冲击的自我响应和自我调整,决定着产业周期的波幅、波峰、波谷、波长、波动性质等基本形态。

5.1　生产结构对煤炭产出波动的影响

按照所有权的归属、隶属关系不同,我国煤矿目前主要有三种形式:国家投资兴办的国有重点煤矿、省级及以下地方政府投资兴办的地方国有煤矿和乡镇集体或个人投资兴办的乡镇煤矿。2011年,三类煤矿占全国煤炭生产的比重分别为54%、11%和35%。国有重点煤矿是中国煤炭生产的主力军,代表着煤炭行业先进生产力;国有地方煤矿是国有重点煤矿的重要补充,弥补了国有重点煤矿分布不均衡的缺陷;乡镇煤矿是我国煤炭生产的重要组成部分,为缓和全国煤炭供求矛盾作出了重要贡献。1998年12月以来,中国逐步加大了煤炭生产结构调整的力度。调整的重点是大力关闭小煤矿,优先发展大型企业集团,提高煤炭产业竞争力和可持续发展能力。国有重点煤矿在产量中的比重稳步提高,乡镇煤矿的比重逐渐下降。详见图5-1和表5-1。

煤炭生产结构的改变将会对我国煤炭产业波动特征产生影响。本节从煤炭生产的构成角度,分析其构成部分的波动特征与整体生产波动的关系。

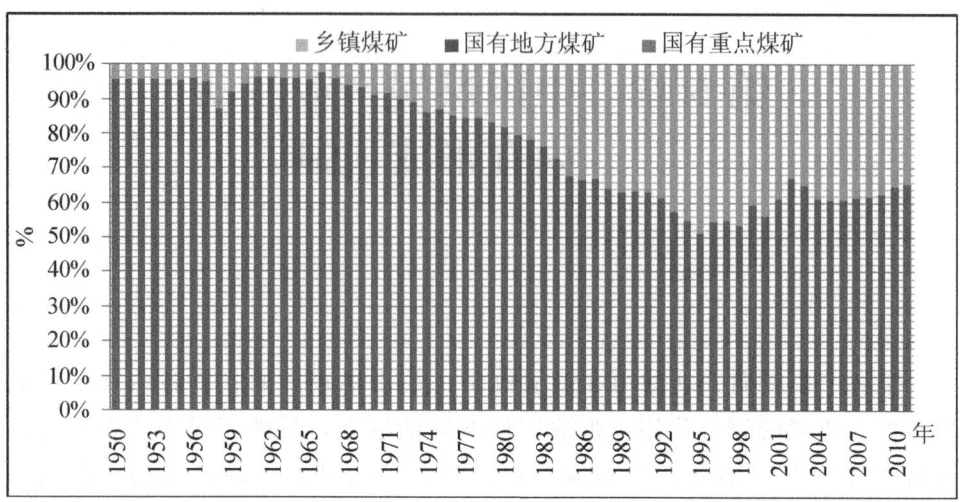

图 5-1　1950—2011 年中国煤炭产量结构变化趋势

表 5-1　1950—2011 年国有重点煤矿、国有地方煤矿和乡镇煤矿产量

年　份	国有重点煤矿	国有地方煤矿	乡镇煤矿		国有重点煤矿	国有地方煤矿	乡镇煤矿
1950	3018	1083	191	1981	33505	15999	12659
1951	3714	1357	237	1982	34990	17035	14607
1952	4834	1519	296	1983	36312	18134	17007
1953	5218	1439	311	1984	39470	17765	21688
1954	6228	1764	374	1985	40626	18278	28324
1955	7300	2061	469	1986	41392	18138	29874
1956	8151	2441	444	1987	42620	18138	29874
1957	9433	2991	649	1988	43445	19389	35153
1958	15777	7755	3468	1989	45830	20600	38985
1959	21643	12346	2890	1990	48022	20509	39399
1960	24036	13490	2195	1991	48060	20356	40012
1961	17554	9208	1000	1992	48254	20282	42919
1962	14755	6395	805	1993	45803	20403	48931
1963	15219	5728	850	1994	46867	20596	55490
1964	15056	5508	893	1995	48228	21335	66600
1965	16428	5779	973	1996	53725	22206	63769
1966	18072	6507	568	1997	52916	22567	61817

续表

年 份	国有重点煤矿	国有地方煤矿	乡镇煤矿		国有重点煤矿	国有地方煤矿	乡镇煤矿
1967	13588	6135	847	1998	50349	21285	61966
1968	14730	5937	1292	1999	51300	21400	49500
1969	17857	6984	1754	2000	53600	19400	56900
1970	22672	9584	3143	2001	61800	22500	53800
1971	24658	11360	3212	2002	71200	26300	48000
1972	24922	12101	4024	2003	83000	28700	60500
1973	24767	12316	4614	2004	91900	29500	77800
1974	24278	11346	5693	2005	104000	30000	86500
1975	27995	13922	6307	2006	111957	31985	93358
1976	27364	13850	7131	2007	121491	33846	97263
1977	29527	16973	8568	2008	137781	34971	107448
1978	34184	18070	9532	2009	149000	36000	112300
1979	35777	17146	10631	2010	173000	37000	114000
1980	34439	16212	11362	2011	172143	57911	121946

5.1.1 中国煤炭生产结构波动分析

采用 CF 滤波法对 1950—2011 年的国有重点煤矿、国有地方煤矿和乡镇煤矿的产量取对数后进行分解，分离出周期波动变量，波动特征如图 5-2、图 5-3、图 5-4 和图 5-5 所示。

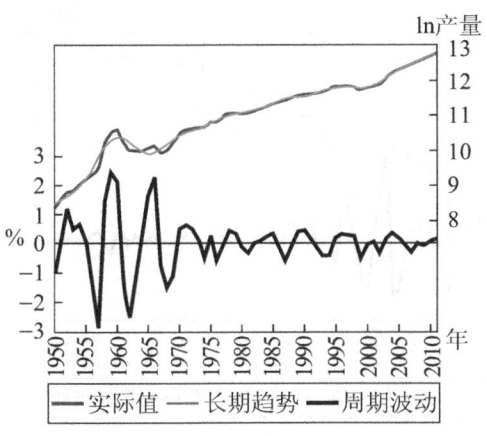

图 5-2 全国煤炭产量波动特征

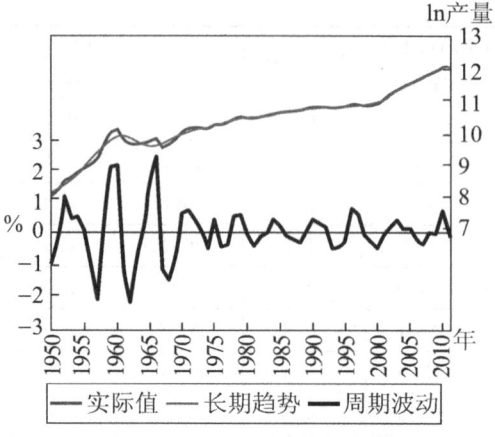

图 5-3 国有重点煤矿波动特征

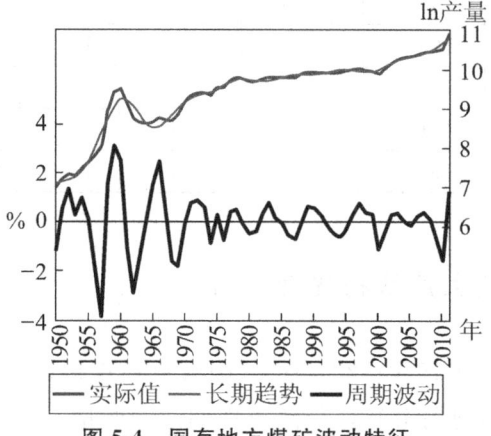

图 5-4 国有地方煤矿波动特征

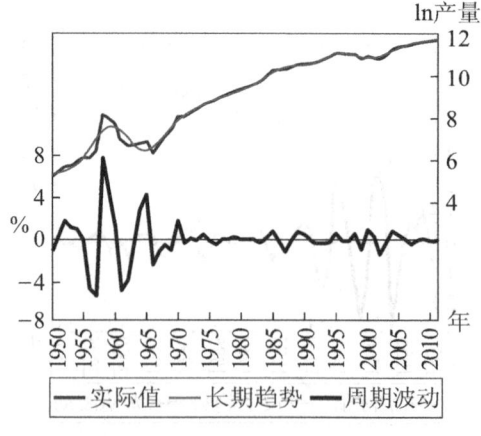

图 5-5 乡镇煤矿波动特征

(1) 国有重点煤矿波动特征分析

从图 5-3 可以看出，国有重点煤矿产量周期波动整体呈现减缓的趋势，尤其是 1978 年以后，整体波动态势平稳，处于高位增长的态势。对比图 5-2，可以发现国有重点煤矿的周期波动与全国煤炭产量波动高度正相关，无论是从持续时间还是波动的拐点来看都与全国产量波动保持了较强的同步性。从波动转折点来看，从 2009 年以来，国有重点煤矿进入周期波动的收缩阶段。

(2) 国有地方煤矿波动特征

对比图 5-2 和图 5-4，国有地方煤矿生产周期波动总体呈现变缓的趋势，波动幅度大于全国煤炭产量波动幅度，在周期波动时间和转折点方面与全国产量波动的同步性较差。从 2008 年以后，国有地方煤矿进入扩张周期，这与煤炭资源整合、关小上大的产业政策密切相关，国有地方煤矿取得了较快发展。

(3) 乡镇煤矿波动特征

乡镇煤矿的波动特征最为显著。改革开放后，乡镇煤矿生产波动性急剧降低。若用标准差衡量波动的幅度，乡镇煤矿产量波动标准差由 1978 年之前的 0.27 下降至 0.11。乡镇煤矿生产的波动性主要是政策性波动，波动的弹性大。从 2007 年以来，随着国家对煤炭生产结构调整政策力度的加大，乡镇煤矿生产受到抑制，产量增速下降，处于周期波动的收缩期。

5.1.2 中国煤炭生产结构波动特征事实

表 5-2、表 5-3 和表 5-4 计算了国有重点、国有地方、乡镇煤矿产量波动的标准差、自相关系数和时差相关系数。其中标准差反映了波动性，自相关系数反映了波动的持续性，时差相关系数反映了与全国煤炭产量波动的协动特征。

从波动性来看，国有重点煤矿产量的波动性最小，标准差为 0.08；其次是全国煤炭产量，标准差为 0.09；国有地方煤矿波动性的标准差为 0.12；而乡镇煤矿产量的波动性最大，标准差达到了 0.19，是全国产量波动性的 2 倍。整体来看，改革开放以后，煤炭生产的波动性在降低，尤其是乡镇煤矿的波动性降低幅度最大，波动性小于国有地方煤矿产量波动。

表 5-2　1950—2011 年中国煤炭产量总量波动与主要生产部门波动关系

波动指标	波动性（标准差）		自相关系数	与全国产量的时差相关系数				
	绝对	相对		-2	-1	0	1	2
全国煤炭	0.09	1.00	0.36					
国有重点	0.08	0.90	0.33	-0.44	0.32	0.96	0.38	-0.43
国有地方	0.12	1.25	0.33	-0.47	0.24	0.91	0.46	-0.29
乡镇煤矿	0.19	2.04	0.17	-0.02	0.65	0.70	-0.18	-0.59

表 5-3　1950—1977 年中国煤炭产量总量波动与主要生产部门波动关系

波动指标	波动性（标准差）		自相关系数	与全国产量的时差相关系数				
	绝对	相对		-2	-1	0	1	2
全国煤炭	0.13	1.00	0.36	-0.44	0.36	1.00	0.36	-0.44
国有重点	0.12	0.88	0.33	-0.45	0.32	0.98	0.37	-0.45
国有地方	0.16	1.20	0.37	-0.52	0.24	0.97	0.48	-0.31
乡镇煤矿	0.27	2.05	0.18	0.00	0.68	0.70	-0.19	-0.61

表 5-4　1978—2011 年中国煤炭产量总量波动与主要生产部门波动关系

波动指标	波动性（标准差）		自相关系数	与全国产量的时差相关系数				
	绝对	相对		-2	-1	0	1	2
全国煤炭	0.029	1.00	0.29	-0.41	0.29	1.00	0.29	-0.41
国有重点	0.035	1.21	0.28	-0.33	0.24	0.65	0.45	-0.15
国有地方	0.059	2.06	0.10	-0.02	0.24	0.37	0.28	-0.15
乡镇煤矿	0.054	1.87	-0.07	-0.39	0.05	0.72	0.02	-0.32

从波动的持续性来看，改革开放以后波动的持续性明显变弱。乡镇煤矿在三个时间段内都表现出了弱持续性，说明受短期政策性冲击较大，乡镇煤矿产量总体呈增长趋势；全国煤炭产量、国有重点煤炭产量、国有地方煤矿产量在改革开放后，波动的持续性明显减弱。煤炭产出波动持续性减弱的现象说明，外部冲击对于煤炭产业的冲击逐步减弱。

时差相关系数表明：国有重点煤矿与全国产量总体呈现出高度同期相关性，1950—2011 年同期相关系数达到了 0.96，但是随着时间推移相关性弱化，改革开放后相关性降到 0.65；国有地方煤炭产量波动与全国产量波动具有很强的相关性，1950—2011 年相关系数达到了 0.91，但是改革开放后相关性急剧降低，相关系数仅为 0.37，呈弱相关性；而乡镇煤矿与全国煤炭产量的相关系数是最小的，但是改革开放后的相关系数却是最大，达到了 0.72。这说明改革开放后，煤炭产业政策的变动对煤炭产出总量的波动产生了较大影响。

5.1.3 生产结构波动对煤炭产出波动的动态影响

（1）格兰杰因果检验

格兰杰因果关系检验能够有效地解决经济时间序列经常出现的伪相关问题。为了研判煤炭总产周期波动指标与生产结构周期波动之间是否存在关联性，本书对国有重点、国有地方和乡镇煤矿周期波动指标与总体煤炭产出波周期波动进行了格兰杰r因果检验。检验结果见表 5-5。

表 5-5 煤炭总产（出）波动与生产部门波动的格兰杰检验结果

零 假 设	滞后阶数	F 统计值	概率
国有重点波动不是引起煤炭总产波动的格兰杰原因	2	0.048	0.95
煤炭总产波动不是引起国有重点波动的格兰杰原因		2.99	0.05
国有地方波动不是引起煤炭总产波动的格兰杰原因	2	0.435	0.65
煤炭总产波动不是引起国有地方波动的格兰杰原因		3.495	0.04
乡镇煤矿波动不是引起煤炭总产波动的格兰杰原因	2	3.9155	0.02
煤炭总产波动不是引起乡镇煤矿波动的格兰杰原因		3.933	0.03
国有地方波动不是引起国有重点波动的格兰杰原因	2	1.821	0.17
国有重点波动不是引起国有地方波动的格兰杰原因		2.709	0.07
乡镇煤矿波动不是引起国有重点波动的格兰杰原因	2	10.22	0.00
国有重点波动不是引起乡镇煤矿波动的格兰杰原因		3.306	0.04
乡镇煤矿波动不是引起国有地方波动的格兰杰原因	2	3.735	0.03
国有地方波动不是引起乡镇煤矿波动的格兰杰原因		3.831	0.03

从格兰杰因果检验可以看出，在 5% 显著水平下，全国产量波动和乡镇煤矿波动之间存在双向影响关系，与国有重点煤矿、国有地方煤矿存在单向影响关系，即全国煤炭产量波动引起国有重点产量和国有地方煤矿产量波动，而国

有重点煤矿和国有地方煤矿波动不会引起全国产量波动；乡镇煤矿产量波动与国有重点产量波动、国有地方产量波动存在双向波动关系；国有重点煤矿和国有地方煤矿之间的波动不存在相互之间的传导关系。从格兰杰因果关系来看，乡镇煤矿产量波动是一个非常活跃的因素，一旦乡镇煤矿发生波动将会对全国煤炭产量、国有重点煤矿产量和国有地方煤矿产量造成影响。

（2）TVP 模型的动态影响分析

一般的计量经济模型，通常都假定在所研究的样本区间内经济变量之间的数量关系是既定的，即不随时间变化，因而使用 OLS、协整等固定参数的方法来计算。然而由于煤炭生产结构的逐步变化，解释变量对被解释变量在样本区间内不同时间点上的影响也可能会随之改变，以往不变系数的计量模型将不能表现这种变化。因此，为了分析煤炭生产结构对煤炭产出波动的动态贡献，本书采用了可变参数（Timevarying Parameter，TVP）模型。可变参数模型可以写成状态空间形式：

量测方程：

$$y_t = Z'_t \alpha_t + x'_t \beta_t + \varepsilon \tag{5-1}$$

状态方程：

$$\beta_t = \psi \beta_{t-1} + \eta_t$$

$$(u_t, \varepsilon_t)' \sim N\left(\begin{bmatrix} 0 \\ 0 \end{bmatrix}, \begin{bmatrix} \sigma^2 & 0 \\ 0 & Q \end{bmatrix}\right) \tag{5-2}$$

在式（5-1）中，是具有固定系数 α 的解释变量的集合 x_t 是具有随机系数 β_t 的解释变量的集合。随机系数向量 β_t 是对应于式（5-1）中的状态向量，称为可变参数。变参数 β_t 是不可观测变量，必须利用可观测变量 yx 和 xt 来估计。假定变参数 β_t 的变动服从于 AR(1) 模型（也可以简单地扩展为 AR(p) 模型），扰动向量 u_t，ε_t 假定为相互独立的，且服从均值为零，方差为 σ^2 和协方差矩阵为 Q 的正态分布。可变参数模型的计算使用 Kalman 滤波方法。采用 EVIEWS6.0，可变参数模型检验结果见表 5-6。

根据表 5-6，煤炭生产结构变动对产出波动贡献的可变参数模型为：

$$Y = -8.434 + 0.17Y_1 + 0.12 \times Y_2 + 0.69 \times Y_3 + \mu_t \tag{5-3}$$

式（5-3）中，Y 代表全国煤炭产量波动分量，Y_1 代表国有重点煤矿波动分量，Y_2 代表国有地方煤矿波动分量，Y_3 代表乡镇煤矿波动分量。从估计结果可见，国有重点、国有地方和乡镇煤矿对煤炭产出波动都有显著贡献，贡献和为

表 5-6　可变参数模型检验结果

	方程系数	标准误差	Z 统计量	概率
C(1)	−8.434	0.114	−73.99	0.00
	最终状态	均方误差	Z 统计量	概率
SV1	0.69	0.025	28.12	0.00
SV2	0.12	0.028	4.24	0.00
SV3	0.17	0.0054	32.43	0.00
似然比值	142.55	赤迟信息准则		−4.57
参数	1	施瓦茨准则		−4.53
扩散先验	3	汉南—奎因准则		−4.55

0.69+0.12+0.17=0.98，经济意义合理。其中，乡镇煤矿波动对煤炭总产出波动的贡献最大，占到 69%，其次是国有重点煤矿，占 17%，最后是国有地方煤矿，占 12%。表 5-6 检验结果显示，模型中煤炭生产结构的波动很好地解释了煤炭总产的波动。各次产业对经济波动贡献的动态变化曲线如图 5-6 所示。

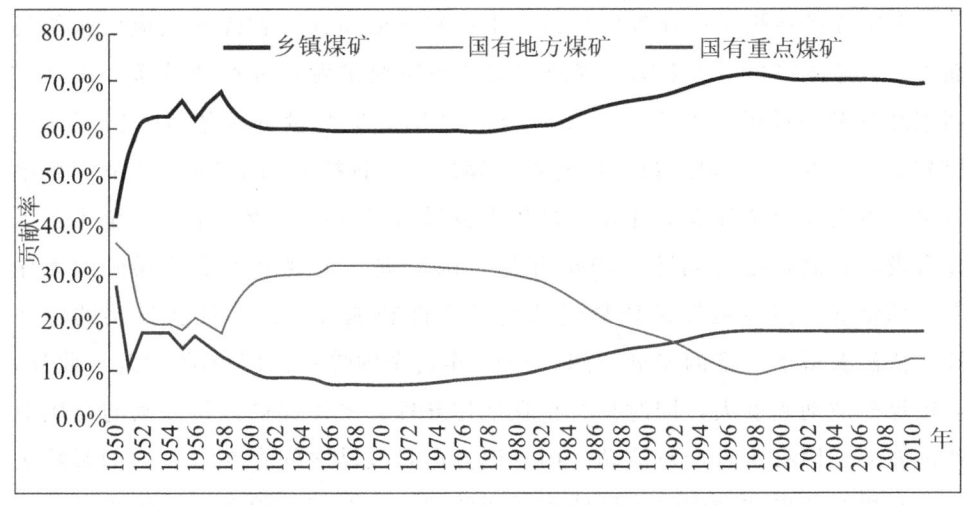

图 5-6　煤炭生产结构对整体产出波动贡献的动态变化曲线

从图 5-6 中可见，乡镇煤矿产出波动对煤炭总产出波动的贡献最大，并且比较平稳，从 1960 年以后对总体产出波动的贡献在 65% 左右；国有重点煤矿波动对全国煤炭产出波动的贡献呈先升后降的趋势，从 1993 年以后对全国煤炭产出波动的贡献约 17%；国有地方煤矿波动对煤炭总产出波动经历了较大的波动，经历下降、上升再下降的过程，并在 1992 年与国有重点煤矿的贡献占比发生交叉，降至第三位，并基本稳定在 12% 左右。

(3) 中国煤炭产出周期波动的产业结构特征小结

通过前述分析，可以看出我国煤炭生产周期波动正在趋于稳定，主要得益于主要生产部门的平稳增长，尤其以乡镇煤矿的贡献最大。煤炭生产三个主要部门周期波动具有自身的显著特征，其对煤炭总产出整体波动的影响程度是不同的。总体而言，乡镇煤矿是平稳煤炭总产出整体波动的最主要推动力量。

在煤炭三个主要生产部门中，国有煤矿产量一直是全国煤炭产量的主力军，累计产出占全国煤炭累计总产出的 50%。相比之下，国有重点煤矿的波动幅度最小，与全国煤炭产出波动的协动性最强。格兰杰因果检验显示，国有重点煤矿产量波动受全国产出的影响但其波动并不引起全国煤炭产出波动，生产具有较强的稳定性。因此国有重点煤矿的持续稳定增长，以及在煤炭总产比重的不断提高是我国煤炭产出平稳发展必要的条件。

乡镇煤矿在煤炭产业发展的过程中一直饱受争议。在煤炭供应紧张的局面下，20 世纪 70 年代末国家提出了扶持乡镇煤矿发展的产业政策，满足了国家经济发展对煤炭的需求。1984 年，乡镇煤矿产量首次超过了国有地方煤矿。在 1993 年产量超过了国有重点煤矿，一直持续到 1998 年的亚洲金融危机。然而乡镇个体煤矿在发展过程中也暴露了资源浪费严重、安全生产事故多发、官商勾结等问题。1998 年后，国家进一步规范了乡镇煤矿的无序发展的情况。但乡镇煤矿依靠经营的灵活性和地方经济、就业连接的紧密性，依然获得了一定的发展空间，2011 年占全国煤炭供应中的 33%。此外，乡镇煤矿波动幅度大，同时具有很强地传导性：乡镇煤矿产量波动与全国总产出波动、国有重点产量波动、国有地方产量波动之间存在着双向的影响关系，是煤炭产出波动中最为敏感和活跃的因素。改革开放后，乡镇煤矿波动性明显减弱，对于缓解煤炭产业产出的波动起到了重要的推动作用。随着今后乡镇煤矿在全国煤炭产出中所占份额的下降，可以预测，全国煤炭总产出的波动性还将进一步降低。因此，限制性发展乡镇煤矿，有利于全国煤炭总产出的平稳发展。

5.2 生产区域波动对煤炭产业波动的影响

我国煤炭资源分布的总体格局是北富南贫，西多东少，煤炭的赋存量与经济发展呈逆向分布，北煤南运、西煤东调的格局将长期存在。我国煤炭资源、生产与消费在空间上的错位性分布，致使煤炭资源调配流动成为一种广域性、大规模且具有广泛经济社会效应的空间现象。

5.2.1 中国煤炭区域供应格局的时空演变

(1) 煤炭生产区域供应现状

2010年我国煤炭产量32.4亿吨。从区域分布看，东部、中部地区产量比重出现下降，西部地区产量比重显著提高。2010年，东部地区煤炭产量4.8亿吨，占全国的14.8%，比2005年降低6.9个百分点；中部地区煤炭产量11.3亿吨，占全国的34.9%，比2005年降低6.8个百分点；西部地区煤炭产量16.3亿吨，占全国的50.3%，比2005年提高13.8个百分点。如图5-7所示。

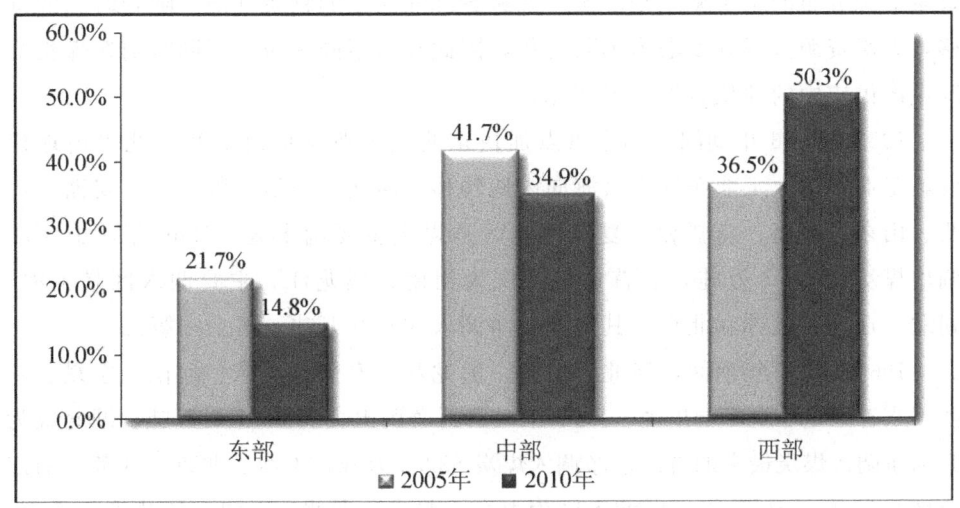

图5-7 地区煤炭产量比重变化示意图

从主要产煤省区看，2010年煤炭产量超过1亿吨的省区有7个，依次是山西、内蒙古、陕西、河南、山东、贵州、安徽，煤炭产量23.7亿吨，占全国的73.1%。

黑龙江、四川、云南、新疆、河北、湖南、宁夏、辽宁等 8 省区产量超过 5000 万吨，产量 6.4 亿吨，占全国的 19.8%。甘肃、吉林、重庆、江西、江苏、福建、青海、湖北、广西、北京产量较低，都是煤炭净调入区。如图 5-8 所示。

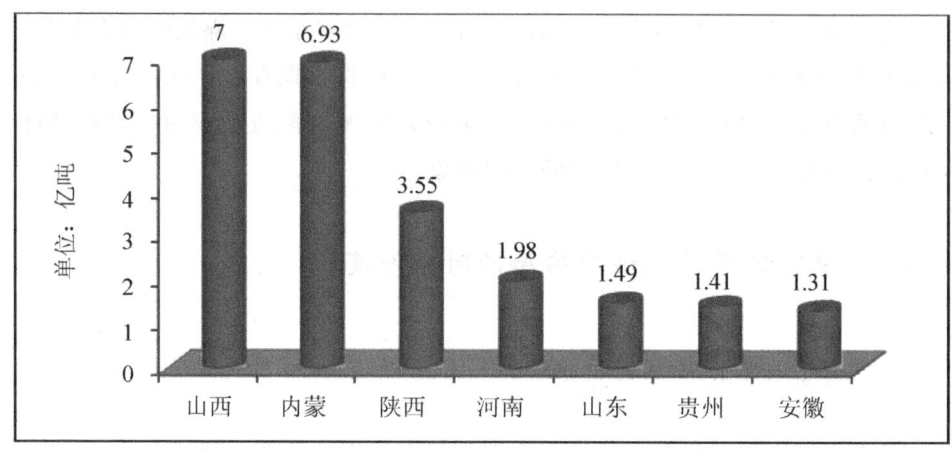

图 5-8 2010 年煤炭产量过亿吨省区示意

（2）区域煤炭资源调运流动格局

煤炭资源的分布不仅具有总量特征，而且还有结构特征和空间特征。中国煤炭资源分布的不平衡，是煤炭资源跨省际间流动的物质基础。随着时间的推移，煤炭资源区域开发潜力不断变化，因此导致不同区域在不同时期在煤炭资源生产供应中的地位也发生了变化。

1957—1966 年期间，国家重点加快东北老工业基地改造和华北等内地建设新工业基地，工业布局由沿海向内地转移。河北、山西、黑龙江、安徽、江西、山东、河南、新疆和宁夏等九省区是煤炭主要调出区。1966 年，山西净调出煤炭 2295.7 万吨，居首位，其次为河南、黑龙江。主要调入区是上海、湖北、辽宁、江苏和北京，其中湖北净调入 670.9 万吨，居全国第二。

1966—1975 年期间，河北、山西、黑龙江、安徽、山东、河南、宁夏、新疆等八省区是煤炭净调出区。1970 年，山西净调出煤炭 2591.9 万吨。湖北成为全国净调入煤炭最多的省区，净调入煤炭 882.2 万吨，上海、北京、江苏、浙江分列 2~5 位。1975 年主要调入区为上海、北京、湖北、天津、江苏等 5 省市，其中天津净调入煤炭 861.8 万吨，位居全国第四，用煤需求增长迅速。

1976—1985 年期间，山西、内蒙古、黑龙江、安徽、河南、贵州、陕西、宁夏和新疆等 9 省区是煤炭净调出区，其中内蒙古、贵州、陕西等三省区在

1980 年首次成为煤炭净调出区，净调出煤炭 203.8 万吨、229.2 万吨、149.9 万吨。辽宁成为最大的煤炭调入区，1985 年净调入煤炭 2566.8 万吨，其次是上海、湖北、北京、天津、江苏、浙江，净调入煤炭量均超过 1000 万吨。其中，河北省首次由煤炭净调出区转变为煤炭净调入区。中国的煤炭供应格局基本转变为中西部地区。

1985—1990 年期间，山西、内蒙古、黑龙江、河南、贵州、宁夏、新疆等七省区是煤炭净调出区，其中安徽、山东首次从净调出区变为净调入区。辽宁依然是全国最大的净调入区，其次是上海、湖北、江苏、北京、天津、浙江和广东，其中广东净调入量在 1990 年超过 1000 万吨。

1991—1995 年期间，山西、内蒙古、黑龙江、安徽、河南、湖南、四川、贵州、云南、陕西、宁夏和新疆等 12 省区是煤炭净调出区，其中 1995 年山西省煤炭调出突破了 2 亿吨，达到了 2.43 亿吨；四川、湖南、云南由净调入区变为净调出区。江苏省超过辽宁成为全国最大的煤炭净调入区，1995 年净调入煤炭达到 4436 万吨，其次是辽宁、上海、湖北、河北等省市，其中山东省净调入煤炭量达到了 1857 万吨。

1996—2000 年期间，山西、内蒙古、黑龙江、安徽、河南、重庆、贵州、云南、陕西、宁夏和新疆等 11 省区是煤炭净调出区，四川和湖南转为净调入区。江苏依然是全国最大的煤炭净调入区，其次是上海、辽宁、河北等。

2001—2010 年期间，山西、内蒙古、安徽、贵州、云南、陕西、宁夏和新疆等 8 省区是煤炭净调出区。其中 2010 年山西煤炭净调出量为 4.55 亿吨，内蒙古净调出量达到 4.4 亿吨，陕西净调出量为 2.53 亿吨。江苏、山东、广东、浙江和河北成为煤炭净调入区，其中江苏煤炭净调入量达到 2 亿吨。

从我国煤炭资源的省际调入调出的空间转移过程来看，煤炭资源供应基本集中到晋陕蒙宁新和云贵 7 个省区，而煤炭净调入区基本转移到中东部地区，煤炭生产中心和消费中心格局基本定型。

5.2.2 中国煤炭生产区域波动特征

(1) 煤炭生产区划

煤炭工业"十二五"规划中，将全国煤炭生产规划分为东部、中部和西部三个规划区，并提出全国煤炭开发总体布局是控制东部、稳定中部、发展西部。从我国煤炭资源区域生产开发的时空演变来看,西部地区中晋陕蒙宁甘新成为未来相当一段时期内煤炭生产供应的主要地区。因此本书通过咨询中国煤炭工业协会、中国煤炭工业发展研究中心等研究机构,将中国煤炭生产区域划分为七大区域:

晋陕蒙宁甘新规划区:山西、陕西、内蒙古、宁夏、甘肃、新疆等6省区。

云贵规划区:贵州、云南。

京津冀规划区:北京、天津、河北。

东北规划区:辽宁、吉林、黑龙江。

华东规划区:上海、江苏、浙江、安徽、福建、江西、山东。

中南规划区:河南、湖北、湖南、广东、广西、海南。

川渝青藏规划区:四川、重庆、青海、西藏。

(2) 中国煤炭区域产量波动特征

采用CF滤波法,对全国煤炭产量和七大区域煤炭产量进行分解,进一步分析七大区域煤炭产量波动特征及与全国煤炭产量波动的关系。CF滤波分解如图5-9所示。

图5-9给出了全国及大地区煤炭产出长期趋势和周期波动曲线。表5-7、表5-8和表5-9中,分别给出七大产煤地区产出和全国煤炭产出周期波动的标准差、自相关系数和时差相关系数等统计指标的数值。

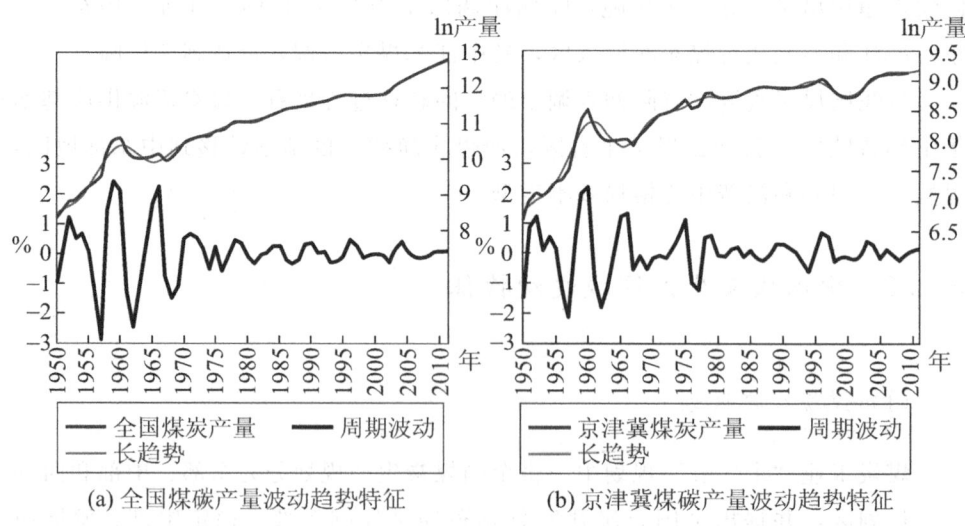

(a) 全国煤碳产量波动趋势特征　　(b) 京津冀煤碳产量波动趋势特征

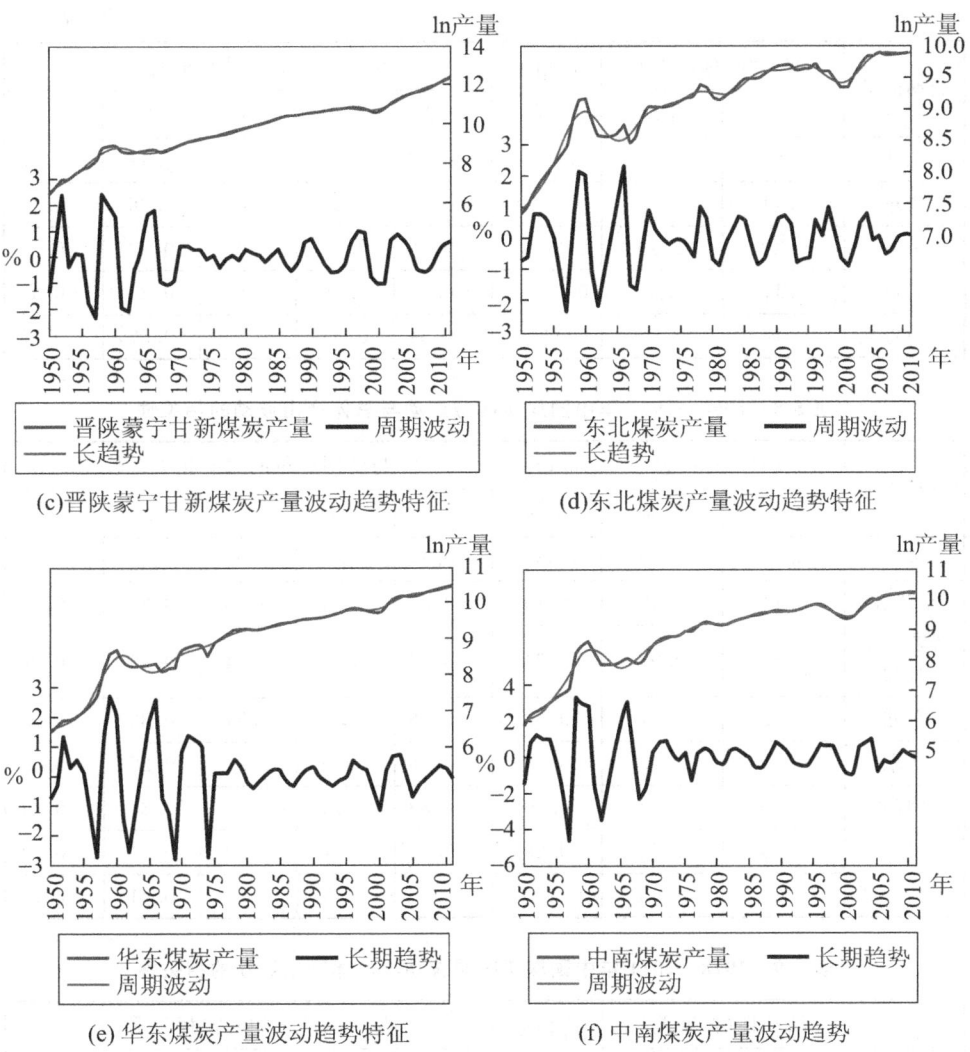

图 5-9　1950—2011 年中国区域煤炭生产波动趋势特征

表 5-7　1950—2011 年中国煤炭区域波动与总体产出波动的相关性

周期波动	波动性(标准差)		自相关系数	与全国产量的时差相关系数				
	绝对	相对		−2	−1	0	1	2
全国煤炭	0.10	1.00	0.384*	−0.42	0.38	1.00	0.38	−0.42
京津冀	0.10	1.00	0.293*	−0.48	0.26	0.85	0.37	−0.26
晋陕蒙宁甘新	0.08	0.80	0.286*	−0.26	0.49	0.94	0.17	−0.49

续 表

周期波动	波动性（标准差）		自相关系数	与全国产量的时差相关系数				
	绝对	相对		-2	-1	0	1	2
东北	0.09	0.92	0.329*	-0.46	0.28	0.90	0.41	-0.38
华东	0.11	1.12	0.291*	-0.33	0.31	0.89	0.36	-0.42
中南	0.13	1.39	0.304*	-0.38	0.38	0.96	0.33	-0.39
云贵	0.17	1.75	0.307*	-0.33	0.48	0.89	0.26	-0.45
川渝青藏	0.16	1.60	0.414*	-0.54	0.25	0.90	0.57	-0.25

表 5-8　1950—1977 年中国煤炭区域波动与总体产出波动的相关性

波动指标	波动性（标准差）		自相关系数	与全国产量的时差相关系数				
	绝对	相对		-2	-1	0	1	2
全国煤炭	0.13	1.00	0.36*	-0.44	0.36	1.00	0.36	-0.44
京津冀	0.11	0.82	0.29	-0.25	0.38	0.88	0.24	-0.51
晋陕蒙宁甘新	0.13	0.97	0.24	-0.53	0.12	0.94	0.49	-0.26
东北	0.12	0.87	0.30	-0.48	0.36	0.94	0.32	-0.43
华东	0.15	1.16	0.28	-0.39	0.40	0.91	0.27	-0.37
中南	0.19	1.42	0.30	-0.38	0.33	0.97	0.35	-0.41
云贵	0.23	1.75	0.29	-0.50	0.21	0.89	0.51	-0.31
川渝青藏	0.22	1.65	0.41*	-0.24	0.59	0.91	0.21	-0.59

表 5-9　1978—2011 年中国煤炭区域波动与总体产出波动的相关性

周期波动	波动性（标准差）		自相关系数	与全国产量的时差相关系数				
	绝对	相对		-2	-1	0	1	2
全国煤炭	0.05	1.00	0.38*	-0.32	0.51	1.00	0.51	-0.32
京津冀	0.03	0.61	0.26	-0.27	0.29	0.67	-0.09	0.49
晋陕蒙宁甘新	0.06	1.23	0.48*	-0.30	0.50	0.94	-0.27	0.50
东北	0.06	1.21	0.37*	0.14	0.68	0.75	-0.61	0.03
华东	0.04	0.82	0.35*	-0.73	-0.01	0.71	0.08	0.71
中南	0.05	1.15	0.36*	-0.44	0.32	0.88	-0.13	0.56
云贵	0.08	1.81	0.42*	-0.03	0.60	0.84	-0.46	0.27
川渝青藏	0.05	1.17	0.43*	-0.42	0.36	0.84	-0.11	0.63

1950年以来，我国七大产煤区域周期波动表现出如下几点特征：

① 从长期趋势来看，京津冀、东北、中南和川渝青藏四个产煤区总产出从2004年以来基本处于稳定状态，表明上述区域煤炭总产量已经接近了产量峰值，未来总产量增长潜力空间很小；晋陕蒙宁甘新地区总产出长期趋势处于明显的发展状态，增产潜力较大；华东和云贵地区增长平缓，未来还有一定的潜力空间，尤其是云贵区域，资源储量比较丰富，增长潜力大于华东地区。

② 从周期波动曲线之间的比较可以看出，我国七大产煤地区之间的波动呈现出极大的相似性，波峰、波谷、上升或下降的区间所对应的时间段几乎一致，与全国煤炭总产出的时差相关系数均大于0.6，显著正相关。

③ 从各曲线波动的趋势形态可以看出，改革开放后七大产煤地区产出周期波动的幅度都有显著的下降，其中中南、云贵、川渝青藏区域下降幅度最大，而晋、陕、蒙、宁、甘、新和东北区域波动性相对上升。这主要与我国不同时期煤炭资源区域开发强度有关，华东、东北、中南、川渝青藏区域煤炭资源开发较早，煤炭资源供应能力不足，产能稳中有降；晋、陕、蒙、宁、甘新资源量丰富，资源保障能力强，产量增长快速；云贵地区资源储量丰富，产量稳定增长。

④ 从波动的持续性来看，与全国序列相似，全国七大产煤区周期波动序列的自相关系数随时间推移增加，波动的粘持性有所提高，周期波动波长延长。这主要与不同产区发展态势不同，晋、陕、蒙、宁、甘、新、云、贵和华东还处于增长态势，由扩张引起持续波动；其他区域已经步入稳中有降的发展态势，由产出持续收缩引起持续波动。

5.2.3 区域波动对总产波动的动态影响

（1）方差分解法

方差分解法是波动分析中常用的方法。方差分解法是将研究变量的总体方差分解为不同品种和地域之间的方差和协方差。方差分解法能有效地分解出某波动分量自身及该波动分量与其他波动分量共同作用对总波动的影响贡献度。假设总波动Y由n个波动分量构成，则总波动的方差可以分解为各波动分量的方差及协方差之和。从现有文献看，大多数学者集中于研究波动分量的方差对总波动方差的影响，即波动分量自身对总波动的影响。然而一个波动分量对总波动的全部影响不仅仅是该波动分量自身对总波动的影响，该波动分量与其他波动分量相互作用对总波动的影响也应包括在内。若定义一个波动分量与其他波动分量的协方差之和为该波动分量的协方差项，则这个波动分量的协方差项对总波动方差的影响正是表示了该波动分量与其他波动分量相互作用对总波动产生的影响。因此，通过分析各波动分量的方差项和协方差项在总波动方差中所占比例，确定波动的主要来源。

$$\mathrm{Var}(Y)=\mathrm{Var}(Y_1+Y_2+\cdots+Y_n)=\sum_{i=1}^{n}\left[\mathrm{Var}(Y_i)+\sum_{i=1}^{i\neq j}\mathrm{Cov}(Y_i,Y_j)\right] \quad (5\text{-}4)$$

式（5-4）中，波动分量 Y_i 的方差项为 $\mathrm{Var}(Y_i)$，协方差项为 $\sum_{i=1}^{i\neq j}\mathrm{Cov}(Y_i,Y_j)$。定义波动分量的 Y_i 总贡献率为：

$$总贡献率=\frac{\mathrm{Var}(Y_i)+\sum_{i=1}^{i\neq j}\mathrm{Cov}(Y_i,Y_j)}{\mathrm{Var}(Y)}\times 100\% \quad (5\text{-}5)$$

式（5-5）中总贡献率表示某波动分量对总波动的全部影响。若某波动分量的总贡献率为正，表示该波动分量能引起总波动，总贡献率越大引起的总波动也就越大。若波动分量的总贡献率为负，则表示该波动分量能减小总波动。总贡献率绝对值越大，减小的总波动越大。

总贡献率又可分解为方差贡献率和协方差贡献率。

$$方差贡献率=\frac{\mathrm{Var}(Y_i)}{\mathrm{Var}(Y)}\times 100\% \quad (5\text{-}6)$$

$$协方差贡献率=\frac{\sum_{i=1}^{i\neq j}\mathrm{Cov}(Y_i,Y_j)}{\mathrm{Var}(Y)}\times 100\% \quad (5\text{-}7)$$

其中，式（5-6）中方差贡献率表示波动分量自身对总波动的影响。波动分量的方差贡献率始终为正，这意味着波动分量自身总能引起总波动。式（5-7）中协方差贡献率则表示某波动分量与其他波动分量相互作用对总波动的影响。若波动分量的协方差贡献率为正，表示该波动分量与其他波动分量相互作用有放大总波动的作用。若波动分量的协方差贡献率为负，则表示该波动分量与其他波动分量相互作用有助于减小总产出波动。

(2) 区域波动对煤炭总产波动的方差分解

本节运用方差分解法研究我国区域煤炭生产中期波动对全国煤炭总产出的影响。采用 CF 滤波分离出全国煤炭产量和七大区域煤炭产量的波动项，构成了方差分析和方差分解的原始数据。将七大区域煤炭生产周期波动项的方差与实际产出波动项的方差之比作为各构成成分的方差贡献率，反映了该构成成分自身的波动对实际产出波动的影响。将某区域煤炭产量周期波动项与其他区域煤炭产量周期波动项的协方差之和与实际产出波动项的方差之比作为该构成成分的协方差贡献率，反映了该区域煤炭生产周期波动成分与其他区域煤炭产量周期波动的共同作用对实际产出波动的影响。

进一步我们可以通过模拟得出区域波动对总产波动的影响弹性，也就是当某区域煤炭生产量增长1%时，总产量的变异系数会增长百分之几，变异系数增长的百分数就是影响弹性。从方差分解的结果我们看出，晋陕蒙宁甘新六省区的方差对总产方差的贡献最大，贡献率之和为27.8%；其次为华中、东北，贡献率在2%左右，华中和中南的贡献率在2%～1%之间，川渝青藏和京津冀的影响较小，分别为0.82%和0.37%。

从协方差项来看，各地区之间的协方差均为正值，表明各地区的煤炭生产波动都有不同程度的共振现象，也即各地区煤炭产量的增长与减少，几乎是同步的，只是程度不同罢了。这种共振性的原因主要是由于煤炭在我国能源供应中的不可替代性，煤炭是全国性供应能源，是经济发展的基础保障。在全国经济结构中工业处于主导地位的影响下，加之我国煤炭资源赋存的不平衡性和煤炭长距离调度滞后，导致煤炭区域在一定程度需要生产自给自足，因此煤炭供应波动具有较强的同步性特征。随着区域煤炭供应格局的演变，晋陕蒙宁甘新在全国煤炭供应中的重要性日趋加大，区域煤炭产量波动具有很强的带动性，协方差贡献率为18.8%，总贡献率达46.6%。

进一步我们来考察各地区的影响弹性。全国七大产煤地区的影响弹性都为正值，验证了我国煤炭生产区域性波动具有很强的同步性。其中，晋陕蒙宁甘新弹性系数最大，其次为中南和东北地区，是加剧总产波动的主要因素，对总产量的弹性影响分别为0.346%、0.154%和0.15%。总体来说，稳定上述区域煤炭产量可以有效减缓全国煤炭产量的波动。详见表5-10。

表 5-10 1950—2011 年我国煤炭产量方差的区域分解及影响弹性

方差	总产出	京津冀	晋陕蒙宁甘新	东北	华东	中南	云贵	川渝青藏
总产出	30937828	114769	8601066	621090	578763	694708	384598	255073
京津冀	114769	114769	426451	202723	148816	208137	102956	127482
晋陕蒙宁甘新	8601066	426451	8601066	1154377	1072399	1229598	1112947	833217
东北	621090	202723	1154377	621090	351331	492518	315574	291751
华东	578763	148816	1072399	351331	578763	460027	192443	279035
中南	694708	208137	1229598	492518	460027	694708	339127	374542
云贵	384598	102956	1112947	315574	192443	339127	384598	219155
川渝青藏	255073	127482	833217	291751	279035	374542	219155	250959
方差值	30937828	114769	8601066	621090	578763	694708	384598	255073
方差贡献率(%)		0.37	27.80	2.01	1.87	2.25	1.24	0.82
协方差值		1216564	5828990	2808273	2504052	3103949	2282203	2121069
协方差贡献率(%)		3.93	18.84	9.08	8.09	10.03	7.38	6.86
总贡献率(%)		4.30	46.64	11.08	9.96	12.28	8.62	7.68
影响弹性(%)		0.064	0.346	0.150	0.108	0.154	0.081	0.097

(3) 动态贡献分析

上一节采用方差分解法,分析了我国七大产煤区产出对全国总产量的影响。但这种分析是静态分析,并没有反映七大产区对全国总产的动态影响以及未来影响力变化趋势。本节采用可变参数(TVP)模型,研究七大产煤地区对我国煤炭总产波动的动态贡献。利用式(5-1)和式(5-2)进行参数估计的结果如下:

$$Y = -9.87 + 0.34 \times Y_1 + 0.11 \times Y_2 + 0.20 \times Y_3 + 0.13 \times Y_4 + 0.05 \times Y_5 + 0.12 \times Y_6 + 0.028 \times Y_7 \qquad (5-8)$$

从表 5-11 估计结果可见,七大产煤地区对总全国煤炭总体产出波动都有贡献,且系数均显著。其中,晋陕蒙宁甘新地区对总体经济波动的贡献最大且十分显著,总体煤炭产出波动 34% 是该区域引起;其次是东北地区,可以解释总体煤炭产出 20% 的波动,系数也比较显著;再次是华东地区,对总产波动的贡献率为 13%，云贵排在第五，贡献率为 12%，最小的是川渝青藏，波动贡献仅为 2.8%。

表 5-11 可变参数模型检验结果

	方程系数	标准误差	Z 统计量	概率
C(1)	−9.87	0.161	−62.54	0.00
主要参数	最终状态	均方误差	Z 统计量	概率
Y1	0.343	0.025	13.79	0.00
Y2	0.116	0.025	4.69	0.00
Y3	0.201	0.021	9.70	0.00
Y4	0.133	0.018	7.40	0.00
Y5	0.054	0.030	1.81	0.07
Y6	0.028	0.014	1.96	0.05
Y7	0.124	0.017	7.42	0.00
对数似然值	144.1869	赤池信息量准则		−4.62
参数	1	施瓦茨准则		−4.58
扩散先验	7	汉南—奎因准则		−4.61

图 5-10 给出了七大产煤区对全国煤炭总产波动贡献的动态变化曲线。

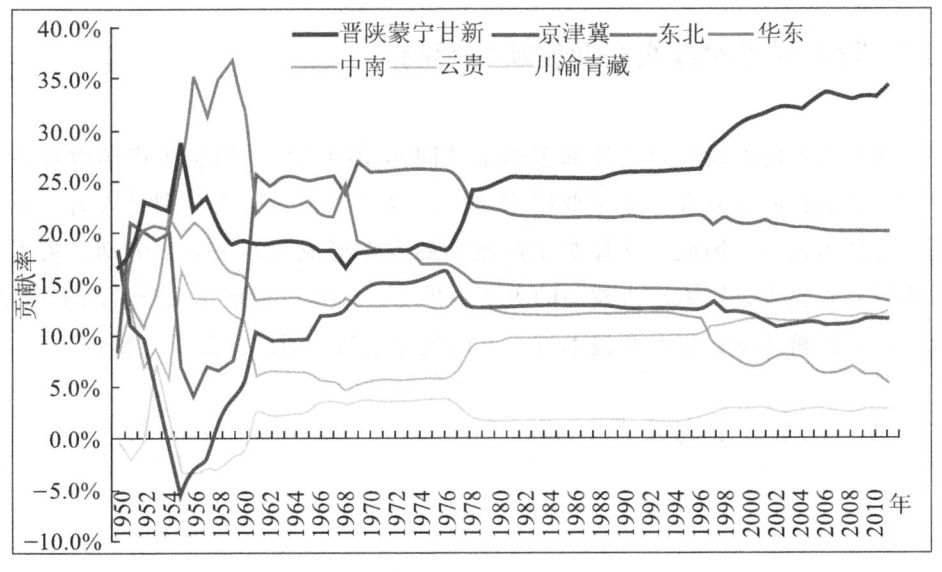

图 5-10 七大产煤区对全国煤炭总产波动贡献动态曲线

从图 5-10 中可见，我国七大产区对全国煤炭总产波动的贡献发生了较大变化。1978 年以后，晋、陕、蒙、宁、甘、新对我国煤炭总产波动的贡献率超过东北后，一直排在第一位，并呈逐年增长的趋势。东北地区产出波动对全国总产波动的贡献率波动较大，1957 年后贡献率急剧增加，到 1960 年超过华东，对全国煤炭总产贡献最大，1970 年后对全国的贡献率一直呈缓慢下降的趋势。1960 年以前，华东地区煤炭产出波动对全国波动的贡献率排在第一位，1962 年被东北地区超过后，对全国煤炭产出波动的贡献率不断下降。1954 年以后，中南地区煤炭产出波动对全国总产波动的贡献率一直处于下降的态势，1996 年后下降幅度较大，其贡献排在第六位。1953—1974 年间，京津冀地区煤炭产出波动对全国煤炭总产波动的贡献率呈上升趋势，从 1976 年后处于稳中下降的发展趋势。云贵地区煤炭产出波动对全国煤炭总产波动经历了下降、上升、再下降和再次上升四个阶段，1978 年以后呈稳定上升的态势，2000 年后超过京津冀地区，对全国煤炭总产出贡献率排在第四位。川渝青藏煤炭产出波动对全国总产出波动的贡献率相对平稳，1978 年后贡献率基本稳定在 3% 左右。

从我国区域煤炭供应时空格局的演变来看，京津冀、中南、东北煤炭资源经过多年的大强度开采，资源量日趋减少，在未来 10 年内产量基本进入稳定期，晋陕蒙宁甘新和云贵区域资源量较为丰富，是全国煤炭主要调出区，其产量波动对全国影响还会进一步加大。

5.3 投入要素对煤炭产业波动的影响

煤炭生产的波动是由内外部多因素共同作用的结果。根据生产函数理论，经济增长的机制建立在三个主要因素之上，这三个主要因素分别是人力资源、资本与技术进步。因此，从煤炭生产波动的内在形成机制来看，劳动、资本、技术等要素投入是影响产量波动的主要内生变量。本节根据煤炭产量的生产函数理论，分析劳动、资本和技术进步等内生要素波动对产量波动的影响。

5.3.1 模型选取与变量选择

(1) 生产函数

生产函数是描述生产过程中投入的生产要素的某种组合同它可能生产的最

大产量之间的依存关系,数学表达式为:$Q=AF(K, L, R)$,其中:Q代表产出,K代表资本,L代表投入的劳动,R代表自然资源,A代表经济体中的生产技术水平,F是生产函数。常用的生产函数形式主要有以下几种:线性(Linear)生产函数,广义柯布—道格拉斯生产函数(Cobb Douglas Production Function,简称C—D生产函数),常数替代弹性生产函数(Constant Elasticity of Substitution,简称CES生产函数)等。本书模拟估计了C—D生产函数。建立煤炭产量波动的柯布道格拉斯生产函数:

$$Y=AL^{\alpha}K^{\beta}T^{\gamma} \tag{5-9}$$

其中,Y为煤炭产量,A为系数,α,β,γ分别为影响煤炭产产量波动的劳动(L)、资本(K)和技术(T)系数。

对(5-8)式左右两端取自然对数,则得到:

$$\ln(Y)=\ln(A)+\alpha\ln(L)+\beta\ln(K)+\gamma\ln(T)+\mu_t \tag{5-10}$$

μ_t为第t期的随机干扰项。

(2) 变量选择

煤炭产量:以原煤产量作为代表煤炭产业主要变量,记为mtcl。

人力投入:选取煤炭采选业职工人数作为反映影响煤炭产量的劳动因素,记为mtjy。

资本投入:以历年煤炭产业固定资产投资作为反映煤炭产业投入的指标,记为mttz。为消除价格影响因素,本书采用GDP缩减指数(1952=100)对煤炭固定资产投资进行了平减。

技术进步:反映煤炭行业技术进步的因素有很多,包括采煤机械化水平、原煤工效等。根据数据代表性和可获得性原则,本书选取国有重点煤矿采煤机械化水平代表煤炭产业技术进步,记为mtjs。

本书选取1952—2011年的年度数据,数据源于国家统计年鉴和煤炭工业统计年鉴。为消除数据中可能存在的异方差,并且使其趋势线性化,对煤炭产量、煤炭就业人数和煤炭固定资产投资对数变换,变换后并不改变原序列的协整关系,LNmtcl、LNmtjy、LNmttz。煤炭产业技术进步代表为百分比。

5.3.2 投入要素与煤炭产出的协整关系

1987年Engle和Granger提出的协整理论及其方法,为非平稳序列的建模提供了另一种途径。虽然一些经济变量的本身是非平稳序列，但是，它们的线性组合却有可能是平稳序列。这种平稳的线性组合被称为协整方程，且可解释为变量之间的长期稳定的均衡关系。协整概念的提出为在两个或者多个非平稳变量间寻找均衡关系以及用存在协整关系的变量建立误差修正模型奠定了理论基础。

(1) 数据平稳性检验

根据协整的定义，两个时间序列变量之间存在协整关系需要一定的条件限制，即这两个变量必须符合同阶单整的条件，才可能存在协整关系。因此，在进行协整分析前，必须对各时间序列变量进行单整检验，确认各变量是同阶单整的时间序列变量，否则进行协整分析则可能发生错误。时间序列平稳性检验的方法较多，如序列的自相关分析图法、DF 检验法、Philip 的非参数检验法 (PP 检验)、ADF 检验法等，其中 DF 检验适用于时间序列变量为一阶自回归的情形，对于高阶自回归的时间序列变量经常使用 ADF 和 pp 检验法。本书选用 ADF 对数据进行单整检验。详见表 5-12。

表 5-12　变量的 ADF 单位根检验结果

变量名称	检验形式	ADF	5%	结论
LNmtcl	(C,0,10)	−1.262	−2.914	不平稳
LNmtjy	(0,0,10)	1.049	−1.947	不平稳
LNmttz	(C,T,10)	−2.450	−3.491	不平稳
LNmtjs	(C,T,10)	0.041	−3.489	不平稳
△LNmtcl	(C,0,10)	−4.561	−2.914	平稳
△Lnmtjy	(0,0,10)	−6.605	−1.947	平稳
△LNmttz	(C,T,10)	−4.884	−3.491	平稳
△LNmtjs	(C,T,10)	−3.700	−3.489	平稳

从表 5-12 检验结果可以看出，各相关变量的原始序列均没有通过平稳性检验，均存在单位根。各序列的一阶差分均通过了 ADF 检验，各序列平稳，无单位根。因此，可以判断各序列均为 I (1) 序列，这为进一步确定变量间的关系奠定了基础。

(2) 协整检验

协整关系的检验方法有：Engle-Granger 两步法、Johansen 极大似然法等。从已有研究对这些方法的使用效果来看，Engle-Granger 两步法对于两变量系统而言，具有较多优点。用于进行检验多个同阶单整变量之间是否存在协整关系，更多采用 Johansen 极大似然法（简称 JJ 检验法）。本书将采用 Eviews6.0 软件中的 JJ 检验法，对煤炭生产函数的协整关系进行研究。

为确定协整方程中合理的截距项和趋势项等信息，首先对各种选择进行比较。表 5-12 为综合比较结果，由于 AIC 与 SC、LogL 检验结果一致，表 5-13 仅列出 AIC 信息。

表 5-13 协整检验假设结果的综合比较

检验类型	无 无截距 无趋势	无 有截距 无趋势	线性 有截距 无趋势	线性 有截距 有趋势	二次方 有截距 有趋势
迹统计量	2	2	2	2	2
最大特征根	2	2	1	2	0
0	2.479	2.479	2.230	2.230	2.149
1	2.069	2.103	2.016	1.961	1.906
2	2.026	2.018	1.998	1.815 *	1.837
3	2.184	2.091	2.071	1.912	1.914
4	2.469	2.339	2.339	2.138	2.137

基于表 5-12 的检验结果，选择检验类型为有截距有趋势的协整检验，结果见表 5-14。

表 5-14 协整方程迹统计量检验结果

原假设	特征根值	迹统计量	5%临界值	概率值
不存在协整关系	0.459	63.811	55.246	0.007
最多一个协整关系	0.234	29.962	35.011	0.157
最多两个协整关系	0.188	15.266	18.398	0.130
最多三个协整关系	0.067	3.829	3.841	0.050

根据表 5-14 可以看出，煤炭产量、煤炭就业、煤炭固定资产投资和煤炭技术进步之间存在长期协整关系，协整方程见式（5-11）。从协整方程函数可以看出，煤炭产量和煤炭技术进步、煤炭就业人数、煤炭固定资产投资符合生产函数理论，国有重点煤矿采煤机械化水平每增加 1%，煤炭产量增加 0.0051%，煤炭就业每增加 1%，煤炭产量增加 0.19%，煤炭固定资产投资每增加 1%，煤炭产量增加 0.13%

$$lnmtcl = 0.0051mtjs + 0.13lnmttz + 0.19lnmtjy \quad (5-11)$$
$$(0.0038) \quad (0.035) \quad (0.057)$$

（3）误差修正模型

协整方程体现了变量之间的长期作用效力，考察变量之间的短期作用效力需要建立短期动态方程——误差修正模型（VECM 模型）。根据 AIC 和 SC 准则，确定最优滞后期为 3 期，表 5-15 为 VECM 模型的相关信息。

表 5-15　协整方程（5-11）的误差修正模型

变量	系数	标准误差	T统计值
CointEq1	−0.776683	0.15865	[−4.89543]
D(MTCL(−1))	0.631145	0.25724	[2.45348]
D(MTCL(−2))	−0.169508	0.21403	[−0.79197]
D(MTCL(−3))	0.165846	0.2146	[0.77281]
D(MTJY(−1))	0.000838	0.15074	[0.00556]
D(MTJY(−2))	0.252041	0.14931	[1.68803]
D(MTJY(−3))	−0.068583	0.14475	[−0.47380]
D(MTTZ(−1))	−0.040346	0.06067	[−0.66499]
D(MTTZ(−2))	0.006483	0.0616	[0.10524]
D(MTTZ(−3))	−0.059499	0.05983	[−0.99444]
D(MTJS(−1))	−0.011723	0.00584	[−2.00846]
D(MTJS(−2))	0.001115	0.00653	[0.17076]
D(MTJS(−3))	−0.000314	0.00612	[−0.05130]
C	0.025413	0.03798	[0.66914]
TREND(53)	0.000444	0.00113	[0.39330]
对数似然值	59.74624	AIC 准则	−1.627136
SC 准则	−1.079682	可决系数	0.65

根据上述分析，误差修正模型（ECM 模型）可以视为短期效力测度方程；根据表 5-15 信息，煤炭就业、煤炭投资和煤炭生产技术进步对煤炭产量的短期效力方程为：

$$D(MTCL) = -0.776 \times (MTCL(-1) - 0.189 \times MTJY(-1) - 0.128 \\ \times MTTZ(-1) - 0.005 \times MTJS(-1) - 0.031 \times @TREND(53) \\ -8.39) + 0.631 \times D(MTCL(-1)) - 0.170 \times D(MTCL(-2)) \\ +0.165845755671 \times D(MTCL(-3)) + 0.001 \times D(MTJY(-1)) \\ +0.252 \times D(MTJY(-2)) - 0.067 \times D(MTJY(-3)) - 0.04 \\ \times D(MTTZ(-1)) - 0.006 \times D(MTTZ(-2)) - 0.06 \times D(MTTZ \\ (-3)) - 0.012 \times D(MTJS(-1)) + 0.001 \times D(MTJS(-2)) - 0.0003 \\ \times D(MTJS(-3)) + 0.025 + 0.0004 \times @TREND(53) \quad (5-12)$$

从式 (5-12) 可以看出，ECM 模型的误差修正项为 -0.776<0，误差修正项为负反馈机制，并在统计上显著，符合修正意义，表明煤炭就业、煤炭投资和煤炭生产技术对煤炭产量具有短期作用效力。煤炭就业短期对煤炭产出的作用弹性为 0.25，对煤炭产量增长具有正向影响；煤炭固定资产投资在短期和煤炭技术进步短期内对煤炭产量的弹性系数为负，其中煤炭技术进步影响较为显著，短期弹性系数为 -0.012。模型也反映了对偏离长期均衡的调整力度，当短期波动偏离长期均衡时，将以 77.6% 的速度对下年的 D(Lnmtcl) 值产生影响，并在经过短期误差修正后，最终实现长期均衡。理论上讲，修正速度的大小反映了误差修正模型从非均衡向均衡靠近的快慢程度。可以看出，煤炭产量修正的速度还是比较快的。此外，样本的可决系数为 0.65，说明短期内煤炭产量 65% 的波动可由模型中三个变量解释。

(4) 脉冲响应分析

煤炭就业人数增长对煤炭产量的冲击。当本期煤炭产业就业人数受到 1 个百分点的正向冲击后，当期拉动煤炭总产量增长 0.085 个百分点，第 3 期的拉动作用达到最大，使总产量增长 0.125 个百分点，随后对煤炭产量增长的拉动迅速下降。通过脉冲响应可以判断，煤炭就业对煤炭产出具有正向冲击作用，且在第三年冲到冲击的峰值。

煤炭固定资产投资对煤炭产量的冲击。当煤炭固定资产投资受到 1 个百分点的正向冲击后，当期拉动煤炭产量增长 0.05 个百分点，随手冲击作用逐渐增强，第三期达到最大，拉动煤炭总产增长 0.078 个百分点。随后冲击逐渐减弱，第 8 期转为负向冲击。

煤炭技术进步对煤炭产量的冲击。当煤炭技术进步受到 1 个百分点的冲击（即采煤机械化水平提高 1 个百分点），对煤炭产量的拉动带来较正面影响，而且影响具有较长的持续效应，在第 5 期达到峰值并且产生稳定的拉动作用。

从图 5-11 可以看出，煤炭就业和煤炭固定资产投资对煤炭产量的拉动作用具有有限的影响，而煤炭技术进步即采煤机械化水平的提高对煤炭产量具有长期稳定的拉动作用。今后，国家应进一步出台相关政策，促使煤炭企业提高采煤机械化水平，稳定煤炭产量增长、减少人力成本和重复投资。

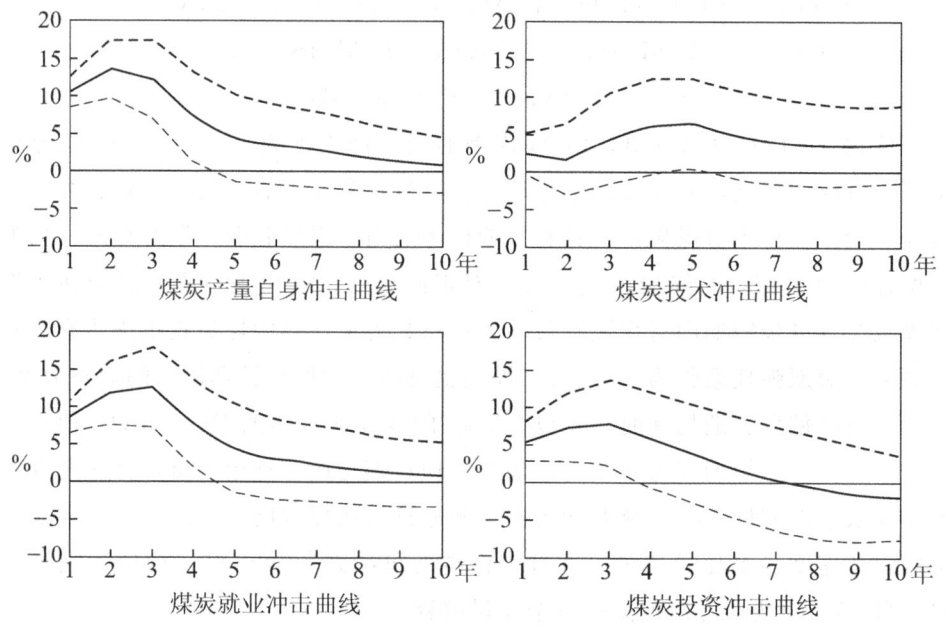

图 5-11　煤炭总产量对投入要素的脉冲响应轨迹

5.3.3　投入要素对煤炭产出波动的影响

本节通过研究人力、资本和技术进步波动对煤炭产量波动的动态影响关系。采用 CF 滤波法，分离出的波动分量分别记为 cycle-lnmtcl, cycle-lnmtjy, cycle-lnmttz, cycle-mtjs。

传统的经济计量方法是以经济理论为基础来描述变量关系的模型。但是，经济理论通常并不足以对变量之间的动态联系提供一个严密的说明，而且内生变量既可以出现在方程的左端又可以出现在方程的右端，使得估计和推断变得更加复杂。为了解决这些问题,出现了一种用非结构性方法来建立各个变量之间关系的模型,向量自回归(VAR)模型。VAR模型把系统中每一个内生变量作为系统中所有内生变量的滞后值的函数来构造模型,从而将单变量自回归模型推广到由多元时间序列变量组成的"向量"自回归模型。VAR模型是处理多个相关经济指标的分析与预测最容易操作的模型之一,并且在一定的条件下,多元MA和ARMA模型也可转化成VAR模型,因此近年来VAR模型受到越来越多的经济工作者的重视。

(1) 格兰杰因果检验

为了更准确地判断引起我国煤炭产量波动的投入因素,对1953—2011年我国实际煤炭产量、煤炭就业、煤炭固定资产投资和煤炭技术实际值的周期波动序列进行格兰杰因果检验,结果见表5-16。

表5-16 格兰杰检验结果

原 假 设	滞后阶数	F统计值	概率值
煤炭技术波动不是煤炭产量波动的格兰杰原因	2	2.482	0.09
煤炭产量波动不是煤炭技术波动的格兰杰原因		7.681	0.01
煤炭就业波动不是煤炭产量波动的格兰杰原因	2	1.504	0.23
煤炭产量波动不是煤炭就业波动的格兰杰原因		4.251	0.02
煤炭投资波动不是煤炭产量波动的格兰杰原因	2	0.027	0.97
煤炭产量波动不是煤炭投资波动的格兰杰原因		4.619	0.01
煤炭就业波动不是煤炭技术波动的格兰杰原因	2	5.465	0.01
煤炭技术波动不是煤炭就业波动的格兰杰原因		2.018	0.14
煤炭投资波动不是煤炭技术波动的格兰杰原因	2	1.915	0.15
煤炭技术波动不是煤炭投资波动的格兰杰原因		2.179	0.12
煤炭投资波动不是煤炭就业波动的格兰杰原因	2	0.760	0.47
煤炭就业波动不是煤炭投资波动的格兰杰原因		0.268	0.76

格兰杰因果检验的结果表明,在10%的显著性水平下,煤炭产量的波动与煤炭技术进步波动之间具有显著的相互影响关系,也就是说,煤炭技术进步波动引起煤炭产出波动,反过来,产出的波动又会带来技术进步的波动;煤炭就业波动不能引起煤炭产量波动,而煤炭产量波动会引起煤炭就业波动,煤炭产量和煤炭就业之间存在单向格兰杰因果关系;煤炭固定资产投资波动不能引起煤炭产量波动,而煤炭产量波动引起煤炭固定资产投资波动,二者之间存在单向格兰杰因果关系。在10%显著水平下,煤炭就业波动单向引起了煤炭技术进步波动,表明二者之间存在替代关系。煤炭固定资产投资与煤炭技术波

动、煤炭就业波动之间不存在格兰杰因果关系。表明，煤炭固定资产投资没有起到提高煤炭就业和提升煤炭技术进步水平的作用。

（2）VAR 模型分析

运用 VAR 模型的脉冲响应函数方法，来考察人力投入、技术进步、投资波动对煤炭产量波动的动态影响。

①VAR 模型的建立

为考察各要素对煤炭产量周期波动的影响，建立如下四变量 VAR 模型：

$$z_t = \sum_{i=1}^{p} A_i Z_{t-i} + \varepsilon_t \tag{5-13}$$

式（5-13）中，z_t 是由 cycle-lnmtcl、cycle-lnmtjy、cycle-lnmttz、cycle-mtjs 等 4 个内生变量组成的向量，p 是滞后阶数，样本个数为 T。A_i 为 $k \times k$ 维矩阵。et 是 k 维扰动向量，它们相互之间可以同期相关，但不与自己的滞后值相关即不与等式右边的变量相关，假设 S 是 et 的协方差矩阵，是一个（$k \times k$）的正定矩阵。本书滞后阶数的选取是根据似然比（LR）检验、AIC 和 BIC 信息准则来确定的，该模型确定滞后阶数为 5。

②广义脉冲响应函数（GIRF）

脉冲响应函数刻画的是在扰动项上加一个一次性的冲击对于内生变量当前值和未来值所带来的影响。对一个变量的冲击直接影响这个变量，并且通过 VAR 模型的动态结构传导给其他内生变量。大多数情况下，VAR 模型各估计方程扰动项的"方差—协方差"矩阵不是对角矩阵，这意味着扰动项向量 t_ε 中的其他元素会随着某个元素的变化而变化，这与计算脉冲响应函数时的假定相矛盾。因此必须首先对其进行正交处理得到对角化矩阵，由 Sims(1980) 提出的 Choleski 分解方法是最常用的方法。然而，Choleski 分解法的关键问题在于估计结果严重地依赖于 VAR 系统中各个变量的排序关系，因此本书运用改进的广义脉冲响应函数法来进行分析。GIRF 方法首先由 Koopetal(1996) 提出，Pesaran and Shin(1998) 对这一方法进行了拓展研究。

向量移动平均模型（VMA）为：

$$z_t = \sum_{i=0}^{\infty} \phi_i \varepsilon_{t-i} \tag{5-14}$$

其中 4×4 系数矩阵由下式计算而得：Φ_i

$$\Phi_i \sum_{j=1}^{i} \Phi_{i-j} A_j; \text{具 } \Phi_0 = I_4 \tag{5-15}$$

根据 Koop et al.(1996)，Pesaran and Shin(1998)，广义脉冲响应函数（GIRF）定义为：

$$GI_z = E(Z_{t+N} \mid \varepsilon_{kt} = \delta_k, \Omega_{t-1}^k) - E(Z_{t+N} \mid \Omega_{t-1}^k) \quad (5\text{-}16)$$

其中 δ_k 代表来自第 k 个变量的冲击，N 是该冲击响应时期数，而 Ω_{t-1}^k 则代表该冲击发生时所有可获得的信息集。式（5-14）表明，N 期冲击响应的 GIRF 值，实际上是在考虑 δ_k 冲击影响对 Z_{t+N} 期望值所导致的差异。

进一步假设 $\varepsilon_t \sim N(0, \Sigma)$，Koop et al.(1996) 证明了冲击条件期望为：

$$E(\varepsilon_t \mid \varepsilon_{kt} = \delta_k) = (\sigma_{1k}, \sigma_{2k}, \cdots, \sigma_{5k})' \sigma_{kk}^{-1} \delta^k = \Sigma e_k \sigma_{kk}^{-1} \delta_k \quad (5\text{-}17)$$

其中 e_k 为第 k 个元素为 1，其他元素为零的单位向量。结合式（5-13）与式（5-15），来自第 k 个变量的单位冲击 ($\delta_k = 1$) 对第 j 个变量的 GIRF 表达式为：

$$GI_{jk,N} = e_j' \Phi_N \Sigma e_k \sigma_{kk}^{-1}, \quad j,k = 1,2,3,4 \quad (5\text{-}18)$$

③煤炭产出波动对就业、投资和技术进步变量波动的冲击响应分析

图 5-12 中分别给出了 GIRF 方法得到的煤炭产出波动对人力、投资、技术进步波动的冲击反应轨迹。

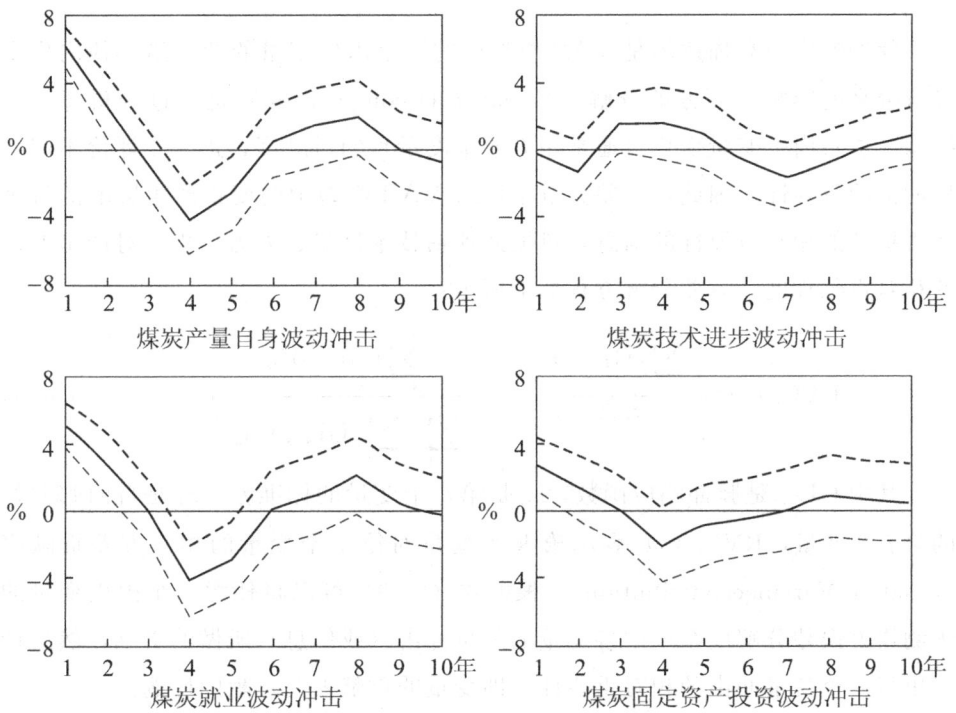

图 5-12 煤炭产量波动对投入要素波动的冲击响应轨迹

煤炭就业波动冲击。当煤炭就业波动受到 1 个百分点的正向冲击，当期对煤炭产出波动的冲击作用即达到最大，促使煤炭产出扩张 0.05 百分点；随后冲击由正转负，呈现波动影响态势，至第 10 期影响基本消失。经计算，10 期内，煤炭就业波动累计使煤炭产出扩张 0.04 个百分点。

煤炭固定资产投资波动冲击。当煤炭固定资产投资波动受到 1 个百分点的正向冲击，当期即对煤炭产出波动的正向冲击作用达到最大，促使煤炭产出扩张 0.03 个百分点，随后冲击由正转负，振荡减弱。经计算，在在 10 期内，煤炭固定资产投资波动累计使煤炭产出波动扩张 0.026 个百分点。

煤炭技术进步波动冲击。当煤炭技术进步波动出现 1 个百分点的正向冲击（即国有重点煤矿机械化水平相对于其趋势出现 1% 的扩张），当期对煤炭产出波动没有影响，随后冲击由负转正，在第 4 期达到最大的正向冲击，促使煤炭产出波动增加 0.016 个百分点，随后冲击振荡减弱。经计算，10 期内，煤炭技术进步波动累计使煤炭产出扩张 0.004 个百分点。

（3）基于方差分解分析的相对贡献率

脉冲响应函数描述的是 VAR 模型中的一个内生变量的冲击给其他内生变量所带来的影响。而方差分解（Variance Decomposition）是通过分析每一个结构冲击对内生变量变化（通常用方差来度量）的贡献度，进一步评价不同结构冲击的重要性。因此，方差分解给出对 VAR 模型中的变量产生影响的每个随机扰动的相对重要性的信息，可据此评估技术进步、人力、投资对产出波动的相对贡献程度。方差分解方程如下所示：

$$RVC_{jk}(s) = \frac{\sum_{N=0}^{s-1}(GI_{N,jk})^2 \sigma_{kk}}{\mathrm{var}(z_{jt})} = \frac{\sum_{N=0}^{s-1}(GI_{N,jk})^2 \sigma_{kk}}{\sum_{k=1}^{s}\left\{\sum_{N=1}^{s-1}(GI_{N,jk})^2 \sigma_{kk}\right\}} \quad (5\text{-}19)$$

其中 $GI_{N,jk}$ 是脉冲响应函数，σ_{kk} 是第 k 个变量的标准差，z_{jt} 是自回归向量的第 j 个变量，$RVC_{jk}(s)$ 表示第 k 个变量对第 j 个变量的相对方差贡献率（Relative Variancecontribution）。根据式（5-19）可以将任意一个内生变量的预测均方误差分解成系统中各变量的随机冲击（或信息）所做的贡献，然后计算出每一个变量冲击的相对重要性，即变量的贡献占总贡献的比例。

各构成要素波动对煤炭产出波动的方差分解结果见表 5-17。可以发现，现阶段煤炭产出变动受其自身冲击的影响仍最为显著，但影响不断减弱，第 12

期降至 76% 左右；就业波动的冲击影响逐渐加强，第 12 期增至 10.7% 左右。其次是技术进步波动影响，约占 10.5%；煤炭投资波动的贡献最小。方差分解的结果进一步加强了 Granger 因果检验及脉冲响应函数分析的结论，煤炭产出自身波动是引起我国煤炭产量波动的主要原因。

表 5-17　煤炭产出各构成要素波动对产出波动的方差分解结果（%）

周期	自身波动	技术波动	就业波动	投资波动
1	100.00	0	0	0
2	92.82	2.96	4.18	0.04
3	86.16	7.07	6.23	0.54
4	83.83	7.58	8.18	0.41
5	81.80	7.48	10.19	0.54
6	80.72	7.98	10.10	1.21
7	78.53	10.19	9.55	1.72
8	78.02	10.15	10.20	1.63
9	77.24	10.11	10.63	2.03
10	76.07	10.47	10.69	2.77

（4）结论分析

煤炭作为一种赋存于地下的资源，对其进行开采需要大量的投入，根据生产函数理论有技术投入、资金投入、人力投入等可计量的物质投入，此外通过强化管理、加大生产力度也可以提高煤炭产量。然而，无论是从生产函数的协整方程还是 VAR 模型，可计量的技术进步、人力和资本投入都无法全部解释煤炭产量增长和波动的原因。这既与煤炭产业统计的指标数据真实性和指标选取的代表性有关，更与当前实际中煤炭产业重复建设导致的产业过剩、煤炭企业超能力生产有关。2011 年，国家统计局统计的原煤开采建设规模（万吨/年）约为 20 亿吨。按照国家统计局的解释，建设规模指建设项目或工程设计文件中规定的全部设计能力（或工程效益），包括已经建成投产和尚未建成投产的工程的生产能力（或工程效益）。而 2011 年全国煤炭产量已经超过 35 亿吨。这表明，超能力生产是支撑"黄金十年"煤炭产量高速扩张的最主要因素。2013 年国务院发布了《关于促进煤炭行业平稳运行的意见》，明确提出了

"坚决遏制煤炭产量无序增长"。今后,要实现煤炭产业平稳发展,在加大对煤炭企业超能力生产的监管的同时,要进一步优化煤炭固定资产投资方向,减少新建矿井的建设,鼓励煤炭生产企业加大对机械化的投入。

5.4 本章小结

本章主要从煤炭产业结构特征和投入要素角度,分析煤炭产业周期波动的内在形成机制。分析结果表明:

(1) 从煤炭产业结构来看,主要生产部门均具有显著的周期波动性。其中国有重点煤矿的波动性较为平稳,对全国煤炭产出波动的贡献率较小,是平稳煤炭产出的主要因素。乡镇煤矿的波动性最强,而且其波动对全国煤炭产量、国有重点产量和国有地方产量均产生影响,是影响整个煤炭产出波动最活跃因素。中国煤炭产业生产结构不合理,是导致煤炭产业周期波动幅度大的重要内因。

(2) 中国煤炭产出的区域性波动存在很强的同步性和相似性,晋陕蒙宁甘新区域煤炭生产的波动对全国影响最大,是影响全国煤炭产量波动的最重要因素。改革开放以来,主要产煤区域的生产波动均显示了较强的持久性,而且波动性有所增强,未来全国煤炭产量大幅波动的风险进一步加大。

(3) 人力、技术和资金等投入要素与煤炭产量之间存在长期协整关系,说明煤炭产量的增长受到上述投入要素的影响,但影响力仅为65%。其中人力投入影响程度相对较大,其次投资,技术进步对煤炭产出长期拉大的影响程度最小,煤炭产业粗放式增长现象严重。VAR模型分析表明,各投入要素对煤炭产出波动的影响较小,其中人力投入对煤炭产出波动影响相对较大,但贡献率仅占10.7%,煤炭产出波动受自身波动不确定性的影响最大,贡献率达到76%。综合分析来看,引起煤炭产业波动最重要的因素煤炭产出自身增长的"惯性",即超能力生产是影响煤炭产出波动的最重要内在因素。

第6章 中国煤炭产业波动外部冲击及传导分析

本章将分别从需求、供给和国际冲击三个角度分析引起我国煤炭产出的外在冲击因素,并利用计量经济学的方法刻画这些外在冲击会对煤炭产出产生怎样的影响。

6.1 总需求对煤炭产出波动的冲击与传导

6.1.1 研究说明

作为国民经济运行的派生需求,我国煤炭生产受宏观经济运行的影响比较大。总体来说,以GDP为代表的需求因素是推动煤炭产业发展的重要因素。此外能源消费结构、产业结构变动和能源使用效率都对煤炭消费产生重要影响。近年来,随着大气环境的恶化,限制煤炭消费、发展清洁能源的能源产业政策不断得到加强,未来能源消费结构的"去煤化"对于煤炭产业将产生重要影响。同时,随着国家经济转型、产业结构调整,第三产业在国民经济中的比重进一步加大。第三产业低能耗的特征有助于降低煤炭需求,进而影响到煤炭生产。在国家大力推动节能减排、生态文明建设的影响下,近几年我国能源利用效率得到了大幅度提升,部分工业能耗指标已经达到了国际先进水平,对于能源尤其是煤炭需求的影响越来越大。综合分析上述对煤炭需求产生重大影响的经济指标,研究它们对煤炭产出的冲击和传导,对于合理发展煤炭开发规模、制定稳定煤炭产出的调控措施具有重要的意义。

在指标选择方面,选取全国原煤产量指标代表煤炭产业发展状况;选择GDP代表宏观经济对煤炭总需求指标,选择第三产业占国民经济比重代表经济发展结构调整指标,选择非煤炭消费占能源消费比重代表能源消费结构指标,选择万元产值能耗代表能源利用效率指标。为消除时间序列中的异方差现象,本书对全国原煤产量、平减后 GDP、经济结构、能源消费结构、万元产值能耗取自然对数,调整后的数据记为:LNmtcl、LNgdp、LNscbz、LNnyjg、LNnxsp。考虑到数据可得性,上述指标选取时间范围为 1953—2011 年。

6.1.2 总需要因素与煤炭产出的协整分析

从图 6-1 可以看出,样本区域间内全国煤炭产量与实际 GDP、三产比重、能源消费机构均呈上升的趋势,而能效水平呈下降的趋势。2011 年与 1953 年相比,中国煤炭产量增长了 54 倍,实际 GDP 增加了 106 倍,三产比重从 30.7% 增长到 43.3%,非煤消费比重从 5.7% 增长到 2011 年的 31.6%。能源利用效率呈显著下降趋势,从 1953 年的 5.76 吨标煤/万元降低到 4.86 吨标煤/万元,降低了 19%。总体来看,上述变量之间呈现比较相似的动态变化趋势,在 20 世纪 60 年代前后都经历了较大的波动,改革开放后进入平稳快增长的态势。可以初步判断三者之间存在某种长期变动的关系。

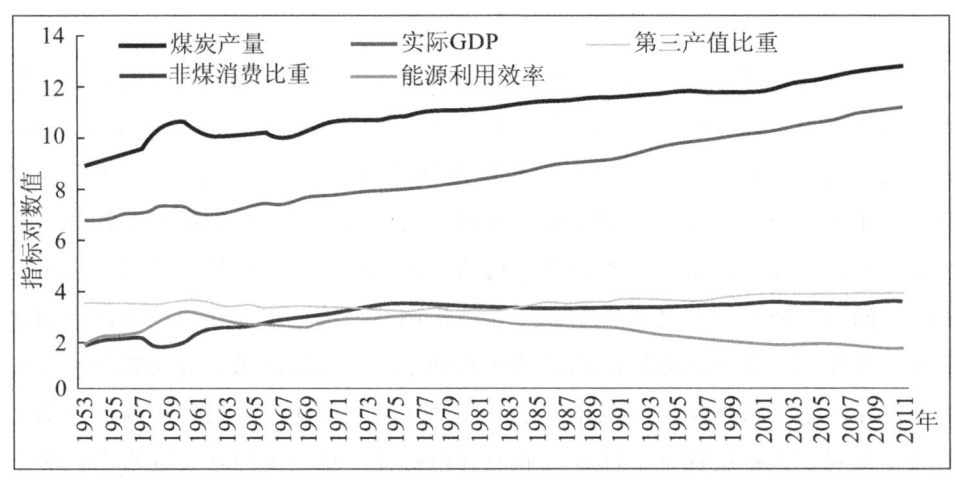

图 6-1　1953—2011 年总需求因素与全国煤炭产量发展趋势

(1) 单位根检验

在分析总需求因素与煤炭产业长期协整关系之前,需要对各变量的水平值进行平稳性检验,各变量均为 I(1) 序列,见表 6-1。

表 6-1 单位根检验

变量名称	检验形式	ADF	5%	结 论
LNmtcl	(C,0,10)	−1.26175	−2.91355	不平稳
LNgdp	(C,T,10)	−1.29542	−1.94665	不平稳
LNscbz	(C,T,10)	−1.96234	−3.49066	不平稳
LNnyjg	(C,T,10)	−1.56603	−3.48922	不平稳
LNnxsp	(C,T,10)	−2.61361	−3.49066	不平稳
△LNmtcl	(C,0,10)	−4.5611	−2.91355	平稳
△LNgdp	(0,0,10)	−5.697742	−1.94665	平稳
△LNscbz	(C,T,10)	−5.90743	−3.49066	平稳
△LNnyjg	(C,T,10)	−4.88371	−3.49066	平稳
△LNnxsp	(C,T,10)	−3.61008	−3.49215	平稳

（2）协整检验

根据图 6-1 可以看出，上述 5 个变量具有大致相同的增长和变化趋势，初步认为两者可能存在协整关系。利用 JJ 检验法，对五个变量之间是否存在协整关系进行检验。检验结果见表 6-2。

表 6-2 协整关系检验

原假设	特征根值	迹统计量	5%临界值	概率值
无协整关系	0.466	85.756	79.341	0.01
最多一个	0.392	51.191	55.245	0.11
最多二个	0.274	23.795	35.011	0.46
最多三个	0.078	6.157	18.398	0.86

根据表 6-2，迹统计量判断在 0.05 显著水平下存在一个协整方程，即中国煤炭产量与国民经济总量、经济结构、能源结构和能效水平间存在长期协整关系，协整方程为：

$$\text{Lnmtcl} = 1.068\text{LNgdp} - 0.642\text{lLNscbz} - 0.259\text{LNnyjg} - 0.712\text{LNnxsp} \quad (6\text{-}1)$$
$$(0.205) \quad\quad (0.224) \quad\quad (0.124) \quad\quad (0.171)$$

从式（6-1）的协整关系，可以得到煤炭产量与国民经济生产总量和能效水平之间存在正相关的长期均衡关系：GDP 每增长 1%，煤炭产量增加 1.068%；能效水平提高 1%，煤炭产量增长 0.712%（反之，能效水平降低 1%，则煤炭产量下降 0.712%）；经济结构和能源结构与煤炭产量之间存在长期的负向均衡关系,第三产业比重每提高 1%,煤炭产量下降 0.642%,能源消费结构中非煤比重提高 1%,煤炭产量下降 0.259%。无论是经济结构调整还是能源消费结构调整,都有降低煤炭消费作用。能效水平的提高对于降低煤炭作用的力度要强于产业结构调整。

(3) 向量误差修正模型检验

协整检验结果表明,我国煤炭产出与宏观需求因素之间存在着长期稳定的均衡关系,各经济变量之间不会相互分离太远,一次冲击可能会使各变量短期内偏离均衡位置,但在长期会自动恢复到均衡位置。在长期协整关系的基础上,可进一步建立将煤炭产出与煤炭宏观经济需求因素结合起来的向量误差修正模型(VECM),相关检验结果见表 6-3。

表 6-3　VECM 模型检验结果

变量	系数	标准差	T 统计值
CointEq1	−0.99301	0.30025	[−3.30730]
D[LNMTCL(−1)]	2.228162	0.44454	[5.01223]
D[LNMTCL(−2)]	−0.48402	0.50575	[0.95704]
D[LNMTCL(−3)]	0.691155	0.42429	[1.62899]
D[LNGDP(−1)]	1.43802	0.49266	[2.91890]
D[LNGDP(−2)]	−0.18695	0.51964	[−0.35977]
D[LNGDP(−3)]	−0.35507	0.43614	[−0.81413]
D[LNSCBZ(−1)]	0.99104	0.35235	[2.81269]
D[LNSCBZ(−2)]	−0.48137	0.41093	[−1.17140]
D[LNSCBZ(−3)]	0.965689	0.35527	[2.71821]
D[LNNYJG(−1)]	0.977298	0.33681	[2.90163]
D[LNNYJG(−2)]	−0.87612	0.44524	[−1.96775]
D[LNNYJG(−3)]	0.829146	0.36537	[2.26931]
D[LNNXSP(−1)]	−1.32725	0.52522	[−2.52705]
D[LNNXSP(−2)]	−0.50276	0.53244	[−0.94425]
D[LNNXSP(−3)]	−0.14401	0.43136	[−0.33385]
C	0.026733	0.06211	[0.43038]
@TREND(53)	−0.00056	0.00118	[−0.47329]
对数似然值	63.0226	AIC 准则	−1.637185
决定系数	0.681953	SC 准则	−0.98024
F 统计值	4.666766		

协整方程体现了变量之间的长期作用效力，误差修正模型考察变量之间的短期作用效力。VECM 模型见式 (6-2)。

$$\begin{aligned}D(LNMTCL) = &-0.993 \times [LNMTCL(-1) - 1.068 \times LNGDP(-1) \\&+ 0.642 \times LNSCBZ(-1) + 0.259 \times LNNYJG(-1) - 0.712 \\&\times LNNXSP(-1) + 0.007 \times @TREND(53) - 3.349] + 2.228 \\&\times D[LNMTCL(-1)] - 0.484 \times D[LNMTCL(-2)] + 0.691 \\&\times D[LNMTCL(-3)] - 1.438 \times D[LNGDP(-1)] - 0.187 \\&\times D[LNGDP(-2)] - 0.355 \times D[LNGDP(-3)] + 0.991 \\&\times D[LNSCBZ(-1)] - 0.481 \times D[LNSCBZ(-2)] + 0.966 \\&\times D[LNSCBZ(-3)] + 0.977 \times D[LNNYJG(-1)] - 0.876 \\&\times D[LNNYJG(-2)] + 0.829 \times D[LNNYJG(-3)] - 1.327 \\&\times D[LNNXSP(-1)] - 0.502 \times D[LNNXSP(-2)] - 0.144 \\&\times D[LNNXSP(-3)] + 0.0267 - 0.001 \times @TREND(53)\end{aligned} \quad (6-2)$$

从式 (6-2) 可以看出，VECM 模型的误差修正项为 -0.993<0，误差修正项为负反馈机制，并在统计上显著，符合修正意义，表明煤炭宏观需求因素对煤炭产出具有短期作用效力。向量误差修正模型 (VECM) 的系数为 -0.993，说明煤炭产出系统受到宏观经济需求时的调整速度相对较快，就平均而言上一个年的非均衡误差以 99.3% 的比率修正煤炭产出的偏离。此外，样本的可决系数为 0.68，说明短期内实际煤炭产出波动的 68% 可由本模型中 4 个宏观需求变量进行解释。

(4) 脉冲响应分析

脉冲响应函数反映了来自随机扰动项的一个标准差冲击对内生变量当前和未来取值的影响。在向量误差修正模型的基础上，运用脉冲响应函数来考察 1953—2011 年间 GDP、能源消费结构、三产比重和能效水平通过怎样的路径对煤炭产出产生影响。如图 6-2 所示。

①GDP 的冲击。当 GDP 受到 1 个百分点的正向冲击后，煤炭产出逐渐增加，在第三期达到最大，此后煤炭产出响应与 GDP 呈同步发展并缓慢波动。总体来看，GDP 增长的一个冲击会给煤炭产出的增加较长时间的正向冲击，拉动作用稳定而且比较持久。

②能源消费结构的冲击。当能源消费结构受到 1 个百分点的正向冲击（即煤炭消费占能源总量比重下降 1 个百分点），当期即对煤炭产出产生负向影响并于第 2 期达到最大，此后负向冲击逐渐弱化。总体来看，能源消费结构中非

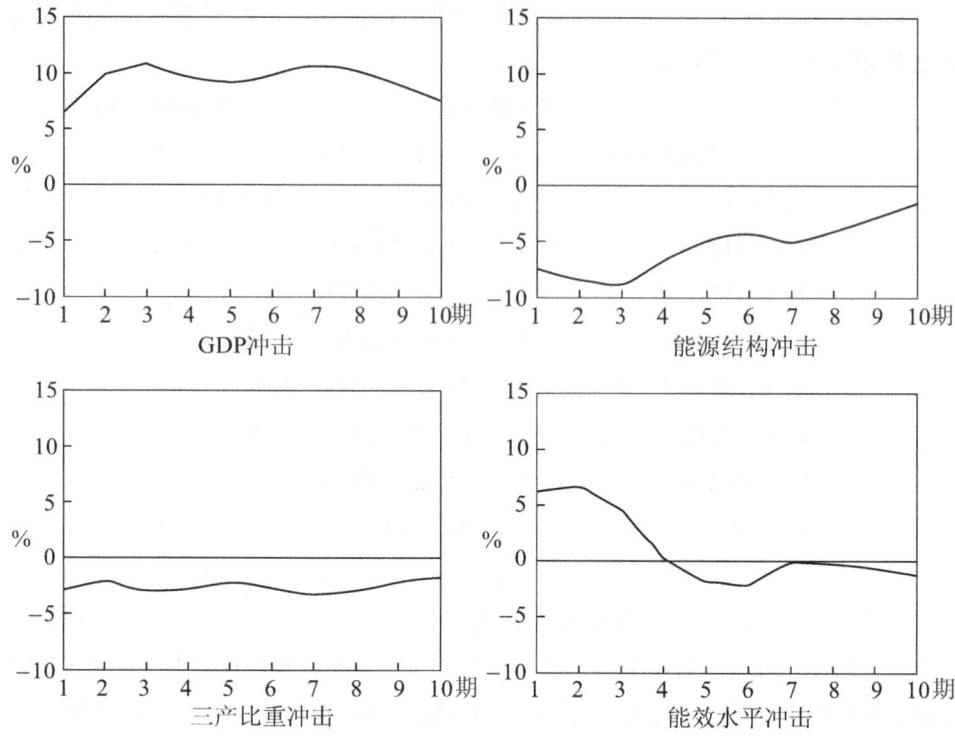

图 6-2 煤炭总产量对需求因素长期拉动的脉冲响应轨迹

煤比重的增加,会对煤炭产出具有较强和持久的负向影响。

③三产比重的冲击。当三产比重受到 1 个百分点的正向冲击(即第三产业占国民经济比重增加 1 个百分点),对煤炭产出产生负向影响,而且影响相对比较平稳、持久。这表明,第三产业比重的增加,会稳定持久地降低对煤炭的需求,从而影响煤炭产量的供应。

④能效水平冲击。当能效水平受到 1 个百分点的正向冲击,在前三期对煤炭产出产生正向影响,但第四期后转为负向冲击。这表明,短期内能效水平的提高对煤炭产出的影响不大,但影响比较持久。

6.1.3 VAR 模型的冲击传导分析

(1) 时差相关性分析

通过协整检验和短期向量误差修正模型分析,煤炭产出与煤炭宏观需求之间存在长期的均衡关系和短期的修正效力。本节将在此基础上,采用 CF 滤波,分解煤炭宏观需求因素和煤炭产出周期波动分量,分别记为 cycle-mtcl、cycle-gdp、cycle-scbz、cycle-nyjg、cycle-nxsp,进一步研究煤炭产出周期波动与煤炭宏观需求因素周期波动之间的动态影响关系。图 6-3 显示了煤炭产出周期波动与煤炭宏观需求因素波动之间的动态变化趋势。

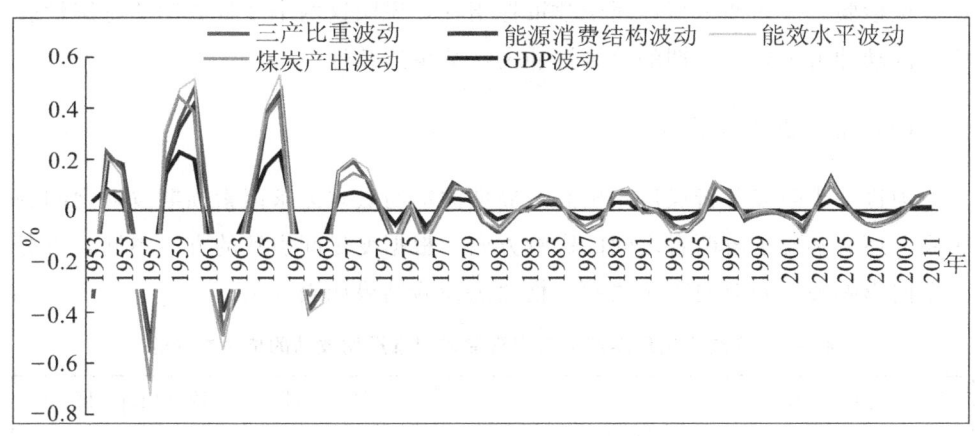

图 6-3　煤炭产出与宏观需求因素周期波动的动态关系

表 6-4 显示了煤炭产出周期波动与宏观经济需求因素之间的相关性特征。可以看出,五个变量均有明显地周期性波动特征。从波动性来看,煤炭产出结构周期波动最为剧烈,相对于 GDP 波动系数达到了 1.70,其次为能源结构和经济结构周期波动,相对于 GDP 的波动系数为 1.04;能效水平波动性较弱,相对于 GDP 的波动系数为 0.98。

表 6-4　煤炭产量周期波动与宏观需求因素相关性

周期波动	波动性(标准差)		自相关系数	与煤炭产量波动的时差相关系数				
	绝对	相对 GDP		-2	-1	0	1	2
煤炭产量	0.09	1.70	0.36	-0.48	0.35	1.00	0.35	-0.48
GDP	0.053	1.00	0.34	-0.51	0.18	0.81	0.45	-0.21
三产比重	0.055	1.04	0.24*	-0.45	-0.06	0.49	0.68	0.04
能效水平	0.052	0.98	0.24*	-0.73	-0.22	0.65	0.66	0.08
能源结构	0.055	1.04	0.28	0.25	-0.39	-0.82	-0.18	0.42

注:*表示自相关系数没有通过 0.05 显著性水平检验。

通过时差相关性分析,煤炭产出周期波动与 GDP 周期波动同期的相关系数到达了 0.8,呈显著正相关,波动的同步性较强。第三产业比重与煤炭产出波动之间呈正相关,但是领先于煤炭产出波动。能效水平滞后于煤炭产出波动2期,并呈负相关性。能源结构与煤炭产出波动之间存在显著负相关,负相关性达到了0.82。

从波动的持续性来看,三产比重和能效水平的自相关系数没有通过0.05显著性检验。上述两个指标属于政策性指标,说明这两个变量波动的持续性较弱,波动冲击主要是短期的政策性冲击,缺少连续性。

(2) 格兰杰因果检验

为进一步研究分析煤炭产出总量周期波动与宏观需求因素周期波动之间的关系,还有必要了解两者之间的影响方向。根据变量间引致的方向不同,可分为单向影响关系和双向影响关系。格兰杰检验结果如表6-5。

表6-5 煤炭产出周期波动与宏观需求因素周期波动的格兰杰检验

原 假 设	滞后期	F统计值	概 率
煤炭产出波动不是GDP波动的格兰杰原因	1	1.563	0.21
GDP波动不是煤炭产出波动的格兰杰原因		5.324	0.02
煤炭产出波动不是GDP波动的格兰杰原因	2	2.022	0.14
GDP波动不是煤炭产出波动的格兰杰原因		2.512	0.09
能效波动不是煤炭产出波动的格兰杰原因	3	6.939	0.00
煤炭产出波动不是能效波动的格兰杰原因		2.786	0.05
能源消费结构波动不是煤炭产出波动的格兰杰原因	4	4.246	0.01
煤炭产出波动不是能源消费结构波动的格兰杰原因		1.033	0.37
第三产业结构波动不是煤炭产出波动的格兰杰原因	4	1.858	0.17
煤炭产出波动不是第三产业结构波动的格兰杰原因		26.84	0.00

从表6-5可以,在5%显著水平下、滞后一期时,煤炭产出周期波动和实际GDP周期波动存在显著单向因果关系,即实际GDP周期波动引起了煤炭产出的周期波动,但不受煤炭产出周期波动的影响;在滞后2期内,在10%显著水平下,GDP单向影响煤炭产出,说明GDP对煤炭产出的影响时间有限。能效水平与煤炭产出周期波动之间在滞后3期内存在显著的双向影响关系,即波动会产生相关影响,第四期能效水平对煤炭产出存在单向影响关系,即能效水平对煤炭产出影响,这说明能效水平的波动对煤炭产出周期波动影响时间长。在滞后第3期,能源结构对煤炭产出具有单向影响关系,即能源结构波动单向引起产量波动。这说明能源结构调整需要一定的时间才对煤炭产出产生影响。第三产业比重

的周期波动与煤炭产出之间周期波动的相关关系比较复杂，除滞后第 2 期内，第三产业结构波动单向引起煤炭产出波动之外，两变量波动存在相关影响关系。

(3) VAR 模型的冲击响应分析

本书基于脉冲响应函数和预测方差分解来确定变量之间的冲击变动状态及其时滞。由于脉冲响应函数和预测方差分解时要求 VAR 模型必须是稳定的，而由于序列本身的一些特征，有些序列的原序列所构建的 VAR 模型即为平稳的，而某些序列的差分序列才是平稳序列。首先本书对 cycle-mtcl、cycle-gdp、cycle-scbz、cycle-nyjg、cycle-nxsp 构建的 VAR 模型进行稳定性诊断。通过观察不同滞后阶数 VAR 模型的 AR 根表和 VAR 模型中格兰杰检验显著性，确定最后滞后阶数为 4。VAR(2) 模型所有特征根模的倒数都小于 1，即所有点位于单位圆内，如图 6-4 所示，这意味着 VAR(2) 模型的结构是稳定的。更进一步地本书通过 VAR(2) 模型，进行脉冲响应函数和预测方差分解分析，深入了解宏观需求因素对煤炭产出周期波动的影响。

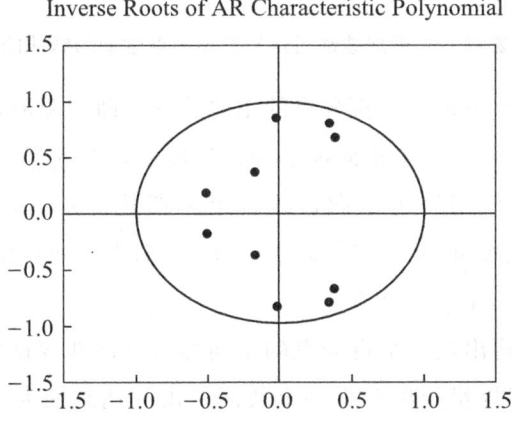

图 6-4　VAR 模型的稳定性检验：AR 特征多项式根的 1 倒数

通过图 6-5 可以看出来，GDP、能效水平和能源消费结构的周期波动对煤炭产出周期波动的冲击作用机制比较复杂，呈现一定的作用周期。

当 GDP 波动出现 1 个百分点的正向冲击（即相对于其趋势出现 1% 的扩张），当期对煤炭产量周期波动产生了正向冲击，当期对煤炭产出波动的冲击作用达到了最大，促使煤炭产出扩张 0.04 个百分点，随后冲击作用逐渐减弱，到第四期转为负向冲击，影响逐渐消失。从 GDP 周期波动的累计脉冲响应看，煤炭产出在 10 期内累积扩张 0.027 个百分点。

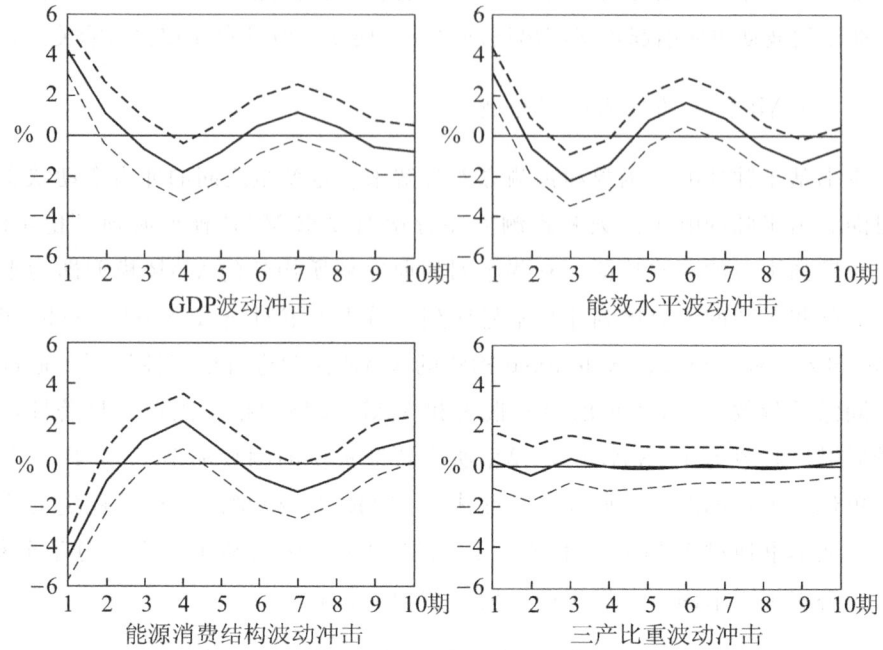

图 6-5 宏观需求周期波动对煤炭产出周期波动的脉冲响应函数

当能源消费效率出现 1 个百分点的正向冲击（即能源消费水平降低 1 个百分点），当期对煤炭产出产生正向冲击并达到最大，促进煤炭产出扩张 0.03 个百分点，随后冲击作用转为负向，并在第三期达到最大，使煤炭产出收缩 0.022 个百分点，之后的影响震荡减弱。在 10 期内，能源消费效率提高对煤炭产出累计收缩 0.004 个百分点。

当能源消费结构出现 1 个百分点的正向冲击（即非煤能源消费比重提高 1 个百分点），当期对煤炭产出产生一个负向冲击并达到最大，致使煤炭产出收缩 0.046 个百分点。此后，负向冲击逐渐减弱，于第 3 期转为正向冲击，在第 4 期的正向冲击达到最大。6—8 期，冲击转为负向，9—10 期又转为正向。整体来看，能源消费结构在 10 期内累计使煤炭产出收缩 0.0045 个百分点。

第三产业结构比重的波动对煤炭产出波动影响较小，第 4 期后的冲击基本消失。经计算，第三产业结构波动在 10 期内对产出波动的累积冲击为 0.0002，即煤炭产出在 10 期内累积扩张 0.0002 个百分点。经济结构波动对煤炭产出的冲击反应过程表明，在短期内经济结构波动会引起产出的波动，但影响力较弱，长期中对产出几乎没有影响。见表 6-6。

表 6-6 煤炭产出周期波动的脉冲响应

周期	GDP 波动冲击	能效水平波动冲击	消费结构波动冲击	三产比重波动冲击
1	0.04155	0.030614	−0.04613	0.002581
2	0.010691	−0.00596	−0.00817	−0.00441
3	−0.00671	−0.02218	0.012132	0.003358
4	−0.01809	−0.0144	0.020911	−0.00177
5	−0.00801	0.007156	0.007004	−0.00115
6	0.005018	0.016781	−0.00693	0.000391
7	0.011671	0.008949	−0.01405	0.000845
8	0.004786	−0.00557	−0.00709	−0.00101
9	−0.00595	−0.0133	0.007078	−0.00092
10	−0.00762	−0.00666	0.011994	0.001341

(4) 方差分解

通过分析运用方差分解法来考察总需求周期波动对煤炭产出周期波动的影响程度，见表 6-7。现阶段煤炭产出波动 GDP 周期波动冲击的影响仍最为显著，但影响呈缓慢减弱态势，第 10 期降至 37% 左右；其次是受能源消费效率的影响，呈现逐渐上升的趋势，到第 10 期增至 28%。能源消费结构调整对煤炭产出的影响处于上升的趋势，第 10 期的影响达到 9%。而经济结构调整对煤炭产出的影响很小，可以忽略不计。

表 6-7 VAR 模型方差分解结果（%）

周期	GDP 波动贡献	能效水平波动贡献	能源消费结构波动贡献	三产比重波动贡献	煤炭产量自身波动贡献
1	59.878	22.270	4.739	0.1243	12.988
2	50.996	19.320	5.628	1.679	22.376
3	45.345	27.861	5.352	1.541	19.901
4	43.594	25.713	5.004	1.284	24.404
5	42.469	25.625	6.548	1.256	24.101
6	39.734	28.276	6.933	1.208	23.848
7	39.652	27.549	6.916	1.141	24.742
8	38.685	27.242	8.916	1.228	23.929
9	37.583	28.488	8.902	1.210	23.816
10	37.372	28.156	9.433	1.241	23.794

(5) 残差分析

为了检验 VAR 模型扰动项之间是否存在同期相关关系，可以用残差的同期相关矩阵来描述。用 ei 表示第 i 个方程的残差，i=1，2，3，4，5。结果见表 6-8。从表中可以看出，煤炭产出波动方程和实际 GDP、能效水平方程、能源结构方程之间存在的同期相关系数比较高，这说明煤炭产量波动和实际 GDP 波动、能效水平波动、能源结构波动之间存在着同期的影响关系。但 VAR 模型中，无法刻画变量之间的同期影响关系。

表 6-8 残差的同期相关矩阵

	e1	e2	e3	e4	e5
e1	1.00	0.13	−0.65	0.18	0.77
e2	0.13	1.00	−0.56	−0.10	0.57
e3	−0.65	−0.56	1.00	−0.06	−0.86
e4	0.18	−0.10	−0.06	1.00	0.05
e5	0.77	0.57	−0.86	0.05	1.00

6.1.4 基于 SVAR 模型的冲击传导分析

VAR 模型中把所有观测变量都视为内生变量，而且每一个变量都表示为其自身和其他变量滞后的回归方程。之后，VAR 模型在很多研究领域中都取得了成功。但是，VAR 模型存在一个缺点，在模型的每一个方程中，内生变量对模型所含全部内生变量的滞后项进行回归来估计内生变量之间的动态关系，但不能反映变量之间当期相关关系的确切形式；另外，VAR 模型存在参数过多问题，只有所含经济变量较少的 VAR 才能通过 OLS 和极大似然估计。而且由于 VAR 模型不考虑经济理论，产生的脉冲响应因为"新生"不能被识别为内在的结构误差，因而无法给出很好的结构性解释。通过上一节 VAR 模型的残差分析发现，模型中方程的残差项之间存在同期的影响关系，但在 VAR 模型中却无法体现出。为克服上述 VAR 模型的不足，为了解决这一问题，Blanchard&Quah（布兰查德和柯，1989）对 VAR 模型进行了修正，提出了结构向量自回归模型（SVAR），其实质是 VAR 模型的结构式，即在一般 VAR 模型基础上加入内生变量之间的当期关系，把隐藏在误差项中变量间的当期相关关系提取出来,使模型的经济意义更加明确。SVAR模型在宏观经济波动以及货币政策对经济的冲击领域得到了广泛的应用。

(1) SVAR模型介绍

一般来讲,k元p阶SVAR模型表示为:

$$C_0 y_t = \Gamma_1 y_{t-1} + \Gamma_2 y_{t-2} + \cdots + \Gamma_p y_{t-p} + u_t \qquad t=1,2,,\cdots t \quad (6\text{-}3)$$

其中

$$C_0 = \begin{bmatrix} 1 & -c_{12} & \cdots & -c_{1k} \\ -c_{21} & 1 & \cdots & -c_{2k} \\ \vdots & \vdots & \ddots & \vdots \\ -c_{k1} & -c_{k2} & \cdots & 1 \end{bmatrix} \Gamma_i = \begin{bmatrix} \gamma_{11}^{(i)} & \gamma_{12}^{(i)} & \cdots & \gamma_{1k}^{(i)} \\ \gamma_{21}^{(i)} & \gamma_{22}^{(i)} & \cdots & \gamma_{2k}^{(i)} \\ \vdots & \vdots & \ddots & \vdots \\ \gamma_{k1}^{(i)} & \gamma_{k2}^{(i)} & \cdots & \gamma_{kk}^{(i)} \end{bmatrix},$$

$$i=1,2,\cdots,p \quad u_t = \begin{bmatrix} u_{1t} \\ u_{2t} \\ \vdots \\ u_{kt} \end{bmatrix} \quad (6\text{-}4)$$

将式 (6-5) 写成滞后算子形式:

$$C(L) y_t = u_t, \quad E(u_t u_t') = I_k \quad (6\text{-}5)$$

其中:$C(L) = C_0 - \Gamma_1 L - \Gamma_2 L^2 - \cdots - \Gamma_p L^p$,$C(L)$是滞后算子$L$的$k \times k$的参数矩阵,$C_0 \neq I_k$。本书讨论的SVAR模型,$C_0$矩阵均是主对角线元素为1的矩阵。

不失一般性,在式 (6-6) 假定结构式误差项(结构冲击)u_t的方差-协方差矩阵标准化为单位矩阵I_k。同样,如果矩阵多项式$C(L)$可逆,可以表示出SVAR的无穷阶的VMA(∞)形式:

$$y_t = B(L) u_t \quad (6\text{-}6)$$

其中,$B(L) = C(L)^{-1}$,$B(L) = B_0 + B_1 L B_2 L^2 + \cdots$,$B_0 = C_0^{-1}$。

通过估计式 (6-6),转变简化式的误差项得到结构冲击u_t:

$$y_t = A(L) \varepsilon_t \quad (6\text{-}7)$$

通过估计式 (6-7),可以得到:

$$A(L) \varepsilon_t = B(L) u_t \quad (6\text{-}8)$$

式 (6-8) 对于任意的t都是成立的,称为典型的SVAR模型。由于$A_0 =$

I_k 可得：

$$A_0 \varepsilon_t = \varepsilon_t = B_0 u_t \text{ 或 } B_0^{-1} \varepsilon_t = u_t \quad (6-9)$$

通过式（6-9）两端平方取期望，可得：

$$\Sigma = B_0 B_0' \quad (6-10)$$

由此，可以根据 $\varepsilon_t = C_0 u_t$ 估计得到的简化式对结构矩阵进行估计，但要想得到结构式模型唯一的估计参数，要求简化式的未知参数不比结构式的未知参数多，对于 k 元 p 阶 SVAR 模型，即需要施加 $k(k-1)/2$ 个约束条件才能估计出结构式模型的参数。

（2）SVAR 模型约束识别

由于变量 cycle-mtcl、cycle-gdp、cycle-scbz、cycle-nyjg、cycle-nxsp 同阶单整，存在产期协整关系，所以可以直接构建 SVAR 模型。

$$C_0 y_t = \sum_{i=1}^{5} \Gamma_i y_{t-i} + B\varepsilon_t \quad t=1,2,\cdots T \quad (6-11)$$

其中 $y_t = (\text{cycle-gdp}, \text{cycle-scbz}, \text{cycle-nyjg}, \text{cycle-nxsp}, \text{cycle-mtcl})^T$，对应的系数 C_0 为 5×5 矩阵，主对角线为 1，其余为为 C_{ij}，i、$j=1, 2, 3, 4, 5$；Γ_i 为 5×5 矩阵，$i=1, 2, 3\cdots T$；$\varepsilon_t = (\varepsilon_1, \varepsilon_2, \varepsilon_3, \varepsilon_4, \varepsilon_5)^T$，是序列无关的扰动项。

模型中包含 5 个变量，需要施加至少 10 个约束条件才能识别出结构冲击，根据经济理论和变量之间的格兰杰因果检验结果，可作如下约束：

①宏观经济当期波动对于能效水平、能源消费结构和三产比重、煤炭产量波动不产生影响。即 C_0 矩阵中 c_{12}、c_{13}、c_{14}、$c_{14}=0$。

②能效水平当期波动对宏观经济波动有影响，对能源消费结构、三产比重波动不生产影响。即 C_0 矩阵中 c_{23}、$c_{24}=0$。

③能源消费结构当期波动对宏观经济、能效水平、三产比重不产生影响，对煤炭产量波动有影响。即 C_0 矩阵中 c_{31}、c_{32}、$c_{34}=0$。

④三产比重当期波动能效水平和能源结构不产生影响，对宏观经济和煤炭产出波动有影响。即 C_0 矩阵中 c_{42}、$c_{42}=0$。

⑤煤炭产出当期波动对宏观经济和三产比重波动没有影响，对能效水平和能源消费结构有影响。即 C_0 矩阵中 c_{51}、$c_{54}=0$。

在以上分析基础上，设定约束矩阵如下：

$$\begin{bmatrix} 1 & 0 & 0 & 0 & 0 \\ NA & 1 & 0 & 0 & NA \\ 0 & 0 & 1 & 0 & NA \\ NA & 0 & 0 & 1 & NA \\ 0 & NA & NA & 0 & 1 \end{bmatrix} \begin{bmatrix} u_1 \\ u_2 \\ u_3 \\ u_4 \\ u_5 \end{bmatrix} = \begin{bmatrix} \lambda_1 & 0 & 0 & 0 & 0 \\ 0 & \lambda_2 & 0 & 0 & 0 \\ 0 & 0 & \lambda_3 & 0 & 0 \\ 0 & 0 & 0 & \lambda_4 & 0 \\ 0 & 0 & 0 & 0 & \lambda_5 \end{bmatrix} \begin{bmatrix} \varepsilon_1 \\ \varepsilon_2 \\ \varepsilon_3 \\ \varepsilon_4 \\ \varepsilon_5 \end{bmatrix} \quad (6\text{-}12)$$

式（6-12）矩阵中 NA 和 λ_i 代表待估参数。

（3）SVAR 模型的脉冲响应函数分析结果

在 SVAR 模型中，使用结构分解方法得到 SVAR 模型的脉冲反应结果。如图 6-6 所示。

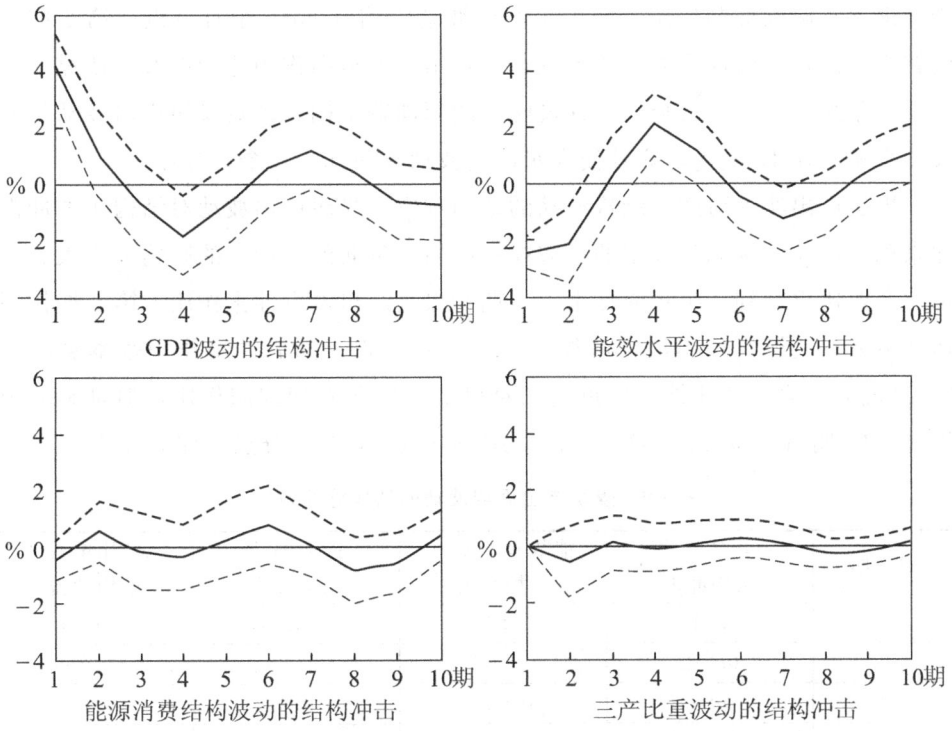

图 6-6　宏观需求周期波动对煤炭产出周期波动的结构脉冲响应函数

煤炭产出波动对 GDP 的结构响应。从图 6-6 的结构脉冲响应函数结果来看，煤炭产出波动对于冲击 1 即起源于宏观经济总量波动冲击的反应短期内是正向的，当期给宏观经济一个正向波动，会引起煤炭产出正向波动扩张，并在第 1 期达到最大值，扩张 0.04 个百分点。随后冲击处于波动状态，说明宏观经济波动对煤炭产出波动的冲击具有长期影响。经计算，宏观经济结构冲击使煤炭产出在 10 期内累积扩张 0.028 个百分点。

煤炭产出波动对能效水平波动的结构响应。煤炭产出波动对冲击 2 即起源能效水平波动冲击的总体反应是负向的，即提高能效水平会降低煤炭产出。能效水平受到一个正向冲击，当期对煤炭产出波动起到抑制作用，并于当期达到最大，使煤炭产出波动收缩 0.024 个百分点。随后的冲击减弱并处于波动状态，说明能效水平波动对煤炭产出波动具有长期影响。经计算，能效水平波动冲击在 10 期内累计使煤炭产出波动收缩 0.022 个百分点。

煤炭产出波动对能源消费结构波动的结构响应。煤炭产出波动对结构 3 的冲击即起源于能源消费结构波动冲击的总体反应是负向的，即能源消费结构中非煤比重的提高会降低煤炭产出。能源消费结构受到一个正向冲击，当期对煤炭产出波动起到抑制作用，使煤炭产出波动收缩 0.0046 个百分点。第 2 期作用转为正向，随后冲击处于波动状态，在第 7 期负向作用达到最大，使煤炭产出波动收缩 0.008 个百分点。这说明，能源消费结构波动对煤炭产出波动具有长期影响。在 10 期内，累计使煤炭产出波动收缩 0.003 个百分点。

煤炭产出波动对产业结构波动的结构响应。煤炭产出波动对结构 4 的冲击即来源于产业结构调整冲击的反应在短期内是负向的，冲击的影响力不大。当第三产业比重受到一个正向冲击，当期对煤炭产出没有冲击作用，第二期作用达到最大，使煤炭产出波动收缩 0.005 个百分点。随后冲击作用基本衰减为 0。这说明，第三产业结构比重增加对煤炭产出会起到抑制作用，但是影响力不大。10 期内，累计使煤炭产出波动收缩 0.0046 个百分点。详见表 6-9。

表 6-9 煤炭产出周期波动的结构脉冲效应

周期	GDP 波动结构冲击	能效水平波动结构冲击	能源消费结构冲击	三产比重波动结构冲击
1	0.042	−0.025	−0.005	0.0004
2	0.012	−0.021	0.006	−0.006
3	−0.007	0.003	−0.002	0.001
4	−0.018	0.021	−0.004	−0.001
5	−0.008	0.011	0.003	0.001
6	0.005	−0.005	0.008	0.003
7	0.011	−0.013	0.001	0.001
8	0.005	−0.007	−0.008	−0.003
9	−0.006	0.005	−0.006	−0.002
10	−0.008	0.010	0.004	0.002

（4）方差分解

使用结构分解方法得到方差分解结果见表 6-10。煤炭产出波动受冲击 1 即起源于宏观经济波动冲击的影响仍最为显著，但影响不断减弱，在前 10 期贡献约为 38%。能效水平波动的结构冲击影响在不断加强，并一直持续下去，在前 10 期的总贡献在 29% 左右。能源消费和产业结构波动的结构性冲击对煤炭产出波动的贡献较小，二者之和贡献不到 5%。方差分解的结果进一步加强了脉冲响应函数分析的结论，宏观经济的需求冲击是引起我国煤炭产出长期波动的主要原因。

表 6-10 SVAR 模型方差分解结果（%）

周期	GDP 波动贡献	能效水平波动贡献	能源消费结构波动贡献	三产比重波动贡献	煤炭产出波动贡献
1	59.88	21.02	0.72	0.00	18.38
2	51.62	29.07	1.45	0.88	16.97
3	46.112	25.46	1.35	0.82	26.26
4	44.332	29.48	1.35	0.69	24.14
5	43.09	30.12	1.43	0.66	24.69
6	40.23	28.26	2.34	0.73	28.44
7	40.11	29.42	2.21	0.70	27.55
8	39.04	29.16	3.18	0.79	27.83
9	37.88	28.21	3.52	0.84	29.54
10	37.68	28.90	3.62	0.85	28.95

6.2 总供给对煤炭产出周期波动的冲击传导

6.2.1 研究说明

（1）影响煤炭供给的因素

煤炭总供给是由国内产量、库存量和净进口量组成。由于我国煤炭产量基数大，2011年达到35.2亿吨，净进口量约占国内产量的5%左右。因此，本书选择国内煤炭产量代表煤炭供给。影响国内煤炭产量的主要外部因素有：

煤炭资源量。煤炭产业作为资源开发性产业，煤炭资源的可采资源量是影响煤炭供给的最主要因素。我国煤炭资源储量居世界第二位。考虑煤炭资源地质和地理因素的综合条件，在主要产煤国家中我国的煤炭资源开发条件属中等偏下水平。根据本书第四章预测分析，中国煤炭高速增长的趋势如果不加以抑制，在2025年将会达到峰值产量。

煤炭市场价格。根据生产函数理论，一种商品的供给是生产者在一定时期内在各种可能的价格下愿意而且能够提供出售的该种商品的数量。在市场经济条件下，价格是市场信号，价格的变化直接对生产产生影响。随着我国煤炭市场化程度的提高，价格波动对煤炭产量波动的影响力也将进一步增强。

铁路运力。我国煤炭资源分布不均衡，北多南少，西多东少，经济发达区域煤炭资源相对匮乏，决定了长期以来"北煤南运"和"西煤东调"的基本格局。我国煤炭产量的70%需要通过铁路运输，煤炭货运量占国内铁路货运总量的45%左右。铁路运输能力是制约煤炭生产开发的重要因素。

一次能源供给结构。受我国能源赋存禀赋影响，能源供应结构一直是以煤炭为主导。2011年，煤炭占一次能源供应的比重77.8%。随着今后国家优化能源供应结构，大力提高清洁能源供应比例，对煤炭产量将会产生重要影响。国家能源"十二五"规划提出，2015年非化石能源比重达到11.4%。

(2) 指标选择与数据来源

考虑到数据来源的权威性和研究样本所需的时间，本书采用国家统计局统计的煤炭出厂价格指数作为分析煤炭价格周期波动的指标，记为mtjg。国家统计局从1978年开始对煤炭采选业出厂产品价格进行了统计，按照历年《中国统计年鉴》对煤炭价格指数数据进行整理和调整。同时，利用商品零售价格指数对煤炭价格指数进行调整，以剔除通货膨胀因素影响，处理的结果见表6-11。

用全国铁路货运量代表铁路运力，数据来源《中国统计年鉴》。用非煤占能源供应比重代表能源供给结构。考虑到数据的可得性，选取1978—2011年为样本区间。为消除数据异方差性，对上述变量进行了自然对数处理，分别记为LNmtcl、LNmtjg、LNtlhy、LNnyjg。

表 6-11 炭价格指数数据整理结果

时间	煤炭价格指数	商品零售价格指数	调整后价格指数	时间	煤炭价格指数	商品零售价格指数	调整后价格指数
1978	101.20	100.70	100.50	1995	111.3	114.8	142.64
1979	113.40	102.00	111.73	1996	113.7	106.1	152.86
1980	106.4	106.00	112.15	1997	108	100.8	163.78
1981	102.6	102.40	112.37	1998	96.6	97.4	162.43
1982	101.9	101.90	112.37	1999	94.8	97	158.75
1983	101.5	101.50	112.37	2000	98.1	98.5	158.10
1984	102.6	102.80	112.15	2001	106.5	99.2	169.74
1985	117.6	108.80	121.22	2002	111.56	98.7	191.86
1986	96.8	106.00	110.70	2003	107	99.9	205.49
1987	102.8	107.30	106.06	2004	116.8	102.8	233.48
1988	110.6	118.50	98.99	2005	123.2	100.8	285.36
1989	112.2	117.80	94.28	2006	105	101	296.66
1990	106.2	102.10	98.07	2007	103.8	103.8	296.66
1991	113.1	102.90	107.79	2008	128.7	105.9	360.53
1992	116.1	105.40	118.73	2009	101.9	98.8	371.84
1993	139.7	113.20	146.53	2010	110	103.1	396.73
1994	122.2	121.70	147.13	2011	110.2	104.9	416.77

注：调整后煤炭价格指数＝煤炭价格指数/商品零售价格指数×100

6.2.2 总供给因素与煤炭产出的协整分析

(1) 总供给因素与煤炭产出变动趋势分析

1978年以来，我国的煤炭价格改革历程分为两个阶段。1978—1993年，为计划阶段，1993年后煤炭价格逐步向市场化进程的推进，我国煤炭价格的市场调节比重逐步加大。1993年以后，煤炭产品的出厂价格呈现较大幅度增长。剔除价格因素，2011年煤炭价格比1978年增长了284%，年均增幅达12.2%。铁路货运周转量从1978年的5345亿吨公里增长到2011年的29466

亿吨公里，34 年间增长了 551%，年均增幅达 16.2%。以煤为主的能源供应结构没有发生较大变化，煤炭在一次能源供应中的比重呈缓慢增长的趋势。1978 年，非煤供应比重为 29.7%。2011 年，非煤供应比重降到 22.2%。34 年间，非煤能源供应不升反降。从图 6-7 可以看出，我国煤炭产量和非煤能源供应比重具有反向发展的长期变化趋势。

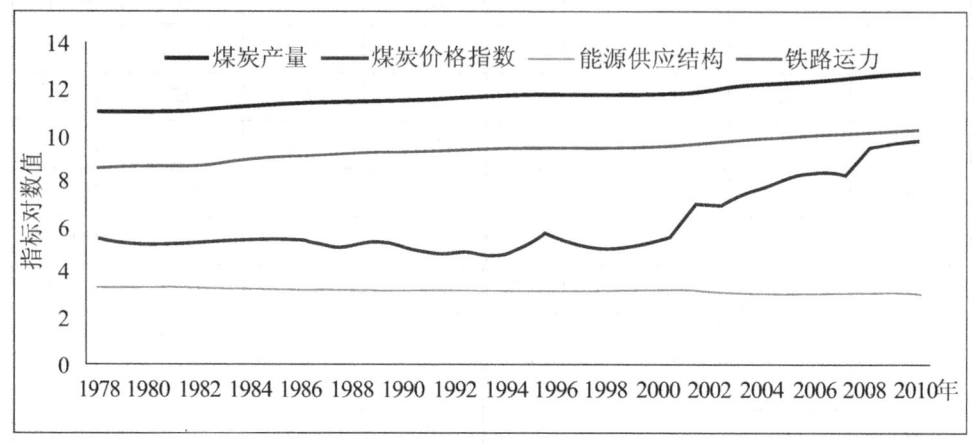

图 6-7　煤炭价格与煤炭产量变化趋势

（2）协整检验

从图 6-7 可以初步判断，煤炭产量与煤炭价格指数、铁路货运量、能源供应结构之间存在长期协整关系的可能。首先对选择变量的平稳性进行检验。通过 ADF 检验，上述变量均为一阶单整序列，结果见表 6-12。

表 6-12　各变量 ADF 检验结果

变量名称	检验形式	ADF	5%	结　论
LNmtcl	(C,0,8)	0.691	−2.957	不平稳
LNmtjg	(C,T,8)	−0.852	−1.947	不平稳
LNtlhy	(C,T,8)	0.240	−2.957	不平稳
LNnyjg	(C,0,8)	−1.665	−2.957	不平稳
△LNmtcl	(C,0,8)	−2.957	−2.957	平稳
△LNmtjg	(0,0,8)	−4.803	−1.947	平稳
△LNmtxf	(C,0,8)	−3.255	−2.957	平稳
△LNnyjg	(C,0,8)	−3.137	−2.957	平稳

采用 Johansen 检验对序列分别进行协整检验。通过对滞后阶数以及方程中截距和趋势项的反复对比，本书选取滞后 3 阶、有截距项和趋势项的协整方程，结果见表 6-13。

表 6-13 总供给因素与煤炭产出协整关系检验结果

协整方程数	特征根	迹统计量	5%临界值	概 率
不存在	0.898	128.33	55.25	0.00
最多一个*	0.710	59.71	35.015	0.00
最多两个*	0.491	22.57	18.40	0.01
最多三个	0.075	2.32	3.84	0.13

根据表 6-13，煤炭产量与供给因素的协整方程具体表达式可表示为式 6-13。从协整方程式（6-13）可以看出，能源供应结构、煤炭价格和铁路货运能力对煤炭产量增长都有长期影响。其中，能源供给结构对煤炭产量增长的影响最大，非煤能源供给比重每提高 1%，煤炭产量将下降 1.45%；煤炭价格对于煤炭产量增长为正向拉动，煤炭价格指数每增长 1%，煤炭产量增长 0.37%；铁路运力对煤炭产量增长为正向拉动，全国铁路货运周转量每增长 1%，煤炭产量增长 0.76%。

$$Lnmtcl = -1.492 \times lnnyjg + 0.369 \times lnmtjg + 0.759 \times lntlhy \qquad (6\text{-}13)$$
$$(0.196) \qquad (0.0240) \qquad (0.088)$$

（3）误差修正模型

协整检验结果表明，我国煤炭产出与供给因素之间存在着长期稳定的均衡关系，各经济变量之间不会相互分离太远，一次冲击可能会使各变量短期内偏离均衡位置，但在长期会自动恢复到均衡位置。在长期协整关系的基础上，可进一步建立将煤炭产出与供给需求因素起来的向量误差修正模型（VECM），相关检验结果见表 6-14。

表 6-14 VECM 模型检验结果

变 量	系 数	标准差	T 统计值
CointEq1	-0.06198	-0.15033	[-0.41226]
D(LNMTCL(-1))	-0.28748	-0.34359	[-0.83667]
D(LNMTCL(-2))	-0.01298	-0.39026	[-0.03326]

续表

变量	系数	标准差	T统计值
D(LNMTCL(−3))	0.405227	−0.4369	[0.92751]
D(LNNYJG(−1))	−0.92386	−0.5195	[−1.77837]
D(LNNYJG(−2))	0.468535	−0.61587	[0.76077]
D(LNNYJG(−3))	1.187881	−0.60199	[1.97325]
D(LNMTJG(−1))	0.184801	−0.13052	[1.41590]
D(LNMTJG(−2))	−0.01119	−0.16735	[−0.06684]
D(LNMTJG(−3))	0.053846	−0.14256	[0.37770]
D(LNTLHY(−1))	0.53457	−0.37814	[1.41370]
D(LNTLHY(−2))	0.735281	−0.38841	[1.89308]
D(LNTLHY(−3))	−0.51932	−0.58399	[−0.88927]
C	0.012215	−0.02115	[0.57753]
对数似然值	61.82	赤池准则	−3.188293
可决系数	0.58	施瓦茨准则	−2.534401
F统计值	1.69		

利用误差修正模型原理根据式 (6-4)，建立煤炭产量与煤炭价格的误差修正模型如下：

$$\begin{aligned} D(LNMTCL) = & -0.062 \times [LNMTCL(-1) + 4.13 \times LNNYJG(-1) - 0.367 \\ & \times LNMTJG(-1) - 0.11 \times LNTLHY(-1) - 22.258] - 0.287 \\ & \times D[LNMTCL(-1)] - 0.013 \times D[LNMTCL(-2)] + 0.405 \\ & \times D[LNMTCL(-3)] - 0.92 \times D[LNNYJG(-1)] + 0.469 \\ & \times D[LNNYJG(-2)] + 1.189 \times D[LNNYJG(-3)] + 0.185 \\ & \times D[LNMTJG(-1)] - 0.011 \times D[LNMTJG(-2)] + 0.054 \\ & \times D[LNMTJG(-3)] + 0.535 \times D[LNTLHY(-1)] + 0.735 \\ & \times D[LNTLHY(-2)] - 0.519 \times D[LNTLHY(-3)] + 0.012 \end{aligned} \quad (6\text{-}14)$$

从式 (6-14) 可以看出，VECM 模型的误差修正项为 −0.062＜0，误差修正项为负反馈机制，并在统计上显著，符合修正意义，表明煤炭总供给因素对煤炭产出具有短期作用效力。向量误差修正模型 （VECM） 的系数为 −0.062，说明煤炭产出系统受到宏观经济需求时的调整速度相对较慢,就平均而言上一年的非均衡误差以6.2%的比率修正煤炭产出的偏离。此外,样本的可决系数为0.58,说明短期内实际煤炭产出的短期波动可由本模型中3个宏观供给变量的长期和短期关系解释58%,如图6-8所示。

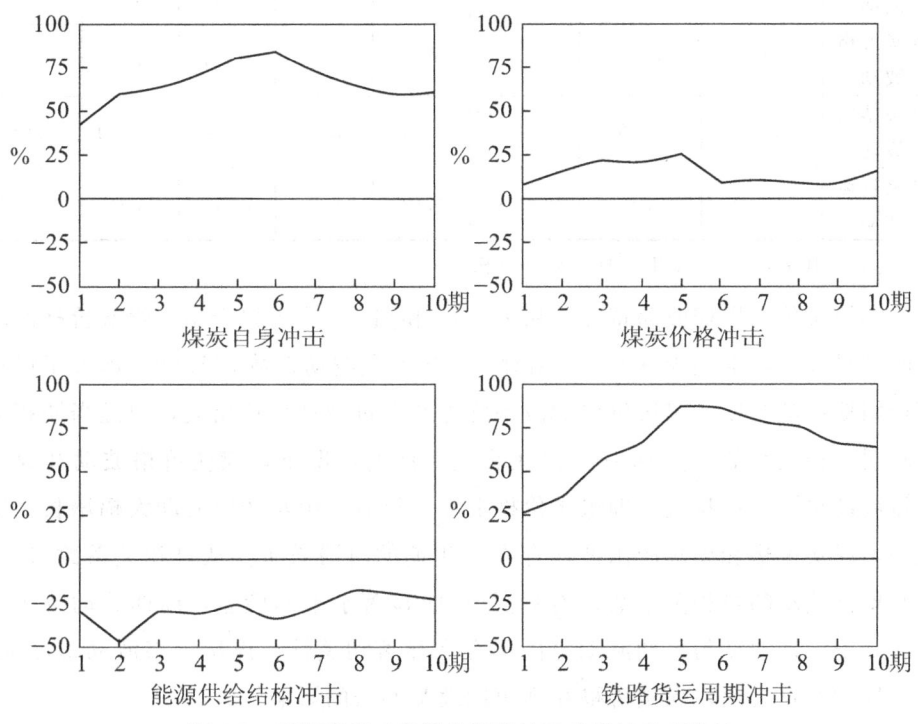

图 6-8 煤炭产出对总供给因素拉动的脉冲响应轨迹

6.2.3 基于VAR模型的冲击传导分析

(1) 煤炭价格周期波动与煤炭产出周期波动特征比较

从上述研究结果可以看出,煤炭产出与总供给因素之间存在长期协整关系。为更准确分析煤炭总供给因素周期波动对煤炭产出周期波动的影响,本书对CF滤波分解出的煤炭供给因素波动分量和煤炭产出周期波动分量之间的动态关系进行深入研究,计算了序列标准差、自相关系数和时差交叉系数。详见表6-15。

从表6-15可以看出,煤炭价格周期波动与煤炭产出周期波动之间具有以下关系:

表 6-15　煤炭总供给周期波动与煤炭产量周期波动相关性

周期波动	波动性（标准差）		自相关系数	与煤炭产量的时差相关系数				
	绝对	相对		−2	−1	0	1	2
煤炭产业波动	0.029	1.00	0.42*	−0.49	0.17	1.00	0.17	−0.49
煤炭价格波动	0.043	1.48	0.22	0.14	0.03	0.16	0.43	0.17
能源结构波动	0.020	0.68	0.23	0.07	0.50	−0.71	−0.11	0.08
铁路货运波动	0.020	0.69	0.43*	0.04	0.33	0.67	0.46	−0.11

注：*代表在 0.01 水平下具有显著自相关。

①煤炭价格周期波动特征。从表 6-10 和图 6-9 中可以看出，煤炭价格波动的幅度最大，标准差为 0.043，相对于煤炭产量波动系数为 1.69，远大于煤炭生产周期波动幅度。煤炭价格的波动与煤炭产量波动呈正相关，但是当期相关性较弱，相关系数仅为 0.16。但在领先一期的情况下，煤炭价格波动和煤炭产量波动呈显著正相关，即煤炭价格上涨一年后，煤炭产出波动大幅增长。这说明，煤炭价格和煤炭产出波动存在一年期的时滞效果。从自相关系数来看，煤炭价格波动的自相关系数没有通过 0.01 显著水平的检验，周期波动持久性较弱，下一期波动与上期波动之间不存在显著相关性。煤炭价格波动幅度大、持久性的特点表明，煤炭价格受到短期政策冲击的影响较大。

②能源结构周期波动特征。从表 6-10 和图 6-9 来看，能源结构周期波动性较弱，标准差仅为 0.02，相对于煤炭产出波动的相对波动系数为 0.068。代表能源结构的非煤能源供给比重与煤炭产出周期波动之间存在显著的负相关，当期相关系数达到−0.71，且不存在时滞效应。这说明非煤能源结构增长，当期即对煤炭产量产生负向影响。非煤能源供给比重自相关系数没有通过 0.01 显著水平的检验，波动持久性较弱。能源结构是一个政策性变量，短期内与国家能源发展政策及其执行情况密切相关。能源结构周期波动幅度小、持久性较弱，表明能源政策中关于能源供应结构优化缺乏力度和连续性。

③铁路货运周期波动特征。从表 6-10 和图 6-9 来看，我国铁路货运能力总体波动性较弱，相对标准差仅为 0.02，相对煤炭产出波动性的相对波动系数为 0.68。全国铁路货运周转量与煤炭产出波动之间存在显著的正相关性，且不存在时滞效应。当期铁路货运周转量增长即对煤炭产量增长起到促进作用。

全国铁路货运周转量波动的自相关系数为0.43，具有显著的持久性。

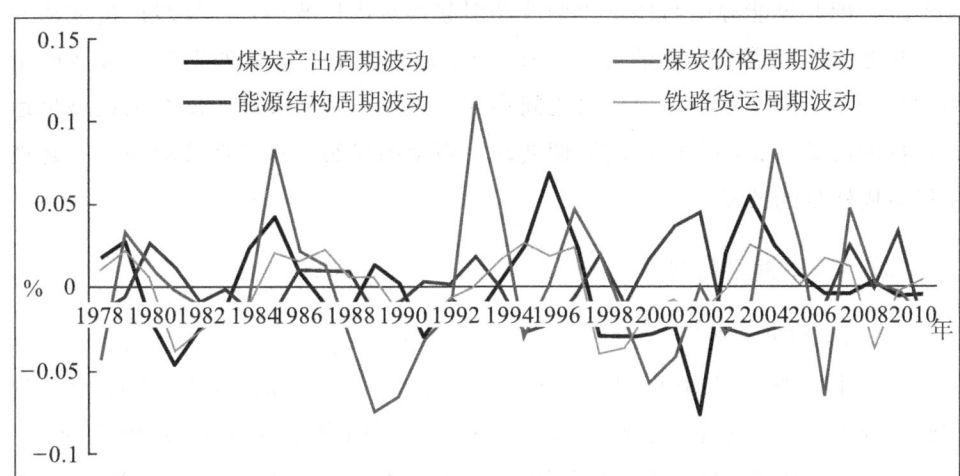

图6-9 总供给因素波动与煤炭产出周期波动的时图

（2）格兰杰因果检验

通过对 cycle-mtcl、cycle-mtjg、cycle-nyjg、cycle-tlhy 进行单位根检验，结果显示均为平稳序列。为进一步研究分析煤炭产出周期波动与总供给因素周期波动之间的关系，还有必要了解两者之间的影响方向。格兰杰检验结果见表6-16。

表6-16 煤炭产出周期波动与总供给因素周期波动的格兰杰检验

原 假 设	滞后阶数	F统计值	概率值
煤炭价格波动不是煤炭产量波动的格兰杰原因	1	8.089	0.01
煤炭产量波动不是煤炭价格波动的格兰杰原因		8.746	0.01
能源供给结构波动不是煤炭产量波动的格兰杰原因	1	4.762	0.04
煤炭产量波动不是能源供应结构波动的格兰杰原因		0.233	0.63
铁路货运波动不是煤炭产量波动的格兰杰原因	4	1.032	0.05
煤炭产量波动不是铁路货运波动的格兰杰原因		3.114	0.36

从表6-16可以看出，在0.05显著水平、滞后一期时，煤炭产出周期波动和煤炭价格周期波动存在显著双向因果关系，即煤炭产出周期波动引起了煤炭价格的周期波动，而煤炭价格周期波动也引起煤炭产量周期波动。在0.05显

著水平、滞后一期时,非煤能源供给比重与煤炭产出波动之间存在显著单向因果关系,即非煤能源供给比重周期波动引起煤炭产量波动,而煤炭产量波动并不引起非煤能源供给比重的波动。在 0.06 显著水平、滞后四期时,煤炭产量周期波动与全国铁路货运周转量之间存在显著单向因果关系,即全国铁路货运周转量的波动引起煤炭产量的周期波动,而全国煤炭产量周期波动并不引起铁路货运周转量的波动。

(3) VAR 模型的建立

①VAR 模型检验

首先本书对 cycle-lnmtcl、cycle-lnmtjg、cycle-lnnyjg、cycle-tlhy4 个变量构建的 VAR 模型进行稳定性诊断。通过观察不同滞后阶数 VAR 模型的 AR 根表和 VAR 模型中格兰杰检验显著性,确定最后滞后阶数为 3。VAR(3) 模型所有特征根模的倒数都小于 1,即所有点位于单位圆内,如见图 6-10 所示,这说明 VAR(3) 模型的结构是稳定的。

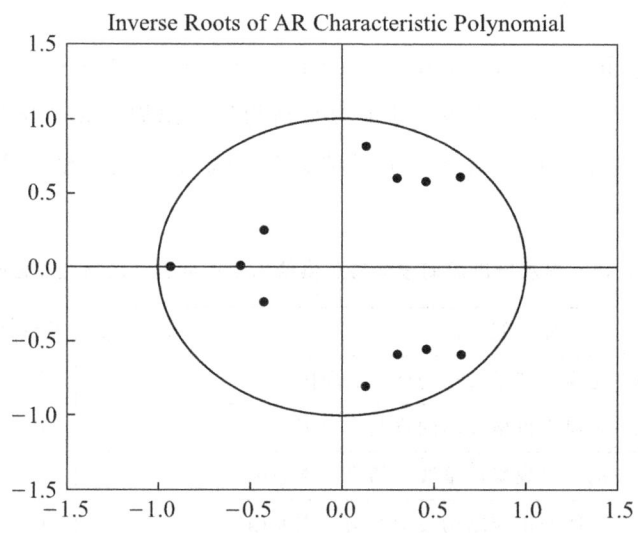

图 6-10　VAR 模型的稳定性检验:AR 特征多项式根的 1 倒数

下面建立 VAR 模型,运用广义脉冲响应函数(GIRF)和方差分解方法来分析煤炭总供给周期波动对煤炭产出周期波动的动态影响及贡献。

②脉冲响应分析

煤炭产出对煤炭价格周期波动的响应。从图 6-11 可以看出,煤炭价格当期受到一个 1 正向冲击,当期煤炭产出波动就有一较大的正向反应,随后继续增加，于第 2 期达到最大值并维持到第 3 期，促使产出扩张 0.086 个百分点，随后几期对煤炭产出波动的影响逐渐减弱，第 6 期轻微转负并衰减至零。煤炭价格波动对煤炭产出波动具有较长时间的影响。在 10 期内，使煤炭产出累积扩张 0.013 个百分点。

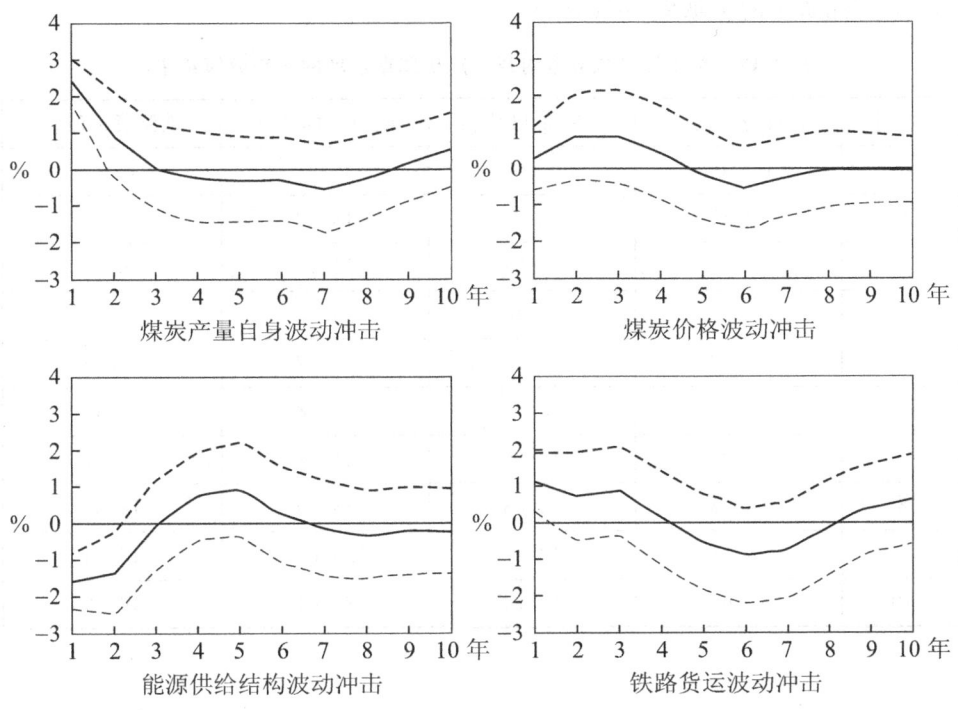

图 6-11　煤炭产出周期波动对总供给因素周期波动的响应轨迹

煤炭产出对能源供给结构周期波动的响应。从图 6-11 可以看出，当非煤能源供给受到 1 个正向冲击（即非煤能源供给比重上升），当期对煤炭产出波动的抑制作用达到了最大值，煤炭产出收缩 0.015 个百分点。随后冲击逐步减弱，第 4 期后转为正向冲击，至第 7 期后冲击影响维持在 －0.02 个百分点左右。可以看出，非煤能源供给比重对煤炭产出波动具有较大的抑制作用，而且作用周期较长。在 10 期内，累计使煤炭产出收缩 0.02 个百分点。

煤炭产出对铁路运力周期波动冲击的响应。当全国铁路货运周转量受到 1 个正向冲击后，当期对煤炭产出波动的冲击作用即达到最大，促使煤炭产出扩张 0.01 个百分点；随后冲击作用逐渐减小，第 5 期后转为负向冲击，在第 8 期变为正向冲击。可以看出，铁路运力的周期波动对煤炭产出波动冲击影响持续时间较长。在 10 期内，累计使煤炭产出扩张 0.014 个百分点。

③方差分解

方差结果显示（见表6-17），短期中煤炭产出的变动受其自身冲击的影响仍最为显著，前10期影响大幅减弱。煤炭价格波动贡献有所增加，但是贡献不大，贡献率为13%；非煤能源供应比重的贡献增长幅度较大，贡献率达到23%，铁路货运的贡献率16%。

表6-17　总供给构成要素对煤炭产出周期波动的方差分解结果

周期	自身波动	煤炭价格波动	能源结构波动	铁路货运波动
1	100.00	0.000	0.00	0.00
2	78.52	6.95	13.12	1.40
3	66.402	13.38	11.17	9.04
4	61.69	14.16	15.73	8.42
5	55.42	12.78	21.77	10.02
6	51.67	13.84	20.08	14.41
7	50.28	13.09	21.62	15.01
8	48.95	12.63	23.90	14.52
9	48.51	12.47	23.67	15.34
10	48.62	12.16	23.04	16.19

6.3　中国煤炭生产波动的国际因素分析

经济全球化给世界各国经济带来了深远的影响，它为世界经济周期的迅速传导提供了基础。随着中国经济的开放和转型，中国经济的运行与世界经济的联系越来越紧密。在全球化的影响下，中国煤炭市场与世界市场的关联度不断提高，日趋一体化。从2011年以来，中国已经超越日本成为世界最大的煤炭进口国。国际煤炭市场波动对于中国煤炭产业发展的影响越来越大。

6.3.1　国际煤炭市场的贸易传导机制

随着经济全球化的发展，人力、资金、物质的跨国界运动把各国间的国际经济紧密地联系起来。其中国际贸易既实现了物质的跨国流动，同时也传导了世界经济的周期波动。国内外一些学者的研究表明，国际贸易是传导世界经济周期波动的重要渠道。全球煤炭市场一体化的趋势下，世界各国或地区煤炭生产与波动已紧密地联系在一起。随着中国煤炭市场化进程的推进，中国煤炭市场与全球煤炭市场关联和互动的程度将进一步加深。国际煤炭贸易主要通过以下三条途径来传递煤炭生产周期波动。

（1）煤炭需求效应

煤炭是世界上赋存最为丰富的化石能源，而且用途比较广泛，是重要的工业原料。按照目前全球油气资源的开发强度来计算，石油采储比仅为52年，天然气采储比为55年，而煤炭资源可开采年限超过100年。与油气资源相比，煤炭价格低廉很多。按照发热量来计算，煤炭价格是目前石油价格的20%、天然气价格的33%。国际能源署预测到2020年，煤炭将超过石油成为全球第一大消费能源。因此，未来亚洲经济（主要是中国和印度）的发展还需要煤炭资源的支撑。对于煤炭的高需求将进一步刺激煤炭国际贸易规模的扩大，进而推动世界煤炭产量扩张。

（2）资源禀赋差异

根据BP公司统计：截止到2012年年底，世界煤炭探明储量足以满足109年的全球生产需要，是目前为止化石燃料中储产比最高的燃料。欧洲及欧亚大陆煤炭储量规模最大，北美洲则拥有最高的储产比。世界可采储量中的60%集中在美国（27.6%）、俄罗斯（18.2%）、中国（13.3%），澳大利亚、印度、德国和南非合计占24.1%。不同地区的煤质差异较大，美国、澳大利亚和加拿大炼焦煤较为丰富，而中国、印度和哥伦比亚拥有丰富动力煤资源。通过近十几年的高强度开采，我国可供开采的优质煤炭资源所剩无几，现有煤炭资源开采难度大、成本高；优质的炼焦煤和无烟煤资源并不丰富，甚至存在不足。因此，充分利用煤炭国内外两个市场、两种资源，进口国外优质煤炭资源是弥补国内煤炭供应能力和供给结构不足的重要手段。

（3）价格信号传递煤炭产量周期波动

世贸组织要求其成员国遵守规则和开放市场，即承诺遵守世贸组织的一整套国际规则和承诺市场经济。作为世贸组织成员国之一的中国，在进一步向世界开放包括国内煤炭市场在内的国内市场，将更加迅速地融入全球化的经济之中。中国煤炭市场与世界煤炭市场的关联、互动也越来越明显。供求规律表明，需求量增加，价格上升，需求量减小，价格下降；供给量增加价格下降，供给减少，价格上升。当世界经济扩张（收缩）时，往往对能源尤其是石油的需求增加（减少），导致国际煤炭价格相对上升（下降），世界煤炭产量开始扩张。通过国际贸易，中国将减少（增加）煤炭进口、扩大（减少）出口，国内煤炭产量相应在一定程度上增加（减少），使中国煤炭生产也同步趋于扩张。当供给大于需求，国际煤炭价格下降，国际煤炭产量出现收缩，通过国际贸易促使中国也同步趋于收缩。

6.3.2 世界煤炭产量波动对中国的影响

为了能够较好地反映出我国煤炭生产与世界煤炭生产的关系，本书选取了世界主要煤炭生产国进行比较研究。根据 BP 公司出版的 2013 世界能源统计年鉴，中国（47.5%）、美国（13.4%）、澳大利亚（6.3%）、印尼（6.2%）、印度（6.0%）和南非（3.8%）等 6 国煤炭产量合计占世界煤炭产量的 80%以上。因此，选取上述 6 国进行比较研究。仍然以煤炭产量作为衡量煤炭周期波动的指标，对世界及各主要国家煤炭产量进行 CF 滤波后计算得到周期波动项，分别记为 CYCLE-WR、CYCLE-US、CYCLE-AUS、CYCLE-IN、CYCLE-ID、CYCLE-SA 和 CYCLE-W，我国周期波动项记为 CYCLE-CN。世界及各国的煤炭产量数据来自 BP 公司《2013 世界能源统计年鉴》（www.bp.com），样本区间为 1981—2012 年。为消除数据异方差，所有煤炭产量数据进行了自然对数处理。详见表 6-18。

表 6-18 世界及主要国家煤炭产量　　　　　　单位：万吨

国家 年份	中国	美国	印度	澳大利亚	印尼	南非	世界
1981	62160	74730	13010	12690	40	13040	383630
1982	66630	76030	13490	13010	59	14420	398020
1983	71450	70950	14290	13370	65	14560	398670
1984	78920	81280	15250	14000	147	16290	419080
1985	87230	80160	15750	16660	200	17350	444080
1986	89400	80770	16920	17800	259	17670	454850

续表

国家 年份	中国	美国	印度	澳大利亚	印尼	南非	世界
1987	92810	83350	18540	18760	303	17660	464950
1988	97990	86210	19700	18690	449	18140	475510
1989	105420	88970	21530	20170	870	17630	483760
1990	107990	93360	22330	21040	1073	17480	473980
1991	108740	90350	23990	21840	1384	17840	455700
1992	111640	90500	25380	22900	2236	17440	451900
1993	115070	85770	26320	22810	2758	18230	439600
1994	123990	93760	27090	23350	3287	19580	448400
1995	136070	93710	28900	24540	4180	20620	460540
1996	139670	96510	31100	25450	5040	20630	468010
1997	138750	98880	31940	27890	5480	21990	473060
1998	133200	101380	32090	28790	6220	22480	465230
1999	136400	99830	31440	30200	7370	22230	463810
2000	138420	97400	33480	31200	7700	22410	470140
2001	147150	102300	34190	33460	9250	22370	491790
2002	155040	99270	35810	34080	10330	22020	496100
2003	183490	97230	37540	34960	11430	23790	531470
2004	212260	100890	40770	36160	13240	24340	572460
2005	234950	102650	42840	37530	15270	24440	604990
2006	252860	105480	44920	38300	19380	24480	635840
2007	269160	104020	47840	39250	21690	24770	658940
2008	280200	106300	51590	40460	24020	25260	682220
2009	297300	97520	55600	41850	25620	25060	690130
2010	323500	98370	57380	42400	27520	25720	725180
2011	351600	99390	57010	41550	35330	25160	769160
2012	365000	92210	60580	43120	38600	26000	786450

注：来源 www.bp.com，与中国统计数据有出入。

(1) 中国与世界主要国家煤炭产量波动的相关性

从表 6-19 可以看出,从波动性来看,中国与世界及主要产煤国之间也存在较大的差异。总体上,中国煤炭产量波动幅度在世界产煤国居于中等水平。印尼煤炭产量的波动性最大,周期波动标准差达到 0.084。印尼煤炭产量波动与其十年来大幅增加煤炭产能、扩大煤炭出口的煤炭发展战略有关,印尼 2012 年煤炭产量同比 1981 年增加了 965 倍,成为世界第四大煤炭生产国。美国煤炭产量的波动性也较大,周期波动标准差为 0.025。美国煤炭产量波动主要与其近年来页岩气的开发战略相关。由于美国页岩气商业化开发的成功,煤炭生产受到较大冲击,从 2008 年以来煤炭产量连续四年下滑。中国与澳大利亚煤炭产量波动性几乎相当,周期波动标准差为 0.021。印度和南非波动性较弱,近几十年煤炭增长平稳。

表 6-19 中国与世界主要国际煤炭产量波动相关性

周期波动	波动性(标准差)		自相关系数	与中国煤炭产出波动的时差相关系数				
	绝对	相对		-2	-1	0	1	2
CYCLE—CN	0.021	1.00	0.317	-0.49	0.17	1.00	0.17	-0.49
CYCLE—AU	0.021	1.00	0.103	0.30	0.19	-0.12	-0.61	-0.17
CYCLE—US	0.025	1.19	-0.386*	-0.04	0.19	0.34	0.00	-0.33
CYCLE—ID	0.084	4.00	-0.097	-0.05	0.14	0.31	-0.12	-0.45
CYCLE—IN	0.016	0.76	0.098	-0.20	0.06	0.09	0.26	0.10
CYCLE—SA	0.016	0.76	-0.341*	-0.15	-0.14	0.29	0.23	-0.17
CYCLE—W	0.012	0.57	0.100	-0.24	0.40	0.78	0.01	-0.34

注：* 代表在 0.05 水平下具有显著性。

在波动的同步性来看(如图 6-12 所示),中国与世界煤炭产量的同步性最强,同期相关系数达到 0.78,呈显著正相关。中国与美国、南非的产量波动之间存在弱正相关性,同期相关系数在 0.3 左右,与印度煤炭产量波动之间几乎不存在相关性。在主要产煤国中,中国与澳大利亚、印尼之间的煤炭产量波动呈负相关,且分别滞后 1 年和 2 年的时差相关性达到最大,分别为 -0.61 和 0.45。这主要是由于澳大利亚和印尼是国际煤炭市场最主要煤炭供应商,而且中国是两国煤炭主要销售国。所以,澳大利亚和印尼煤炭大幅增长后,通过出口到中国,对我国国内煤炭产量增长产生抑制作用。可以看出,随着世界煤炭市场逐步一体化,中国煤炭产量与主要产煤国煤炭产量波动将会发生更加紧密联系。

第6章 中国煤炭产业波动外部冲击及传导分析 | 165

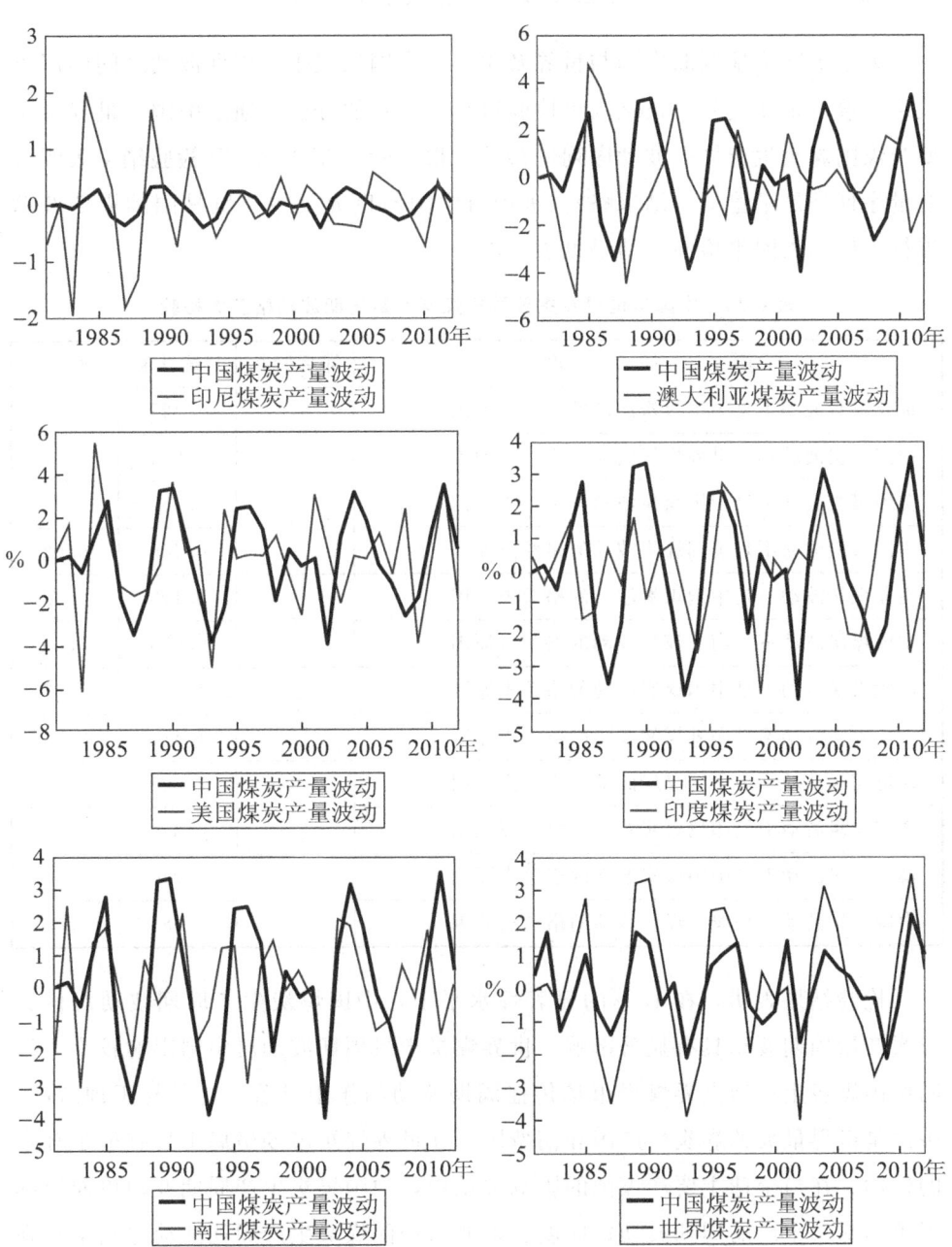

图 6-12 中国与世界及主要煤炭产量周期波动曲线

(2) 中国与世界及主要国家煤炭产量波动相互传导关系

为了更准确地判断中国与世界及主要产煤国煤炭生产周期波动之间的因果关系，接下来使用 Granger 因果检验进行进一步的分析。通过中国、世界及主要产煤国煤炭生产周期波动序列进行单位根检验，ADF 和 PP 检验结果表明各变量序列都是平稳的（结果略）。进而对中国与世界及主要贸易国的周期波动进行了格兰杰因果检验，结果见表 6-20。

表 6-20　中国与世界及主要国家煤炭产量周期波动格兰杰检验

原　假　设	滞后阶数	F 统计值	概　率
世界煤炭波动不是中国煤炭波动的格兰杰原因	2	2.425	0.10
中国煤炭波动不是世界煤炭波动的格兰杰原因		7.034	0.01
美国煤炭波动不是中国煤炭波动的格兰杰原因	2	1.059	0.36
中国煤炭波动不是美国煤炭波动的格兰杰原因		4.466	0.02
南非煤炭波动不是中国煤炭波动的格兰杰原因	2	0.199	0.82
中国煤炭波动不是南非煤炭波动的格兰杰原因		0.528	0.60
印度煤炭波动不是中国煤炭波动的格兰杰原因	2	1.874	0.17
中国煤炭波动不是印度煤炭波动的格兰杰原因		1.470	0.25
印尼煤炭波动不是中国煤炭波动的格兰杰原因	2	2.528	0.10
澳洲煤炭波动不是印尼煤炭波动的格兰杰原因		0.349	0.71
澳洲煤炭波动不是中国煤炭波动的格兰杰原因	2	7.060	0.02
中国煤炭波动不是澳洲煤炭波动的格兰杰原因		1.981	0.61

检验结果表明，在 10% 的显著性水平下，中国煤炭生产周期波动对世界煤炭产量周期波动具有显著影响，世界煤炭产量周期波动对中国影响较小，说明中国煤炭生产向世界煤炭市场传播周期波动的作用显著。这是易于理解的，中国是世界最大的煤炭生产国和消费国，在世界煤炭市场格局中具有举足轻重的作用。在与全球主要产煤国的影响关系中，中国煤炭生产周期波动单向引起了美国煤炭生产的周期波动；印度、南非与中国煤炭生产周期波动之间不存在传导关系；主要是由于印度和中国一样，属于煤炭进口国，煤炭需求旺盛，格兰杰检验结果显示印度煤炭产量波动对世界煤炭产量周期具有显著影响作用；南非作为传统的煤炭大国和市场煤炭主要供应国，其煤炭主要出口到欧洲，由

于距离的影响,对我国的出口较少,因而与我国煤炭产量的周期波动之间不存在传导关系,同时对世界煤炭产量波动也不存在显著影响关系。澳大利亚和印尼对我国煤炭产量周期波动影响较大,且为单向影响,即澳大利亚煤炭和印尼产量的周期波动会引起中国煤炭产量周期波动,而中国煤炭产量周期波动不会引起澳大利亚和印尼煤炭产量周期波动。

格兰杰检验表明,世界煤炭产量周期波动的确存在,与中国生产周期波动具有较强的相关性。澳大利亚和印尼对世界和我国产量的影响最大。随着世界煤炭市场一体化程度不断提高,中国与世界主要产煤国联系将更趋紧密,国内煤炭生产会受到更多的国际冲击的影响。

6.3.3 世界煤炭价格波动对中国的影响

受制于海上煤炭贸易成本的因素,世界煤炭交易主要分为两大市场:大西洋市场,包括欧洲主要的煤炭进口国家如德国、西班牙和英国;亚太市场,主要是澳大利亚、中国、印度尼西亚和日本。2012年亚太市场的煤炭贸易占全球贸易的70%。在亚太市场,澳大利亚作为最主要的煤炭出口国,其煤炭出口价格对区域煤炭贸易具有重要影响力。因此,本节将选取澳大利亚煤炭出口价格,分析其周期波动对中国煤炭进出口及国内产量的影响。详见表6-21。

表 6-21 1978—2012 年美元对人民币汇率及澳大利亚煤炭出口价格

年 份	澳大利亚出口煤价 (美元/吨)	美元对人民币汇率	澳大利亚煤炭出口价格 (人民币/吨)
1978	54.24	1.5771	85.55
1979	51.69	1.4962	77.34
1980	61.07	1.503	91.78
1981	81.48	1.7051	138.93
1982	85.78	1.8926	162.34
1983	61.44	1.9757	121.39
1984	50.93	2.327	118.51
1985	56.11	2.9367	164.77
1986	44.99	3.4528	155.33
1987	36.27	3.7221	135.01
1988	43.20	3.7221	160.78

续 表

年　份	澳大利亚出口煤价 （美元/吨）	美元对人民币汇率	澳大利亚煤炭出口价格 （人民币/吨）
1989	47.35	3.7659	178.32
1990	47.61	4.7838	227.76
1991	48.09	5.3227	255.96
1992	45.97	5.5149	253.52
1993	36.17	5.7619	208.43
1994	38.53	8.6187	332.08
1995	42.87	8.3507	358.00
1996	42.23	8.3142	351.14
1997	40.86	8.2898	338.70
1998	35.57	8.2791	294.52
1999	32.12	8.2796	265.98
2000	32.99	8.2784	273.12
2001	42.20	8.277	349.27
2002	33.44	8.277	276.79
2003	32.77	8.2774	271.23
2004	62.27	8.278	515.47
2005	54.29	8.1917	444.75
2006	54.59	7.9718	435.14
2007	68.87	7.604	523.72
2008	123.59	6.9451	858.38
2009	74.48	6.831	508.77
2010	98.97	6.7695	669.95
2011	111.53	6.4588	720.38
2012	89.61	6.3125	565.68

注：数据来源于 www.worldbank.com。

澳大利亚煤炭出口价格来源于世界银行。为消除价格影响，世界银行以 2010 年美元实际价格进行了调整。考虑到汇率变动可能对煤炭价格产生一定影响，本书按当年汇率将澳大利亚煤炭出口价格折算成人民币。鉴于中国于 1978 年开始了改革开放，本书指标选取的时间段为 1978—2012 年。为消除数据异方差，对所选指标进行了对数处理，分别记为 lncpau 和 lnmtcl。

(1) 国际煤炭价格周期波动特征分析

采用 CF 滤波法，分别对 1978—2012 年美元和人民币计算的澳大利亚煤炭出口价格进行了周期分离，考察了国际煤炭价格周期波动的状况，各阶段及总体的特征，如图 6-13 和表 6-24 所示。

从图 6-13 可以看出，汇率变动对国际煤炭价格周期波动的总体特征影响不大，波动的形态和波动周期几乎没有变化，波动幅度稍有区别。这说明，国际煤炭价格波动具有客观性、独立性。由于美元是当今世界最主要的货币，本书对以没有以人民币计价的国际煤炭价格波动进行分析。由于 1978—1979 年间不是一个完整周期，本书对 1979—2012 年间的国际煤炭价格周期波动进行分析。

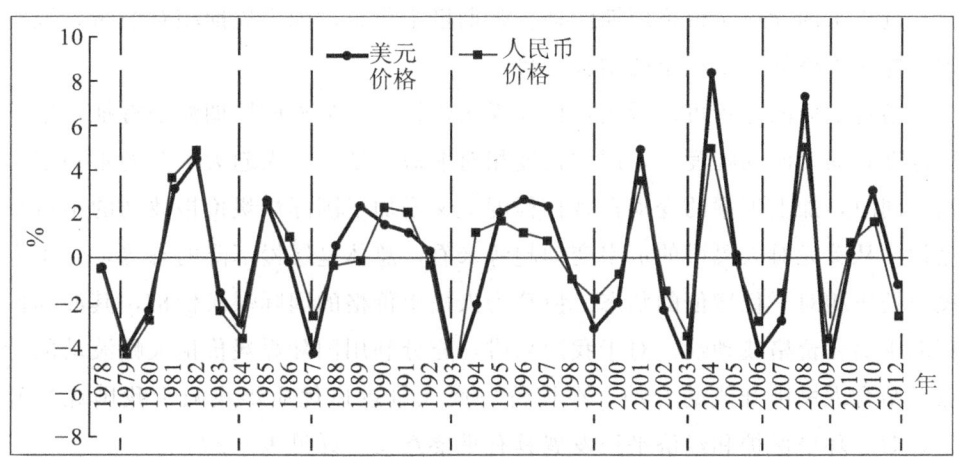

图 6-13 国际煤炭价格周期波动总体特征

具体分析来看，世界煤炭价格周期波动表现出如下主要特点：

①周期长度有逐渐缩短的趋势。34 年间，国际煤炭价格经历了 8 个周期，其中前 5 个周期中的三个周期跨度为 6 年，最短为 3 年。近期 3 个波动周期均为 3 年，表明国际煤炭价格波动的频率在加快。

②周期波动强度逐步加大，价格增长的稳定性在减弱。在前 4 个周期，波动高度总体下降，第 1 个周期波动高度 4.51%，到第 4 个周期已经降到 2.68%，但是从第 5 个周期起，波动高度急剧增加，第 6 个周期波动高度到了最高点，达到了 8.48% 表现出下降的趋势；波动深度相对平稳，在已经历的 7 个完整周期中，谷位有加深的趋势，波动幅度总体处于上升的趋势，尤其是近期的 3 个完整周期，波动幅度大于 10%，增幅极为显著。相应地，代表波动

性的标准差也显著增加,第 7 个周期波动标准差达到 6.79,是第 2 个周期波动的 2.7 倍。第 7 个周期(2007—2009)是目前完整周期中波动最为剧烈的周期,与世界经济步入低谷有关。总的来看,近十年国际煤炭价格相对在快速增长的同时,峰位逐渐提高,谷位有所降低,波动性呈显著增加趋势,价格在"波动"中增长;从波形来看,国际煤炭价格"陡升陡降",价格增长的稳定性在逐步减弱,波动性增强。

③从波动的扩张长度来看,1979 年以来国际煤炭价格周期波动以短扩张型为主,7 个完整周期中短扩张占了 4 个;波动形态呈"极度不对称",周期表现出"峰前谷后"的非对称性特征。在 7 个完整周期中,第 3 个周期为长扩张型,扩张期长达 5 年,第 5 个和第 7 个周期扩张期仅为 1 年。从发展趋势来看,近年来国际煤炭价格周期波动扩张期极不稳定,加之周期相对缩短,说明国际煤炭价格处于不稳定的增长态势。

通过上面的分析可以看出,世界煤炭价格具有强烈的周期波动特征,增长稳定性较弱,波动幅度大,周期长度相对缩短,处于"大起大落"的不稳定局面。同时,加上汇率的变动在某种程度上又增加了国际煤炭价格波动的不可预见性。从美元对人民币的汇率变动趋势来看,总体呈缓慢下降的态势,未来人民币处于相对平稳增值的状态。换算为人民币价格的国际煤炭价格,其波动性稍弱于美元价格波动性。对于我国来讲,充分利用国际煤炭价格大幅波动的特点,结合人民币升值的变动,在煤价谷底大量进口优质煤炭减少我国煤炭开采,对于环境保护和经济平稳发展具有重要意义。详见表 6-22。

表 6-22 国际煤炭价格周期波动总体特征(1979—2012)

划分	时间段	历时	波动高度	波度深度	波度幅度	标准差	扩张长度及 L	
							扩张期	L
1	1979—1984	6	4.51	−4.06	8.57	3.54	2	<1
2	1985—1987	3	2.63	−4.27	6.9	3.47	1	<1
3	1988—1993	6	2.34	−5	7.34	2.63	5	>1
4	1994—1999	6	2.68	−3.2	5.88	2.55	3	1
5	2000—2003	4	5.02	−5.02	10.04	4.29	1	<1
6	2004—2006	3	8.48	−4.26	12.74	6.46	2	>1
7	2007—2009	3	7.38	−5.5	12.88	6.79	1	<1
8	2010—2012	3	3.07	−1.18	4.25	2.17	2	>1

注:第 8 个周期不是一个完整周期。

(2) 国际煤炭价格与中国煤炭产量协整分析

首先对 lncpau 和 lnmtcl 的平稳性进行检验,见表 6-23。ADF 检验结果表明,变量均为 I(1) 单整序列,可以进行协整分析。

表 6-23 ADF 检验结果

变量名称	检验形式	ADF	5%	结 论
Lnmtcl	(C,0,8)	−1.8597	−2.9136	不平稳
Lncpau	(C,0,8)	−1.3206	−1.9467	不平稳
△LNmtcl	(C,0,8)	−4.5611	−2.9139	平稳
△Lncpau	(C,0,8)	−4.0959	−1.9467	平稳

协整关系的检验方法有:Engle-Granger 两步法、Johansen 极大似然法等。从已有研究对这些方法的使用效果来看,Engle-Granger 两步法适用于两变量之间的协整检验。EG 检验法具体是指,对于序列 X、Y 若都是 d 阶单整的,那么用一个变量对另一个变量进行回归,如果回归模型残差估计值为零阶单整序列,则认为序列 X 和 Y 具有协整关系。

根据蛛网经济理论,当期煤炭价格和上一期煤炭价格对当期煤炭产量具有一定的影响。因此,初步确定协整方程为:

$$\text{lnmtcl}_t = \alpha + \beta \text{lncpau}_{t-1} + \gamma \text{lncpau}_{t-1} + \varepsilon_t \tag{6-15}$$

其中 α、β 和 γ 为待估参数,ε_t 误差项。利用最小二乘法,由 Eviews6.0 软件进行估计,计算结果见表 6-24。方程中 Durbin-Watson stat 为 0.65,说明方程(6-15)残差自相关,协整方程不成立。

表 6-24 方程(6-15)检验结果

变 量	系 数	标准误差	t 统计值	概 率
C	7.239	0.260	27.79	0.0000
lnCPAU	0.431	0.117	3.686	0.0009
lnCPAU(−1)	0.388	0.114	3.401	0.0019
可决系数	0.91	因变量均值		11.80
调整后可决系数	0.901	因变量标准差		0.51
回归标准差	0.16	赤池准则		−0.75
残差平方和	0.79	施瓦茨准则		−0.61
对数似然值	15.68	汉南—奎因准则		−0.70
F 统计值	156.07	杜宾统计量		0.65
概率(F)	0.00			

为消除方程（6-15）残差自相关性，将 lnmtcl 滞后相和残差滞后项引入方程（6-15），建立如下分布滞后方程（6-16）。

$$\text{lnmtcl}_t = \alpha + \beta \text{lncpau}_{t-1} + \gamma \text{lncpau}_{t-1} + \delta \text{lnmtcl}_{t-1} + \varepsilon_t + AR(1) \quad (6-16)$$

利用最小二乘法，由 Eviews6.0 软件进行估计，计算结果见表6-25。方程中 Durbin-Watson stat 为 1.8，不存在序列相关，但无论 lnCPAU 还是 lnCPAU(−1) 系数均不显著。说明国际煤炭价格和中国煤炭产量之间不存在直接相互影响的协整关系。

表 6-25　方程 6-16 检验结果

变量	系数	标准误差	t 统计值	概率
C	−0.215	0.593	−0.3630	0.72
lnCPAU	0.021	0.041	0.506	0.62
lnCPAU(−1)	−0.033	0.042	−0.782	0.44
lnMTCL(−1)	1.028	0.076	13.47	0.00
AR(1)	0.464	0.186	2.494	0.02
可决系数	0.99	因变量均值		11.82
调整后可决系数	0.99	因变量标准差		0.506
回归标准差	0.045	赤池信息量准则		−3.23
残差平方和	0.056	施瓦茨准则		−3.01
对数似然值	58.36	汉南─奎因准则		−3.16
F 统计值	1013.03	杜宾统计量		1.81
概率(F)	0.00			

（3）国际煤炭价格波动对中国煤炭产量波动的传导关系

2008年以后，我国国际煤炭贸易发生了重大转折，从煤炭净出口国变为煤炭净进口国，并从2011年起超过日本成为世界头号煤炭进口大国，如图6-14所示。从长期发展趋势来看，中国减少出口、增加进口的国际煤炭贸易形势还将延续，煤炭出口规模将进一步降低，煤炭大规模进口的局面还将延续。充分利用国际国内两个市场、两种资源满足国内煤炭需求成为中国今后国际煤炭贸易的主要策略。

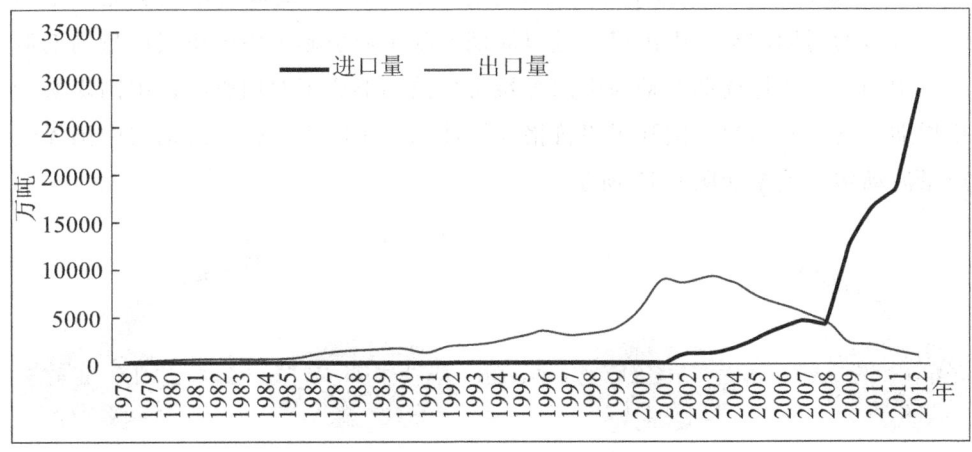

图 6-14　1978—2012 年中国煤炭进口变化趋势

由于中国煤炭产量和国际煤炭价格之间不存在协整关系。为进一步分析国际煤炭价格波动对中国煤炭产量波动的影响，需要增加中国煤炭进出口量、国内煤炭价格等反映国内外煤炭市场变动的指标，通过格兰杰检验深入分析国际煤炭价格波动对中国煤炭产量波动传导路径和影响大小。变量间的格兰杰检验结果见表 6-26。

表 6-26　国际煤炭价格波动与中国煤炭产量波动的格兰杰检验

原假设	滞后期	F 统计值	概率
国际煤炭价格波动不是中国煤炭产量波动的格兰杰原因	1	0.63	0.43
中国煤炭产量波动不是国际煤炭价格波动的格兰杰原因		0.82	0.37
中国煤炭价格波动不是中国煤炭产量波动的格兰杰原因	1	6.68	0.01
国际煤炭价格波动不是中国煤炭价格波动的格兰杰原因		3.84	0.06
中国煤炭进口波动不是中国煤炭产量波动的格兰杰原因	1	4.07	0.05
中国煤炭产量波动不是中国煤炭进口波动的格兰杰原因		1.82	0.19
中国煤炭价格波动不是世界煤炭价格波动的格兰杰原因	1	5.07	0.03
世界煤炭价格波动不是中国煤炭价格波动的格兰杰原因		0.01	0.92
中国煤炭进口波动不是世界煤炭价格波动的格兰杰原因	1	0.07	0.79
世界煤炭价格波动不是中国煤炭进口波动的格兰杰原因		5.63	0.02
中国煤炭进口波动不是中国煤炭价格波动的格兰杰原因	1	0.60	0.44
中国煤炭价格波动不是中国煤炭进口波动的格兰杰原因		1.71	0.20

在滞后1阶、0.10显著水平下，世界煤炭价格周期波动单向引起了中国煤炭进口的周期波动；中国煤炭进口周期波动单向引起了中国煤炭产量周期波动；中国煤炭产量周期波动与中国煤炭价格波动形成了双向影响；中国煤炭价格周期波动单向引起了国际煤炭价格周期波动。国际煤炭价格波动与中国煤炭产量波动传导关系如图6-15所示。

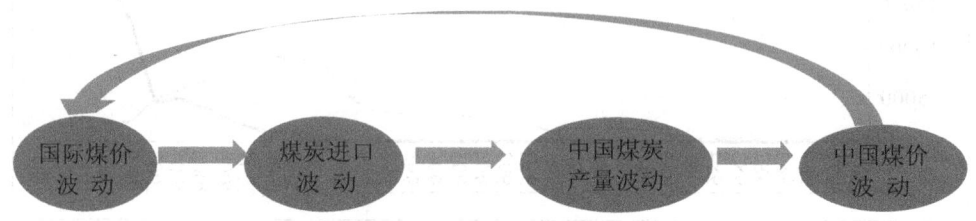

图6-15　国际煤炭价格波动对中国煤炭产量波动的传导

（4）国际煤炭价格对中国煤炭产量波动的冲击

从图6-16可以看出，国际煤炭价格周期波动对中国煤炭产量不发生直接作用，通过影响煤炭进口波动间接传导给中国煤炭生产波动。为了深入分析国际煤价的间接传导的冲击大小，本节采用VAR模型研究冲击作用的影响。考虑国际煤炭价格波动对中国煤炭产量波动的间接影响，采用Cholesky分解，按照国际煤炭价格对中国煤炭产量传导的顺序分析冲击的影响。通过尝试，发现滞后3阶的VAR模型最优。当国际煤炭价格收到一个正向冲击，第1期和第2期，中国煤炭产量基本没有响应，第3期出现影响并达到最大，产量扩张0.46个百分点，随后冲击作用出现周期性震荡。经计算，在10期内国际煤炭价格冲击导致煤炭产量扩张0.05个百分点，影响很小。

6.3.4　中国煤炭进口波动成因分析

中国近几年大幅度增加煤炭进口不但对世界煤炭贸易格局产生了重要影响，同时也改变了国内的供给结构。本节分析中国煤炭进口周期波动的成因及其对国际煤炭价格波动的影响，为我国合理安排煤炭进口提供决策依据。

（1）格兰杰因果检验

为了准确判断引起我国煤炭进口周期波动的原因，对1978—2012年我国

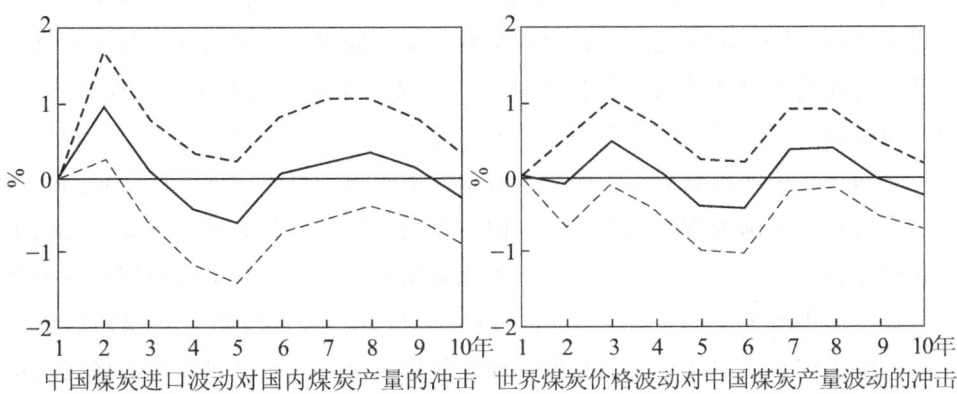

中国煤炭进口波动对国内煤炭产量的冲击　世界煤炭价格波动对中国煤炭产量波动的冲击

图 6-16　中国煤炭产量对煤炭进口和国际煤价波动冲击的脉冲响应轨迹

煤炭进口量、国内产量、国内消费量、煤炭库存、国内煤炭价格和国际煤炭价格的周期波动序列进行格兰杰因果检验。采用 CF 滤波法，对上述变量进行滤波，分离周期波动分量，分别记为 cycle-lnmtjg、cycle-lnmtcl、cycle-lnmtxf、cycle-lnmtkc、cycle-lncpcn、cycle-lncpau，经 ADF 检验均为平稳变量（结果略）。相互影响的格兰杰检验见表 6-27。

表 6-27　各因素波动对中国煤炭进口波动的格兰杰检验

原　假　设	滞后期	F 统计值	概　率
中国煤炭产量波动不是中国煤炭进口波动的格兰杰原因	2	3.50	0.04
中国煤炭进口波动不是中国煤炭产量波动的格兰杰原因		5.93	0.01
中国煤炭库存波动不是中国煤炭进口波动的格兰杰原因	2	8.95	0.00
中国煤炭进口波动不是中国煤炭库存波动的格兰杰原因		1.88	0.17
中国煤炭消费波动不是中国煤炭进口波动的格兰杰原因	2	3.80	0.04
中国煤炭进口波动不是中国煤炭消费波动的格兰杰原因		1.25	0.30
中国煤炭价格波动不是中国煤炭进口波动的格兰杰原因	2	1.97	0.16
中国煤炭进口波动不是中国煤炭价格波动的格兰杰原因		0.07	0.94
世界煤炭价格波动不是中国煤炭进口波动的格兰杰原因	2	3.88	0.03
中国煤炭进口波动不是世界煤炭价格波动的格兰杰原因		2.44	0.10

在滞后 2 期、10% 显著水平下，格兰杰因果检验结果表明：国内煤炭产量和煤炭进口量周期波动之间存在双向影响关系，即煤炭产量波动引起煤炭进口波动，而煤炭进口波动同样引起产量波动；煤炭库存单向引起煤炭进口波动，表明我国煤炭进口后直接进入消费环节，没有进入库存贮备；煤炭消费和煤炭进口之间存在单向影响关系，煤炭消费单向引起煤炭进口波动，表明我国煤炭进口动机是满足国内煤炭消费需求；国内煤炭价格波动与煤炭进口波动之间不存在相互影响关系，表明我国煤炭市场化机制还不健全，煤炭价格信号不能及时有效传递供求关系的变化；中国煤炭进口与世界煤炭价格存在双向影响关系，即中国煤炭进口波动会引起世界煤炭价格波动，同时世界煤炭价格波动也会引起中国煤炭进口量波动。

(2) 各因素对中国煤炭进口的动态影响

由上节可知，中国煤炭价格与煤炭进口之间不存在相互影响关系。本节通过建立 VAR 模型，分析中国煤炭产量、煤炭消费量、煤炭库存和国际煤炭价格波动对中国煤炭进口量的动态影响。

①脉冲响应分析

图 6-17 分别给出了 GIRF 方法得到的中国煤炭进口波动对国内煤炭产量、消费量、库存量和国际煤炭价格波动的冲击反应轨迹。

煤炭产量的冲击。当国内煤炭产量出现 1 个百分点的正向冲击，当期对煤炭进口量波动产生较大的正向冲击作用，于第 2 期达到最大值，促使产出扩张 0.07 个百分点。第 3 期转为负向冲击，第 6 期又转为正向冲击，第 8 期后逐渐衰减至 0。经计算，在 10 期内煤炭产量波动累计使煤炭进口量扩张 0.01 个百分点。

煤炭消费量冲击。当国内煤炭消费量出现 1 个百分点的正向冲击，当期即对煤炭进口产生正向冲击作用并达到最大值，促使煤炭进口增长 0.06 个百分点。随后冲击转为负向，在第 3 期、第 7 期和第 10 期出现大幅度冲击。经计算，10 期内煤炭消费波动累计使煤炭进口量扩张 0.06 个百分点。可以看出，煤炭消费对于煤炭进口波动的冲击持续时间较长。

煤炭库存的冲击。当煤炭库存出现一个正向冲击后，当期对煤炭进口产生负向冲击，使煤炭进口收缩 0.07 个百分点，随后冲击由负转正，到第 5 期又产生一个较大的促进作用，促使煤炭进口扩张 0.06 个百分点，之后再次转为负向冲击。在 10 期内，煤炭库存波动累计使煤炭进口收缩 0.12 个百分点。中

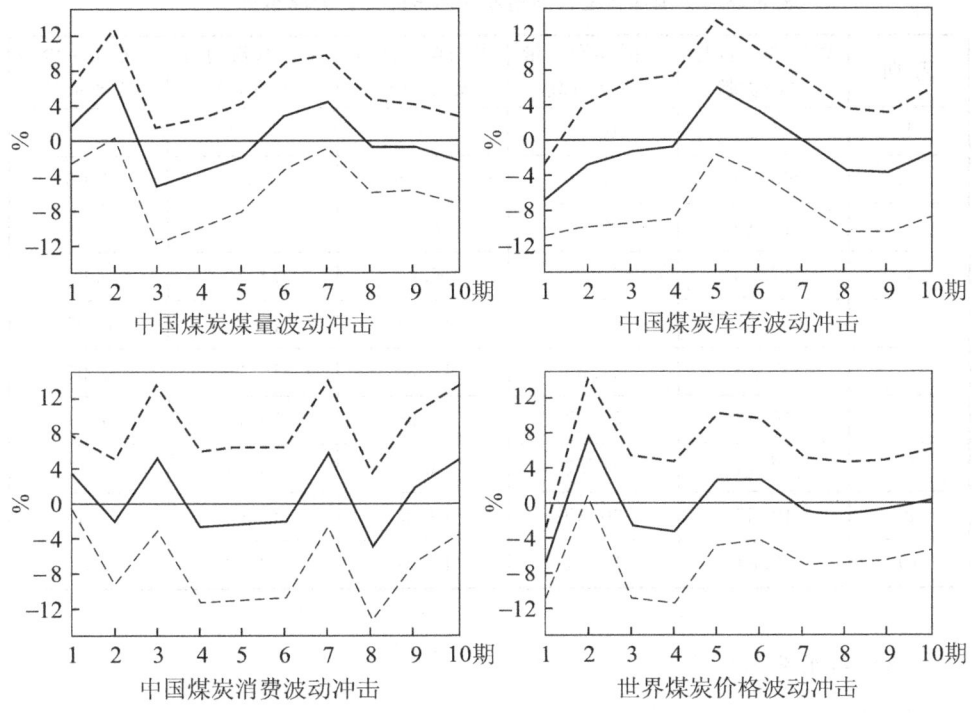

图 6-17　中国煤炭进口周期波动的脉冲响应函数

国煤炭进口对煤炭库存波动的冲击反应过程表明，煤炭库存波动会带来煤炭进口的反向波动，且波动幅度较大，持续时期较长，是引起煤炭进口波动的重要原因。

国际煤炭价格的冲击。当国际煤炭价格出现一个正向冲击后，当期对煤炭进口产生一个负向较大的负向冲击，促使煤炭进口收缩 0.07 个百分点；随后转为正向冲击，促使煤炭进口扩张 0.07 个百分点，之后冲击导致煤炭进口在收缩和扩张之间出现波动，第 8 期后，冲击逐渐消失。在 10 期内国际煤炭价格波动累计使煤炭进口收缩 0.03 个百分点。

②方差分析

方差分解结果进一步表明了各要素波动对中国煤炭进口波动的相对贡献程度，见表 6-28。中国煤炭进口波动受其自身冲击的影响仍最为显著（前 2 期），但影响不断减弱，长期中煤炭产量、煤炭库存和煤炭消费冲击的影响不断加强，在第 3 期合计贡献相继超过了煤炭进口自身的贡献，并一直持续下去。总体来看国内要素冲击的贡献更大，其中煤炭消费贡献率最大。国际煤炭价格波动贡献率仅为 1.87%，影响很小。

表 6-28　中国煤炭进口周期波动冲击的方差分解结果（%）

周期	煤炭进口自身波动贡献	中国煤炭产量波动贡献	中国煤炭库存波动贡献	中国煤炭消费波动贡献	世界煤炭价格波动贡献
1	100	0.00	0.00	0.00	0.00
2	60.68	17.20	19.06	3.01	0.05
3	49.10	20.46	16.05	14.35	0.04
4	47.83	22.56	15.03	14.52	0.06
5	49.57	20.91	16.18	13.30	0.05
6	47.65	21.59	16.80	13.90	0.05
7	45.43	22.67	15.99	15.77	0.14
8	42.44	21.07	16.29	20.01	0.18
9	40.59	20.19	19.23	19.68	0.30
10	37.81	19.51	17.97	22.84	1.87

（3）结果分析

综合脉冲响应和方差分解的结果可以看出，中国煤炭进口受国内煤炭生产和消费、库存影响更大一些，而对国际煤炭价格的波动不敏感。进一步分析发现，反映煤炭市场供求平衡度的煤炭库存对煤炭进口的冲击为负向，而煤炭消费的冲击在国内因素中的贡献率最大且为正向冲击。这表明，短期内我国煤炭消费是影响煤炭进口的主要因素。从经济学上来讲，煤炭进口是平衡国内煤炭供需的重要补充手段，即需求增加而供给不足才导致大量进口煤炭。从实际情况来看，我国煤炭进口的贸易行为过于关注需求层面，忽略了供需平衡和国际价格因素，煤炭进口存在着"不理性"行为。进入 21 世纪以来，在国民经济高速增长的带动下，我国煤炭需求大幅度提高，2012 年煤炭消费同比 2002 年增长了 246%，年均增长率达到了 9.5%。而同期国内煤炭产量也高速增长，年均增速超过 10%。从 2009 年起，当年国内煤炭产量已经大于煤炭消费量，期间煤炭库存一直在高位运行。2010—2012 年间，煤炭库存量分别为 2.0 亿吨、2.5 亿吨和 2.9 亿吨，屡创新高，表明国内煤炭供需紧张的局面已经得到根本缓解，供给开始出现过剩。但从煤炭进口来看，2010—2012 年，煤炭净进口分别达到 1.47 亿吨、1.68 亿吨和 2.8 亿吨。其间，国际煤炭价格比 2009 年分别上涨了 33%、50% 和 20%，"买涨不买跌"的做法应引起煤炭业内人士的反思。此外，由于我国煤炭价格信号对于供求关系传递的失效（国内煤炭价格指数与煤炭进口量波动之间不存在格兰杰因果关系），中国煤炭供给能力在 2010—2012 年间，年新增产量超过 2 亿吨，又进一步导致供需失衡，加剧了煤炭市场的波动。

6.4 本章小结

本章将分别从需求、供给和国际冲击三个角度，寻求影响煤炭产业增长及周期波动的外生变量。分析结果表明：

（1）从长期来看：GDP 对煤炭的需求是驱动煤炭产出增长的最主要动力，需求弹性系数为 1.06，能源利用效率的提高可以有效降低煤炭产量，能效弹性系数为 0.71；能源消费结构和经济结构优化调整，对煤炭需求具有抑制作用，弹性系数分别为 0.64、0.26。从短期冲击来看，宏观经济波动对煤炭需求具有较强的拉动作用，贡献率达到 38%；能效水平对于煤炭产出的抑制冲击排在第二位，贡献率达到 29%，能源消费结构和经济结构波动对煤炭产出波动短期冲击影响较小。能效水平周期波动的持久性较弱，说明短期内能效水平受短期政策影响较大。要发挥能效水平对煤炭需求的抑制作用，需要进一步强化节能管理政策，持续提高能源利用效率。

（2）从长期来看，能源供应结构变化对煤炭产出影响最大，弹性系数为 −1.45；煤炭价格对于煤炭产量增长为正向拉动，价格弹性系数为 0.37，缺乏弹性；铁路运力对煤炭产量增长为正向拉动，运输弹性系数为 0.76；从短期冲击来看，能源结构对于煤炭产出的负向冲击最大，且不存在时滞效应，贡献率达到 23%；煤炭价格波动领先于煤炭产量波动，贡献率为 13%；铁路货运波动的贡献率 16%。能源结构的周期波动持久性较弱，受国家能源产业政策影响较大。要发挥能源结构对于煤炭产出波动的烫平作用，需要持续优化能源供应结构，提高非煤能源的供应比重。

（3）随着中国市场经济进程的加快以及煤炭进口的大幅增加，中国煤炭与世界煤炭市场的联系越来越紧密。世界主要煤炭生产国通过国际煤炭出口和价格传导机制，对我国煤炭产量波动产生影响。世界煤炭价格是影响国际煤炭贸易的最主要因素。人民币与美元汇率的变动并没有影响到世界煤炭价格大幅度波动的特征。协整检验和格兰杰检验结果表明，世界煤炭价格与我国煤炭产量之间不存在长期协整关系,短期内通过中国煤炭进口,间接影响到中国国内煤炭产量。大幅度增长的消费需求增加是影响中国近期煤炭进口扩张的最主要因素,短期贡献率达到22%,而国际煤炭价格波动对我国煤炭进口波动影响较小,短期贡献率仅为2%。同时由于我国煤炭市场机制不完善,价格信号难以快速传递供求关系的变化,因此出现了大量煤炭进口与国内煤炭产量大幅增长并存的"不理性"的贸易和生产行为,进一步加剧了煤炭供需失衡的局面,进而加剧了中国煤炭产量的波动。

第 7 章 稳定我国煤炭产业发展对策

作为基础性产业,煤炭产业稳定发展受国民经济总体发展状况的影响,同时又有利于国民经济的发展。为保障煤炭产业稳定发展,亟待建立一个与宏观经济相适应、规则完善、运行规范的产业调控体系。

7.1 强化统计基础管理,建立煤炭产业波动预警系统

(1) 加强对煤炭产业运行的统计基础管理

影响煤炭产业波动的指标因素很多,如煤炭资源可采储量、煤炭产量、消费量、机械化水平、企业数量、产业产值和增加值等。这些指标是反映煤炭产业发展状况的重要基础信息,也是政府部门制定和执行宏观调控政策的基础,只有在数据准确、客观的基础上才能保证各项政策制定的合理性和适宜度,否则调控政策、研究结论都不客观,不可能达到预想的调控目标和研究结果,严重时甚至出现适得其反的后果。目前,我国煤炭产业统计基础比较薄弱,数据的可靠性、真实性、连续性较差,不同统计来源的数据之间"打架"现象严重,如统计局和安监总局关于全国煤炭总产量和分省区产量一直存在差异,全国煤炭可采储量一直没有一个权威的统计数据,直接影响到我国煤炭产业的科学决策。本书在研究过程中,也受困于统计数据的来源不统一、不真实,影响了部分结论的科学性。因此,对于反映煤炭产业发展状况的重要指标数据应该建立一个统一、科学的数据来源渠道,由一个部门统一负责统计与管理,以避免数据交叉、多头统计、渠道不同导致的数据失真。进一步建立并完善煤炭产业数据统计指标体系和统计方法标准体系,实现全国煤炭产业统计工作的制度化、规范化和流程化。同时,通过官方途径及时向公众公布有关数据,能够为生产者、投资者、政策制定者、研究者全方面了解产业发展提供依据。

(2) 建立煤炭产业波动预警系统

煤炭产业波动预警系统是为防止产业出现剧烈波动而建立的一系列防范制度，有助于政府部门、生产者提前采取相关措施降低波动强度，减少波动损失。该预警系统包括以下功能：一是监控煤炭产业发展的状况，对产业波动进行综合分析和评价；二是及时预测煤炭市场主要指标发展趋势，同时定期发布我国煤炭资源存量的变化状况，为实施调控提供决策依据；三是及时公布煤炭产业和煤炭市场运行状况，引导煤炭产业健康持续稳定发展；四是建立储备预警制度，对于达到开发极限的煤炭资源赋存地区进行预警。

7.2 加强行业宏观管理，推进产业有序发展

煤炭产业波动的内在形成机制表明，乡镇煤矿的无序发展、煤炭产业区域布局不合理、企业超能力生产和煤炭投资重复建设等是引起煤炭产业波动的重要内生因素。这些内生因素与煤炭行业宏观管理弱化密切相关。因此，要通过强化煤炭行业的宏观管理，实现产业平稳发展。

(1) 提高产业集中度

我国煤炭产业集中度低、乡镇煤矿比重大是导致煤炭产业剧烈波动的重要推手。乡镇煤矿无论在波动的幅度、频率都要高于国有煤矿，改革开放后全国煤炭产量波动性减弱与乡镇煤矿波动性的降低密切相关。因此，通过推进煤矿兼并重组，积极发展大型煤炭企业集团，降低乡镇煤矿产量比重，以实现煤炭产业的平稳发展。

(2) 优化煤炭生产开发布局

我国煤炭区域生产波动的共振性特征是加剧煤炭产业整体波动内在因素之一。通过优化煤炭生产开发布局，针对不同区域煤炭资源赋存条件、开发建设现状和环境容量等因素，制定差别化的煤炭生产开发战略，形成区域煤炭生产"此消彼长"的开发格局，降低全国煤炭产量的波动性。具体来讲，加快开发晋陕蒙宁甘新地区，提高单井生产规模；适度增长云贵地区煤炭产量，通过"上大压小"消减乡镇煤矿产能；平稳降低京津冀、东北、华东、中南和川渝

青藏地区生产规模,控制开发强度。

(3) 遏制超能力生产

基于生产函数的计量分析表明,超能力生产是我国煤炭生产大幅波动的重要驱动力。因此,坚决遏制煤炭企业超能力生产是稳定煤炭产业发展的重要任务。通过科学核定矿井的生产能力,建立煤矿生产能力登记和公告制度,强化监管,规范煤矿生产,合理开发煤炭资源。

(4) 提高矿井机械化水平

我国煤矿机械化水平低,2012年全国煤矿机械化水平不到50%,导致煤矿通过人海战术和野蛮的超能力生产提高产量。协整分析结果表明矿井机械化提高1%对于煤炭产量增长的贡献为0.19%,短期内提高机械化水平对煤炭产量波动具有抑制作用。我国高产高效矿井建设实践证明,提高矿井机械化水平不但实现了煤炭稳定、高产,此外对于减人增效、提高资源回收率和降低安全生产事故同样具有重要的促进作用。要通过把机械化水平作为煤矿准入的重要限定条件,促使煤矿企业尤其是小煤矿提高机械化程度。

7.3 强化需求侧管理,降低煤炭消费

宏观需求因素对煤炭产业波动的影响冲击最大。计量经济分析表明,提高能源利用效率、降低煤炭在能源消费结构占比以及发展第三产业,可以降低煤炭生产波动。其中能源利用效率提高无论在长期还是短期,均对煤炭产出及其波动具有重大影响,其次为能源消费结构和产业结构。

(1) 强化能源节约

与发达国家相比,我国能源利用效率一直偏低。根据世界银行2011年统计数据,中国GDP单位能源使用量(购买力平价/千克石油当量)为4.1,明显低于全球6.8平均水平。造成我国能源能效水平低的主要原因既与节能意识差、能源利用技术水平低有关,更与我国能源节约法规标准体体系建设滞后于节能管理需要有关。因此,提高能源效率需要多措并举、强化责任、严格考核,全方位加强能源节约工作。一是进一步加强节能的目标考核管理,作为国

家考核地方的重要指标，降低经济发展对能源的消耗；二是加快制定高耗能行业能效标准，提高能效准入门槛；三是加强宣传，提高企业和公众的节能意识；四是制定产业发展指导目录，加快淘汰落后产能；五是强化固定资产投资项目的能评，实现节能管理关口前移。

（2）加快实施煤炭消费总量控制

长期以来，我国能源消费中煤炭比重在70%左右。2012年我国煤炭消费达到37.4亿吨，在全球煤炭消费总量中的比例首次超过50%，达到50.2%。煤炭消费一直居高不下，从根本上来讲与我国能源赋存富煤、缺油、少气的结构有关，但依然存在煤炭过度消费的问题。优化能源消费结构，提高非煤能源消费可以有效抑制煤炭产量增长。协整检验表明非煤能源消费比重每提高1%，煤炭产量下降0.26%。一方面通过增加非煤能源消费进行结构性替代，但更重要的是要通过控制煤炭消费总量降低煤炭消费比重。一是制定科学合理的煤炭消费总量控制目标，强化目标考核；二是优化煤炭消费结构，大力消减小型燃煤锅炉消耗；三是加快燃煤节能技术创新，提高煤炭利用效率；四是激励与约束并举，促进清洁能源消费与煤炭利用方式调整。

（3）加快发展第三产业

当前，我国第二产业尤其是重工业对国民经济发展的贡献率最大，2012年第二产业增加值占GDP的45.5%，其中重工业占比达到38.6%，第三产业比重为44.5%。我国产业结构重型化是驱动煤炭产出的重要需求因素，而发展第三产业是降低煤炭增长的重要结构性因素。协整检验表明，第三产业比重每提高1%，煤炭产出降0.64%。因此，国家应改变已往平推产业结构调整的做法，着力通过体制机制创新，大力营造公平竞争的市场秩序和政策环境，依靠技术创新发展第三产业。

7.4 优化能源供应侧结构，稳定煤炭供给能力

供给性因素对我国煤炭产出具有较强的长期影响。计量分析结果表明，降低煤炭在一次能源供应占比，稳定煤炭价格，提高铁路运输能力对于降低煤炭开发规模、保障供给能力具有重要的促进作用。由于煤炭资源储量统计口径不

一和数据连续差的原因，本书没有深入分析煤炭资源储量变化对煤炭产出波动的影响。但煤炭资源不可再生的特点决定了资源储量是影响煤炭产业稳定发展的第一要素。

(1) 大力提高煤炭资源回采率

作为不可再生的化石能源，煤炭资源可采储量是煤炭产业发展的基石。长期以来，我国煤炭资源回采率低，资源浪费现象严重。2002—2011 年间，国家统计局公布的全国煤炭资源基础储量减少了 1160 亿吨，同期煤炭采出总量仅为 247 亿吨，开发利用效率仅为 21%。BP2013 年国际能源统计年鉴显示，我国煤炭资源采储比仅为 31 年。因此，提高煤炭资源回采率对于稳定煤炭产业发展、保障能源供应安全具有战略意义。一是加大对低回采率煤炭企业的处罚。对煤炭企业进行年度回采率审计，定期检查审核，加大惩罚力度，通过严格的监管落实有关现有煤炭回采率相关规定；二是加快实施煤炭资源税费改革。尽快实行以储量为基数、与回采率挂钩的资源税费征收办法，建立资源开发补偿机制，鼓励和推动煤矿企业依靠科技进步提高资源回收率；三是加大煤炭地质勘查投入。积极打造政府基金引导、煤炭企业投入、社会资金参与的多元化煤炭资源勘查投入机制，提高煤炭资源勘查保障能力。

(2) 优化能源供应结构

2012 年，我国一次能源生产结构中，煤炭比重高达 76.6%，非煤能源占比仅为 23.4%。1978 年以来，在一次能源结构中非煤供给占比处于下降的态势。严重依赖煤炭资源的能源供应结构，影响了煤炭产业的可持续发展，也是造成煤炭产业波动的重要结构性因素。协整检验表明，非煤能源供给比重每提高 1%，煤炭产出下降 1.5%；VAR 分析显示，短期非煤能源供给比重提高 1%，可使煤炭产量收缩 0.02%。一是积极有序开发页岩气资源等非常规天然气。美国于 2008 年后页岩气进入商业化开发阶段，煤炭产量连续下降。相比于美国，我国页岩气资源更为丰富，但资源开发条件较差。需要国家政策鼓励开发页岩气资源，引导和推动尽快产业化发展。二是大力发展可再生能源。以风能、太阳能、生物质能利用为重点，大力发展可再生能源，提高产能和供应稳定性。三是变革能源供应方式。以分布式能源、智能电网、新能源汽车供能设施为重点，大力推广新型供能方式，推动能源供应方式变革。

(3) 加快推进改革煤炭价格形成机制

煤炭价格不但是反映煤炭市场供求关系的信号，而且也是政府部门进行宏观经济调控的有力工具。1993 年以来，国家不断推进煤炭价格的市场化，但直到 2012 年年底，国务院《关于深化电煤市场化改革的指导意见》标志着煤炭价格真正实现了市场化定价。长期以来的煤炭价格管制，一方面造成了煤炭资源过度消费和能源浪费，另一方面煤炭价格不能完全传导供求关系的变化，导致企业对于价格信号变动不敏感，煤炭生产存在波动聚集效应，在某种程度上加剧了产业波动。协整检验和 VAR 模型实证分析显示，无论从长期均衡来看还是短期波动来看，煤炭价格变动对煤炭生产影响较小，价格弹性为 0.36，短期贡献仅为 13%。煤炭价格的定价机制不仅仅包括价格的市场化，还包括煤价应反映煤炭行业的完全成本。目前，我国煤炭价格形成机制还不完善，安全、环境修复等成本没有内部化，运输交易成本过高，当前煤炭价格还不能完全反映市场供求状况。因此，要进一步改革煤炭价格形成机制，外部成本内部化，规范煤炭交易环节，形成反映煤炭真实成本的定价机制，充分发挥价格杠杆作用实现煤炭供需平衡，降低煤炭产出的波动性。

(4) 完善煤炭物流通道网络建设

我国不同省区之间年度煤炭产量既有共振性，又有趋大的变化差异性，各省区参差不齐的煤炭生产能力、区域煤炭供应与消费布局的演变和我国较高的煤炭自给水平，都说明了省区间煤炭生产与调运的重要性。未来煤炭区域间长距离调运成为解决区域煤炭生产共振、保障我国经济发展的重要手段。协整检验表明，铁路货运能力提高 1%，煤炭增产 0.69%，因此，加快发展现代煤炭物流，解决煤炭运输瓶颈对于降低煤炭生产波动、保障经济需求具有重要意义。一是发展煤炭物流。加快铁路、水运通道的运能建设，超前谋划布局，增强煤炭运输能力，实现西煤东运、外煤内送的煤炭运输格局；二是建立区域煤炭交易中心。在主要煤炭消费区建设煤炭储配基地，展煤炭物流园区，增强煤炭静态储备能力，保障稳定供应；三是整顿煤炭流通秩序。加大对煤炭交易过程的监管，促进煤炭物流规模化、集约化、规范化发展，降低煤炭交易成本。

7.5 建立国家煤炭储备体系，充分利用国际煤炭资源

中国与国际主要产煤国之间的产量波动存在相关性，并通过国际煤炭贸易进行传导。短期内，国际煤炭价格对我国煤炭进口具有一定的冲击影响，但影响不大。从长期来看，驱动我国煤炭进口的根本动力是国内快速增长的煤炭消费需求。国际煤炭资源丰富且价格低廉，由于我国煤炭资源的储采比相对较低，增加进口、利用好国内国外两种资源，有利于国民经济的可持续发展有利。

(1) 建立国家煤炭储备体系

我国作为一个煤炭生产消费大国，煤炭储备机制是不可缺少的关键环节，它是在市场经济条件下政府以市场手段而非行政手段对煤炭生产和流通进行必要干预和控制的主要方式，同时煤炭储备还是一种涉及国家安全的战略工具。因此，在我国沿海、沿江地区建设以集战略储备和后备储备于一身的煤炭储备基地，适度储备国内外煤炭资源，以减少我国煤炭供给量和长距离运输导致的成本增加，促使国内供求平衡，减缓国内煤炭生产的波动。

(2) 大力推广我国的煤炭价格指数

在需求的驱动下，我国已经成为世界上最大的煤炭进口国，对于进口煤炭的依赖性将继续增强。未来国际煤炭价格的波动对我国的影响也日益加大。目前进口煤炭的国际定价一般以国际市场的几个指数为主，如澳大利亚 BJ 动力煤价格指数等，对于区域煤炭贸易具有很强的引导作用。我国并没有国际煤炭市场的定价权，这与产销第一大国的市场地位极不相称。此外，本书 VAR 模型显示短期内我国煤炭进口受国际煤炭价格波动的影响很小，存在"买涨不买跌"的不理性贸易行为。因此，我国应大力完善并积极推广自己的煤炭价格指数，尽快建立规范的煤炭期货市场，强化煤炭现货市场和期货市场的有效链接，加大对国际煤炭市场价格的影响，提高中国国际煤炭定价能力。

(3) 加快实施煤炭"走出去"战略

长期以来，我国的煤炭资源一直以总量丰富的面貌示人，多数人的观点是煤炭资源在我国是稀缺资源。本书认为，经过近几十年的超强度开采和资源浪

费,我国煤炭产量将于 2025 年达到峰值,而客观估计剩余可采煤炭资源量约为 1600 亿吨,采储比不到 40 年。相比之下,国际煤炭资源相对丰富,采储比超过 100 年。此外,我国煤炭产业经过多年的发展,在生产技术、安全管理和工程实施等领域积累了较为丰富的经验,具有较强的国际竞争力。因此,要充分利用国际国内两个市场、两种资源,支持优势煤炭企业积极参与国际煤炭资源的并购开发,扩大境外煤炭产能反哺国内;鼓励大型煤炭企业开展境外煤炭工程建设、技术服务和运营管理技术等服务,进一步带动我国先进采煤技术和装备出口,提升我国煤炭产业的世界影响力,并降低国内煤炭资源开发强度及其对环境的影响。

第 8 章 结论与展望

8.1 主要成果

通过本书的研究，获得以下成果及认识：

(1) 波动是煤炭产业发展的基本特征

作为国民经济的上游产业，煤炭产业波及效果远大于其自身对国民经济的直接贡献。因此一旦煤炭产业发生大幅度波动不但影响产业自身生产和安全，而且通过产业关联的方式间接对国民经济造成影响，不利于经济发展和社会稳定。

煤炭产业与国民经济发展密切相关以及资源型产业的特点，决定了产业发展过程中必然伴随着波动。同时煤炭产业的刚需特征、供给时滞和市场的不完全竞争等内在属性也会诱发波动。

煤炭产业波动由长期趋势、周期波动、季节波动、不规则波动组成。长期趋势与煤炭资源赋存状况有关；周期波动主要受煤炭供需关系、外部冲击因素和内在形成机制的影响，季节波动与煤炭的季节性需求有关。

(2) 煤炭产业存在约 6 年左右的周期性波动规律

新中国成立以来，我国煤炭产业经历了 12 个周期波动，分别为 1950—1957、1958—1962、1963—1974、1975—1976、1977—1981、1982—1987、1988—1994、1995—2000、2001—2006 和 2007—2012 年。目前，我国煤炭产业正在步入新一轮周期中的收缩阶段。从总体看，我国煤炭产业已经摆脱了过去"大起大落"的不稳定局面，转变为"高位平缓"型，产业发展趋于稳定。

煤炭产业周期波动由 6 年左右的中波和 3—6 月的季节波动组合而成，其中最主要的是 6 年左右的中波波动。

中国煤炭产量增长率波动存在显著聚集性，但不存在非对称性。聚集性表明中国煤炭产量波动具有很强的惯性，需要依靠外部力量介入才能稳定生产波动。非对称性说明，煤炭市场的负面消息短期内并不影响产量增长，表明我国煤炭企业对于市场的变化缺乏敏感性。

煤炭产业发展存在上限机制，中国煤炭产量峰值即将到来。哈伯特模型预测，在2025年中国煤炭产量将达到峰值，峰值产量46.5亿吨，其后煤炭产量将进入快速衰退期。

（3）结构和投入要素是煤炭产业波动主要内生影响因素

煤炭生产结构中，国有重点煤矿是煤炭整体产出波动的稳定器，乡镇煤矿是推动器，国有地方煤矿的影响逐渐减弱；晋陕蒙宁甘新等西部6省区是推动煤炭产业波动的主要区域；人力、资金和技术装备等投入要素，无论是对煤炭产出长期增长还是短期波动都产生一定的影响，但不是决定性因素。导致煤炭产出波动的最主要内在因素是整个产业的超能力生产。

（4）外部冲击尤其国内需求因素影响较大

协整分析和VAR模型的结果证明，当前我国煤炭产业波动主要还是来自国内的冲击，但是国际煤炭供给和价格的影响逐渐增强。在国内冲击中，国内需求因素无论在长期发展和短期冲击，都对煤炭产业周期波动影响较大，占据主导地位。

在需求冲击因素中，宏观经济及其波动是引起煤炭产业增长及波动的根本动因。从长期来看，提高能源利用效率、提高非煤消费比重和发展第三产业可以降低煤炭长期需求和短期波动。能源利用效率和第三产业比重均为政策性指标，其波动的持久性较弱，表明我国提高能源利用效率和优化产业结构的政策持续性和执行性较差，对"去煤化"的影响有限。

在供给冲击因素中，能源供给结构在长期和短期中均对煤炭产量具有较强的负向影响。能源供给结构波动幅度小、持久性弱，表明我国能源优化供应结构的政策缺乏力度和连续性，弱化了抑制煤炭产出及其波动的影响。

国际煤炭价格是影响国际贸易的最重要内生因素，周期波动呈现幅度大、持久性弱的特点，通过影响我国煤炭进口间接对我国煤炭生产产生间接影响。我国煤炭进口波动受煤炭消费波动影响大，而受国际煤炭价格波动影响较小。我国煤炭市场化机制不完善，煤炭价格信号没有及时传递煤炭进口对供求关系平衡的影响，导致我国煤炭大量进口和煤炭生产大幅增长的"不理性"贸易和供给行为，加剧了煤炭产量的波动。

(5) 中国煤炭产业波动单向传导的特征明显

中国煤炭产业波动是多种因素共同作用的结果，外在冲击是煤炭产业波动的初始，通过引起需求和影响供给能力，向煤炭产业传导周期波动。内在形成机制是煤炭产业内部对外部冲击的自我响应，通过自我调整来适应和改变外部冲击。

总体来看，煤炭产业对于外在冲击的缺少从内到外反向传导能力，多数外在冲击因素单向影响煤炭产业波动，尤其是宏观经济周期波动传导的被动接受者。因此，要减缓甚至消除煤炭产业波动带来的负面影响，在加强煤炭产业自我调节能力的基础上，还要从政策调控、市场机制等方面建立煤炭产业波动反馈渠道，形成相互传导机制，这样才能根本上实现煤炭产业与经济社会的协调发展。

8.2 主要创新

本书提出了煤炭产业波动的理论框架，首次界定了煤炭产业波动内涵、成因及其运行机理；采用统计学、计量经济学分析了煤炭产业波动的特征及其成因，定量分析评价了内生和外生因素对煤炭产业波动的冲击传导路径和贡献程度。主要创新点包括以下 4 个方面。

(1) 将经济波动理论研究引入煤炭产业，构建了煤炭产业波动理论的基本框架，包括煤炭产业波动的动因、影响因素和运行机理，对今后研究煤炭产业发展规律具有指导意义。

本书首次界定了煤炭产业波动与煤炭产业周期波动的含义，解释了二者之间的区别与联系；建立了煤炭产业波动的理论模型，将煤炭产业波动划分为长期趋势波动、周期波动和季节波动等主要形式；在对"冲击—传导"学说拓展性研究的基础上，阐述了煤炭产业波动的主要影响因素和运行机理。

(2) 采用谱分析、统计分析和计量经济方法，检验和研究了煤炭产业波动的典型特征、波动集聚性及其政策含义、产业长期发展上限峰值，对于国家制定煤炭产业发展规划具有较强的参考价值。

实证了煤炭产业存在 6 年左右的中波和 3—6 月的季节性波动的客观规律，

煤炭产业波存在聚集性效应，2025年中国煤炭产量出现46.5亿吨的峰值。

（3）得出了产业结构不合理和超能力生产是导致煤炭产业波动的重要内因，对于各级政府规范煤炭产业发展、加强监管具有实用价值。

采用格兰杰检验和可变参数模型，分析了国有重点煤矿、国有地方煤矿和乡镇煤矿波动对总产出波动的传导关系和动态影响；采用方差分解法和可变参数模型，刻画了七大煤炭生产区域波动对全国产出的影响大小；采用协整方程和VAR模型，分析了人力、投资和技术装备对煤炭产出长期发展和短期波动的冲击，指出了超能力生产是影响煤炭产业周期波动的重要动因。

（4）给出了影响中国煤炭产业长期发展和短期波动的主要外生因素，及各因素的长期拉动、短期冲击传导的贡献率，为国家制定煤炭产业发展战略提供了决策依据。

采用协整方程和SVAR模型，分析了宏观需求因素对煤炭产出长期影响和短期的结构性冲击路径及大小；采用协整方程和VAR模型，分析了影响煤炭供给的外部因素对煤炭产出长期增长和短期波动冲击影响；通过计量分析和检验，发现了国际煤炭价格对中国煤炭产出的冲击传导路径，以及我国煤炭进口的波动成因及其"不理性"行为的根源。

8.3 研究展望

中国煤炭产业波动研究是一个涉及宏观经济、产业经济、计量经济、能源经济等多学科的复杂性课题，尽管本书采用统计和计量分析理论与模型，在煤炭产业波动理论框架体系、波动特征、波动影响因素及其成因方面的研究取得了一定进展，但仍然需要在以下方面进行进一步研究。

（1）对于产业关联机制在煤炭产业波动中的传导作用研究不够，需要进一步研究煤炭产业波动与其下游产业间的冲击传导路径、方向和影响力；

（2）对于煤炭产业波动预警研究处于概念阶段，需要结合中国煤炭产业发展现状和管理要求，深入研究煤炭产业波动预警理论框架体系和指标体系；

（3）对于中国煤炭进口周期波动成因和未来发展趋势的研究不够，需要深入研究影响我国煤炭进口的根本动因，并预测未来中国煤炭进口走势。

参考文献

[1] 国家发展和改革委员会. 煤炭产业政策[EB/OL]. http：//www. moa. gov. cn/zwllm/zcfg/qtbmgz/2007，2007-11-29

[2] 国家发展和改革委员会. 煤炭工业"十二五"规划[EB/OL]. http：//www. ndrc. gov. cn，2012-03-22

[3] BP. Statistical Review of World Energy [EB/OL]. http：//www. bp. com/statisticaleview，2013-05-10

[4] 冯继伟，屠世浩. 中国煤炭产业政策变迁及影响因素分析[J]. 中国煤炭，2008(11)：16—20.

[5] Sachs，Jeffrey D. & Wheeler，Andrew M. The Big Push，Natural Resouuce Booms and Growth[J]. Journal of Development Economics，1999，Vol. 59：43—47.

[6] 张复明，景普秋. 资源型经济的形成：自强机制与个案研究[J]. 中国社会科学，2008(5)：118—130.

[7] 蔡继明. 宏观经济学[M]. 北京：人民出版社，2002：245—275.

[8] 马克思恩格斯全集[M]. 北京：人民出版社，1965：第23卷，699.

[9] 哈勃勒. 繁荣与萧条[M]. 北京：中央编译出版社，2011：48—68.

[10] 陈宝森，郑伟民，薛敬孝等. 美国经济周期研究[M]. 北京：商务印书馆，1993：52—68.

[11] Frisch，R. Propagation and Impulse Problems in Dynamic Economics [J]. In Economic Essays in Honour of Gustao Cassell. London：George Allen & Unwin，1993：171—206.

[12] 凯恩斯. 就业、利息和货币通论（中译本）[M]. 北京：商务印书馆，1962：267.

[13] F. E. Kydland，E. C. Prescott. Rules Rather than Discretion the Inconsistency of Optimal Plans [J]. The Journal of Political Economy，Vol. 85，Issue 3，1977：473—492.

[14] F. E. Kydland，E. C. Prescott. Time to Build and Aggregate Fluctuations [J]. Econometrica，Vol(50)，Issue 6，1982：1345—1370.

[15] Kose，M. A.，K. M. Yi. Can the Standard Internation——al Business Cycle Model Explain the Relation betweenTrade and Comovement [J]. Journal of InternationalEconomics，2006(68)：267—295.

[16] Iacoviello，M.，R. Minetti. International Business Cycleswith Domestic and Foreign Lenders [J]. Journalof Monetary Economics，2006(53)：2267—2282.

[17] Eickmeier. S. Business Cycle Transmission from the US to Germany: A Structural Factor Approach[J]. European Economic Review, 2007(51): 521—551.

[18] 刘国光. 社会主义再生产问题[M]. 北京: 生活·读书·新知三联书店, 1980: 98.

[19] 刘树成. 中国经济周期波动研讨评述[M]. 北京: 经济管理出版社, 1990: 40—43.

[20] 侯庆国. 经济周期理论探析[J]. 经济研究, 1989(11): 14—23.

[21] 李建伟. 当前我国经济运行的周期性波动特征[J]. 经济研究, 2003(7): 10—17.

[22] 厉以宁. 社会主义经济周期的假设[J]. 经济研究, 1987(9): 15—22.

[23] 崔友平. 烫平经济周期的宏观经济政策研究[M]. 北京: 经济科学出版社, 2004: 64.

[24] 樊明太. 中国经济波动的形成机制和模式[J]. 经济研究, 1992(12): 37—43.

[25] 胡鞍钢. 中国经济波动报告[M]. 沈阳: 辽宁人民出版社, 1997: 12—13.

[26] 刘树成. 我国固定资产投资周期性初探[J]. 经济研究, 1986(2): 18—21.

[27] 刘树成. 论我国经济周期波动的新阶段[J]. 经济研究, 1996(11): 3—10.

[28] 刘树成. 中国经济增长率60年波动曲线回顾与展望[N]. 经济参考报, 2009年10月14日.

[29] 胡安红. 经济波动理论研究综述[J]. 生产力研究, 2007(5): 147—150.

[30] 邓春玲. 建国60年经济周期波动理论研究回顾与展望[J]. 深圳大学学报(人文社会科学版), 2009(5): 49—57.

[31] Schumpeter, J. The instability of capitalism[J]. The Economic Journal, 1928, (38): 361—386.

[32] Kuznets, S. Economic Growth of Nations: Total Output and Production Structure[M]. Cambridge University Press, Cambridge, 1971: 24—36.

[33] Kuznets, S. Economic Development, the Family and Income Distribution. Selected Essays[J]. Cambridge University Press, Cambridge, 1989: 1—46.

[34] H. 钱纳里, S. 鲁宾逊, M. 赛尔奎因. 工业化和经济增长的比较研究[M]. 上海: 上海人民出版社, 1995: 28—49.

[35] Fabio Montobbio. An evolutionary model of industrial growth and structural change[J]. Structural Change and Economic Dynamics, 2002(13): 387—414.

[36] Michael Peneder. Industrial structure and aggregate growth[J]. Structural Change and Economic Dynamics, 2003(14): 427—448.

[37] Tetsushi Sonobe, &Keijiro Otsuka. Anew decomposition approach to growth accounting: derivation of the formula and its application to prewar Japan. Japanand the World Economy, 2001(13): 1—14.

[38] A. F. Burns. Progress toward Economic Stability[J]. American Economic Review, 1960, 50(1): 101—128.

[39] A. Eggers. Y. Ioannides. The Role of Output Composition in the Stabilization of U. S Output Growth[J]. Journal of Macroeconomics, 2006, 28(3): 585—595.

[40] Blanchard, Oliver J. and Simon, John A. (2001). The Long and Large Decline in U. S

Output Volatility[J]. MIT Dept. of Economies Working Paper No. 01—29：135—174.

[41] Eggers, A and Ioannides, Y. The Role of Output Composition in the Stabilization of U. S Output Growth[J]. Journal of Macroeconomics，2006，28(3)：585—595.

[42] 马建堂. 周期波动与结构变动[J]. 经济研究，1988(6)：65—73.

[43] 马建堂. 从总量变动到结构变动——再论经济周期中产业结构变动的机制. 经济研究[J].1989a(4)：43—50.

[44] 马建堂. 周期波动与结构变动[M].长沙：湖南教育出版社，1990：24—249.

[45] 原毅军. 经济增长周期与产业结构变动研究[J]. 中国工业经济研究，1991(6)：24—41.

[46] 郭克莎. 总量问题还是结构问题——产业结构偏差对我国经济增长的制约及调整思路[J]. 经济研究，1999(9)：15—21.

[47] 朱慧明，韩玉启. 外商直接投资对我国产业结构调整的影响[J]. 烟台大学学报，2003(2)：85—89.

[48] 宁晓青，陈柏福. 中国经济周期波动与产业结构变动关系的实证分析[J]. 中央财经大学学报.2008(11)：61—68.

[49] 方福前，詹新宇. 我国产业结构升级对经济波动的熨平效应分析[J]. 经济理论与经济管理.2011(9)：5—16.

[50] 陈柏福. 经济周期与产业结构变动：一个文献综述[J]. 湖南社会科学. 2010(6)：109—113

[51] 约瑟夫·熊彼特. 朱泱等译. 经济分析史（第3卷）[M]. 北京：商务出版社，1995：595—596.

[52] M.P.涅米拉，P.A.克莱因. 邱东等译. 金融与经济周期预测[M]. 北京：中国统计出版社，1998：51—54.

[53] 任泽平，陈昌盛. 经济周期波动与行业景气变动：因果关系、传导机制与政策含义[J]. 经济学动态，2012(1)：19—27.

[54] 刘世锦，冯飞. 中国产业发展报告[M]. 北京：中国发展出版社，2012：59—121.

[55] 孙广生. 经济波动与产业波动（1986—2003）——相关性、特征及推动因素的初步研究[J]. 中国社会科学，2006(3)：62—78.

[56] 高铁梅，梁云芳，孔宪丽等. 构建多维景气指数系统的初步尝试[J]. 数量经济技术研究，2006(7)：49—57.

[57] 李新. 产业发展、经济周期与股市兴衰[J]. 财贸经济，2007(8)：37—41.

[58] 孙海波. 中国经济波动产业层面特征事实研究[J]. 开放导报，2009(6)：19—22.

[59] 周学. 经济形势分析与预测——基于中观经济学视角[J]. 经济学动态，2011(1)：18—27.

[60] 李猛. 产业结构与经济波动的关联性研究[J]. 经济评论，2010(6)：98—104.

[61] 卢现祥，陈银娥. 宏观经济学[M]. 北京：中国财政经济出版社，2004：157.

[62] Leo Grebler & Leland S. Burns. Construction Cycles in the United States Since World War II[J]. Real Estate Economics，American Real Estate and Urban Economics Association，1982，vol. 10(2)：123—151.

[63] Bruce Harwood. Real Estate Pricipal [M]. Reston Publishing CO. Viginal，1977：56—71.

[64] M. Gordon Browm. Behavioral Resaerch in Real Estate. A Search for Boundaries [J]. Jounarl Real Estate Practice and Education，1986(6：1) .

[65] Anthony，Downs. How securitization affected traditional real estate cycle [J]. National Rreal Estate Investion，Feb1，1993.

[66] Stephent A. Pyhrr. Austin's Persistent Real Estate Cycle：From Boom to Bust to Robust (A Four Part Articles) . Greater Commercial Property Jounenal，1994.

[67] 薛敬孝. 论建筑周期[J]. 南开大学学报. 1987(5)：1—7.

[68] 成力为. 我国建筑业经济周期波动的宏观思考[J]. 建筑管理现代化，1995(4)：33—34.

[69] 黄蓬. 我国建筑业经济周期波动的影响因素实证研究[J]. 时代经贸，2007，(8)：37—40.

[70] 彭频，李静. 我国经济周期波动与建筑业波动关系的实证研究[J]. 江西理工大学学报，2008(6)：58—60.

[71] 杨有志. 中国建筑业经济波动——运行机理与实证分析[M]. 北京：中国财政经济出版社，2009：1—14.

[72] 张元端. 新的经济增长点与房地产业周期波动规律[J]. 中国房地产，1996(12)：34—40.

[73] 梁桂. 中国不动产经济波动与周期实证研究[J]. 经济研究，1996(7)：31—37.

[74] 谭刚. 房地产周期波动——理论、实证与政策分析[M]. 北京：经济管理出版社，2001：78—94.

[75] 时筠仑. 房地产波动规律研究[D]. 上海：同济大学博士学位论文，2005.

[76] 谭砚文. 中国棉花生产波动研究[D]. 武汉：华中农业大学博士学位论文，2004.

[77] 王玉斌. 中国粮食产量波动研究[D]. 北京：中国农业大学博士学位论文，2006.

[78] 岳东东. 中国生猪生产波动研究[D]. 西安：西北农林科技大学博士学位论文，2011.

[79] 魏宏杰，刘锐金，杨琳. 中国天然橡胶生产波动性及增长趋势——基于HP滤波的实证研究[J]. 林业经济问题，2011(5)：452—463.

[80] 陈伟，白福臣. 中国水产品生产波动及成因分析[J]. 农业经济与管理. 2010(2)：79—84.

[81] Griffn and Gregory. An Intercountry Translog Model of Energy Substitution Responses

[J]. American Economics Review,1976(66):845—857.

[82] Prosser,R. D. DemandElasticityinOECD:DynamiealAspects [J]. Energy Economics January,1985:9—12.

[83] 王丹,吕宾.我国能源消耗对经济周期影响分析[J].资源产业,2004(6):52—54.

[84] 荆全忠,张健.GM(1,1)模型在煤炭需求预测中的应用[J].中国煤炭,2004(1):17—19.

[85] Kraft J,A. On The Relationship Between Energy and GNP [J]. Energy Development,1978,3:401—403.

[86] Lee,C. C. EnergyConsumptionandGDPinDeveloping countries:a co-integratedpanel analysis [J]. Energy Economies,2005(27):415—427.

[87] Soytas U,Sari R. Energy consumption and GDP:Causality relationship in G7 countries and Emerging Marketing. Energy Economics,2003(25):33—37.

[88] Cheng B S,Lai T W. An investigation of Cointegration between Electricity Consumption and Economic Activity Economics in Taiwan [J]. Energy,1997(19):435—444.

[89] 王海鹏,田澎,靳萍.中国能源消费经济增长间协整关系和因果关系的实证研究[J].生产力研究,2005(3):159—177.

[90] Yoo S H. Causal relationship between coal consumption and economics growth in Korea [J]. energy,2006(83):1181—1189.

[91] Kulshreshtha M,Jyoti K. Parikh J. K. Modeling Demand for Coal in India:Vector Autoregressive Models with Cointegrated Variables [J]. Energy,2000(25):149—168.

[92] Masih A. M. M,Masih R. Energy consumption,real income and temporal causality:results from a multicountry study based on cointegration and error correction modeling techniques [J]. Energy conomics,1996(18):165—183.

[93] 林伯强,魏巍贤,李丕东.中国长期煤炭需求:影响与政策选择[J].经济研究,2007(2):48—58.

[94] 武晓明,王思薇,李永.中国煤炭消费政策与煤炭需求关系的实证分析[J].统计与决策,2007(8):89—91.

[95] 张兆响,廖先玲,王晓松.中国煤炭消费与经济增长的变结构协整分析[J].资源科学,2009(9):1283—1289.

[96] 张意翔,胡飚.中国煤炭消费机制研究:1993—2007 [J].企业改革与发展,2010(8):173—176.

[97] 孔宪丽.我国煤炭消费与影响因素动态关系的实证分析——兼论煤炭消费的非对价格效应[J].资源科学,2010(10):1830—1838.

[98] 李维明,何花,李维红.基于经济周期视角的煤炭消费和GDP关系探究[J].中国矿业,2012(8):45—50.

[99] 丛威,张志鹏.2015年我国煤炭需求量实证研究[J].中国矿业,2012(6):9—12.

[100] 中国煤田地质总局.中国煤炭资源预测与评价[M].北京:科学出版社,1999:238—249.

[101] 田山岗.中国煤炭资源有效供给能力态势分析[J].中国煤炭地质,2001年1期:1—28.

[102] 刘海滨,王立杰.我国煤炭资源综合开发布局与模式研究[J].自然资源学报,2004(5):402—407.

[103] 程爱国,宁树正,袁同兴.中国煤炭资源综合区划研究[J].中国煤炭地质,2011(8):5—8.

[104] 柴杨.基于多条件约束的煤炭资源有效供给能力研究[D].北京:中国矿业大学博士学位论文,2010.

[105] 王永,王佟,康高峰等.中国可供性煤炭资源潜力分析[J].中国地质,2009(4)846—852.

[106] 王志宏,赵爱国.我国煤炭产量预测研究[J].中国矿业,2003(1):5—8.

[107] 王火雷,蒋超,刘宇博.基于灰色系统模型的中国煤炭生产总量预测[J].中国科技信息,2009(15):18—19.

[108] 艾德春,程伟,韩可琦.基于系统动力学的我国煤炭生产总量预测研究[J].煤炭技术,2010(5):7—9.

[109] 刘寿兰,周新良,罗文柯等.基于改进灰色马尔柯夫模型对我国煤炭生产总量的预测[J].矿业工程研究,2011(1):76—80.

[110] 邵汝军.中国煤炭市场预测及期货交易设计[D].南京:河海大学博士学位论文,2007.

[111] Werner Zittel and J rg Schindler. Coal: Resource and Furture Production. EWG-Series-No. 1/2007, Energy Watch Group, 2007:30—39.

[112] Mikael Höök, Werner Zittel, Jörg Schindler, and Kjell Alelett. "A Supply-Driven Fouecast for the Future Global Coal Production," contribution to ASPO(2008):36. [EB/OL]tsl. uu. se/UHDSG/Publication/Coalarticle. pdf. 37.

[113] Hamilton, James D. Oil and Macro economy Since World War II[J]. Journal of Political Economy, 1983, Vol. 91:228—248.

[114] Ellerman, A. Denny. The world price of coal[J]. Energy Policy, 1995, Vol. 23 No. 6:499—506.

[115] 段治平,赵世民.对煤炭价格监管的思考[J].价格月刊,2006(2):17.

[116] 曹海霞.煤炭价格市场化改革历程及发展趋势研究[J].经济问题,2008(9):49—51.

[117] 姜智敏.建立中国煤炭价格形成机制的基本思路[J].中国煤炭,2009(10):5—11.

[118] 翁非.我国煤炭价格波动趋势及发展前瞻——基于三种维度的比较分析[J].经济视

角，2011(11)：145—147.

[119] 谭章禄，陈广山. 我国煤炭价格影响因素实证研究[J]. 改革与战略，2009(10)：37—38.

[120] 邱丹，秦远建. 我国煤炭价格与经济增长关系的实证研究[J]. 煤炭经济研究，2009(2)：4—5.

[121] 段治平，郭志琼. 煤炭价格传导机制分析[J]. 价格月刊，2010(2)：14—16.

[122] 邹绍辉，张金锁. 我国煤炭价格变动模型实证研究[J]. 煤炭学报，2010，35(3)：52—528.

[123] 贺刚. 石油、煤炭价格波动对经济影响的差异研究——来自中国的经验证据[J]. 当代旅游，2010(3)：40—43.

[124] 赵康洁，景普秋，贾琳. 煤炭价格波动及其对资源型区域经济发展的影响——基于山西省的实证研究[J]. 产经评论，2011(4)：141—152.

[125] 李晓明，万昆，柳瑞禹. 国内外煤炭价格波动特征分析——基于GARCH模型[J]. 技术经济，2012(4)：65—69.

[126] 田为厚，王小东，段治平. 反价格周期调控：煤炭行业健康发展的战略抉择[J]. 东岳论丛，2009(9)：46—50.

[127] 丁志华. 煤炭价格波动对我国实体经济的影响效应研究[D]. 北京：中国矿业大学博士学位论文，2011.

[128] 刘满芝，高晓峰，屈传智等. 中国煤炭需求波动规律研究[J]. 资源科学，2013(4)：681—689.

[129] 张明慧，李永峰. 我国煤炭能源生产的波动分析[J]. 经济纵横，2012(12)：51—54.

[130] 刘畅. 中国能源消耗强度变动机制与能源行业周期波动[M]. 北京，科学出版社，2012：12—131.

[131] 萨缪尔森. 经济学(第16版)[M]. 北京：华夏出版社，2001：198，349.

[132] Burns, Arthur and Wesley C. Mitchell. Measuring Business Cycles, Studies in Business Cycles[M]. New York：NBER，1946：115—202.

[133] 奥利维尔·琼·布兰查德，斯坦利·费希尔. 宏观经济学·高级教程[M]. 北京：经济科学出版社，1992：336.

[134] 王悦. 西方经济周期与经济波动理论回顾[J]. 求索，2006(10)：19—22.

[135] 杰弗里·萨克斯，费利普·拉雷斯. 全球视角下的宏观经济学[M]. 上海：上海人民出版社，2004：453.

[136] Foxe. [EB/OL] [2006-05-24]. http://www.fxwords.com/u/userguide-to-econ-term.html，2006

[137] Maclean, James R. A 'Stylized Fact' Is a Simplified Expression. [EB/OL][2005-06-09]. http://www.prometheus6.org/node/10061

[138] 王诚. 从零散事实到典型化事实再到规律发现——兼论经济研究的层次划分[J]. 经济研究, 2007(3): 142—156.

[139] Kaldor, N. "Capital Accumulation and Economic Growth" in F. A. Lutz and D. C. Hague (ed.)[J]. The Theory of Capital, New York: St. Martin's Press.

[140] 吕光明, 齐鹰飞. 中国经济周期波动的典型化事实: 一个基于 CF 滤波的研究. 财经问题研究[J]. 2006(7): 3—10.

[141] 杜婷. 中国经济周期波动的典型事实[J]. 世界经济, 2007(4): 3—12.

[142] Canova, F. "Detrending and Business Cycle Facts" [J]. Journal of Monetary Economics, 1998(41): 475—512.

[143] Hodrick R J, Prescott E C. Postwar U S. Business Cycles: An empirical investigation [Z]. Discussion paper of Carnegie——Mellon University. 1980: 451

[144] King R G. Rebeto S T. Low Frequency Filtering and Real Business Cycles [J]. Journal of Economics Dynamics and Control. 1993, 14(2): 207—231.

[145] Christiano, LJ, T. J. Ffitzgeraldt. The Band Pass Filter [J]. International Economic Review, 2003(44): 435—465.

[146] 汤铎铎. 三种频率选择滤波及其在中国的应用[J]. 数量经济技术经济研究, 2007(9): 144—156.

[147] Engle, Robert F. Autoregressive Conditional Heteroskedasticity With Estimation of the Variance of U. K. Inflation [J]. Econometrica, 1982: 987—1008.

[148] Bollerslev, T. and J. M. Wooldridge. Quasi-maximum Likelihood Estimation and Inference in Dynamic Models with Time Varying Covariances [J]. Econometric Reviews, 1992(11): 143—172.

[149] 张旭昆. 哈耶克的经济周期理论及其启示[J]. 学术月刊, 1994(3): 45—48.

[150] Lucas. R. E., 1977, Understanding Business Cycles, in Brunner and Meltzer eds [J]. Stabilization of the Domestic and International Economy [J]. volume 5 of Carnegie——Rochester Series on Public Policy, NorthHolland: 7—9.

[151] 吕光明. 经济周期波动: 测度方法与中国经验分析[D]. 大连: 东北财经大学博士学位论文, 2006.

[152] 保罗·萨缪尔森. 经济学[M]. 北京: 中国发展出版社, 1993: 313.

[153] 杰弗里·萨克斯. 全球视角的宏观经济学[M]. 上海: 上海人民出版社, 1997: 750—787.

[154] Taylor, J. B., Woodford M. Handbook of microeconomics [J]. Elsevier Science Publishers, B. V, 1999: 97—101.

[155] 谭忠富, 谢品杰, 侯建朝. 中国能源消费波动的计量分析[J]. 技术经济与管理研究, 2009(6): 13—15.

[156] 李晓明,万昆,柳瑞禹.国内外煤炭价格波动特征分析——基于 GARCH 模型[J].技术经济,2012(4):65—69.

[157] 陈太明.济周期波动对中国经济增长的影响——基手 GARCH-M 模型的实证研究[J].兰州商学报,2012(2):8—15.

[158] Hubbert M K. Energy from fossil fuels. Science [J]. 1949,109(2823):103—109.

[159] Campbell C J,Laherrere J H. The end of cheap oil. Scientific American [J]. 1998,278(3):78—83.

[160] 翁文波.预测论基础[M].北京:石油工业出版社,1984:65—80.

[161] AlJarri A S,Startszman R A. Worldwide Petmleum Liquid Suppply and Demand [J]. JPT,1997 (12):1329—1338.

[162] AlJarri A S,Startszman R A. Analysis of World Crude Oil Production Trends,SPE37692,In Hydrocarbon Economics and Evalation Symposium Dallas,SPE,1997(3) 16—18.

[163] 陈元迁,田建国.哈伯特二次函数的推导与应用[J].新疆石油地质,1998(6):502—506.

[164] Tao ZP, Li MY. What is the limit of Chinese Coal SuppliesdA STELLA model of Hubbert Peak [J]. Energy Policy,2007(35):3145—3154.

[165] Lin BQ, Liu JH. Estimating Coal Production Peak and Trends of Coal Imports in China. [J]. Energy Policy,2010(38):512—519.

[166] S. H. Mohr,G. M. Evans. Forecasting Coal Production Until 2100 [J]. Fuel,2009(88):2059—2067.

[167] Jianliang Wang, Lianyong Feng, Simon Davidsson, Mikael Höök. ChineseCoal Supply And Future Production Outlooks [J]. Energy,2013(60):2004—2014.

后 记

能够进一步攻读博士学位，完成一本个人专著，对我个人来讲是一个至高无上的荣誉。无论是在知识的学习方面，还是在研究的广度方面，在本书的撰写过程中我得到了很大的提升。这些时光永远值得我去回味，去珍藏。

最感谢的是我的导师李仲学教授。本书是在导师的悉心指导下完成的，从选题、研究方法、研究工作的开展到本书的脱稿无一不凝结着李老师的心血。七年来，兼顾学业和工作的我，在学习和生活上我经历了许多的挫折和磨难，如果不是李老师的关心、帮助和鼓励，很难想象我能够如期完成学习并完成创作。李老师高尚的人格品德、严谨的治学作风和宽厚待人的胸怀品质，给我树立了学习、工作乃至生活上的榜样。在此我要深情地向李老师说声谢谢！

感谢我的家人，是他们默默地支持使我能够抽出时间，全身心地投入到学习和研究过程中。我的母亲是一个平凡的家庭主妇，但对于我的成长起到了至关重要的作用。她鼓励我要多学习、多读书，鼓励我坚强不气馁，勇于面对生活。正是在母亲的鼓励下，燃起了我攻读博士的信念，并克服了生活和工作上的困难。感谢我的妻子李洪梅女士，在我兼顾学习和工作无暇顾及家庭的情况下，她默默地站在我的背后，尽心尽力地照顾家庭和我，使我能够心无旁骛地完成学业。感谢我的岳母精心照料了整个家庭并给予我最大的理解和支持。

特别感谢李翠平老师、赵怡晴老师，不管生活还是学习，她们都给了我很多关心和帮助，使我倍感温暖。还有407大家庭的兄弟姐妹们，尤其祖秉辉、孙振明、曹志国、宋晓倩、崔柳等在本书写作的各个环节给予的无私帮助，谢谢你们！